Thomas Trobe

Liebe ist kein Kinderspiel

Von unseren Ängsten und der Kunst, aus Beziehungen zu lernen

Koregaon

Titel der Original-Ausgabe:
Stepping out of Fear · Breaking our Identification with the Emotional Child inside
1999 erschienen im Verlag Friedhelm Schrodt (Koregaon Publications)

Autor: **Thomas Trobe, M.D.** (Krishnananda)
Übersetzer: Friedhelm Schrodt

Bibliografische Information Der Deutschen Bibliothek
Die Deutsche Bibliothek verzeichnet diese Publikation in der Deutschen Nationalbibliografie; detaillierte bibliografische Daten sind im Internet über http://dnb.ddb.de abrufbar.

Bibliographic information published by Die Deutsche Bibliothek
Die Deutsche Bibliothek lists this publication in the Deutsche Nationalbibliografie; detailed bibliographic data are available in the Internet at http://dnb.ddb.de.

1. italienische Ausgabe 2001: Edizioni Urra, Milano
1. französische Auflage 2002: Editions Jouvence, St Julien-en-Genevois
1. schwedische Ausgabe 2002: Energica Förlag, Orsa
1. brasilianische Ausgabe 2003: Gente Editora, São Paulo

2. Auflage 2006

ISBN 3-928256-72-6

Internet: http://www.koregaon.net
E-Mail: sales@schrodt.info

Printed in Germany: Druckerei Steinmeier, Nördlingen
Vertrieb: LKG mbH Verlagsauslieferung, Espenhain
Tel. 034206/65-129 · Fax 034206/65-102 · E-Mail: lkg@lkg-service.de

INHALT

Meinem geliebten Meister
Osho gewidmet

Einleitung

Wie wir die tief verwurzelten Verhaltensmuster durchschauen, welche uns davon abhalten, Liebe und Freude in unserem Leben zu erfahren, ist eine der Fragen, die uns am meisten bewegen. Das gilt insbesondere für unser Beziehungsleben, betrifft aber auch unsere Kreativität, Sexualität und andere Lebensbereiche. Um die Auflösung dieser Muster geht es in diesem Buch.

Das Problem besteht darin, wie wir uns selbst wahrnehmen. Zu den Filmen, die mich als Kind am meisten beeindruckten, gehörte das Musical *Hans Christian Anderson.* »Es war einmal ein hässliches Entlein« war eines der Lieder, die ich damals immer wieder sang, nachdem mir meine Eltern eine Schallplatte mit der Filmmusik geschenkt hatten. Dieser Song erzählt die Geschichte einer sehr unansehnlichen kleinen Ente »mit ganz zersausten braunen Federn«, die aus der Welt der Enten verbannt worden war, weil sie dort einfach nicht hineinpasste. So war das Entlein gezwungen, umher zu ziehen, bis es eines Tages auf eine Gruppe von Schwänen traf und herausfand, dass es selbst in Wirklichkeit auch ein wunderschöner Schwan war, der nur zufällig in der falschen Welt geboren war. In gewissem Sinne befinden wir uns alle auf einer Reise, die uns unser ›Schwansein‹ – das eigentliche Selbst – bewusst machen soll. Bis es soweit ist, leben wir in dem Irrglauben, dass wir hässliche Entlein seien, nehmen uns selbst als verängstigte, ungeliebte Kreaturen in einer fremden und unwirtlichen Welt wahr und glauben, von niemandem wirklich erkannt und geschätzt zu werden. Als überforderte, getriebene und stets konkurrierende kleine Enten überspielen wir Angst und Unsicherheit mit allen möglichen Ersatzhandlungen. Schwäne hingegen sehen sich als liebenswerte, fähige und begabte Wesen, die friedvoll in einer Welt überwältigender Schönheit leben.

Mein erstes Buch *Liebeskummer lohnt sich doch* beschreibt Erfahrungen aus der Arbeit mit meinen eigenen Ängsten als Weg zu größerer Verletzlichkeit und Selbstannahme. Ich habe erfahren, dass das Eintauchen in die tiefen Wunden des Inneren Kindes ein Weg ist, mehr Liebe in unser Leben zu bringen – Liebe für uns selbst als auch Liebe für andere. Ich habe Jahre damit verbracht, die Verletzungen in meinem Innern zu erforschen, einen Raum, den ich zuvor ignoriert und verdrängt hatte. Ich fand heraus, dass die psychischen Wunden, solange wir sie uns nicht bewusst machen, unser Leben und unsere Liebe auf viele Arten sabotieren. Ich lebe und lehre immer noch, was ich damals geschrieben habe, mein Verständnis hat sich inzwischen jedoch vertieft. Ich erkenne jetzt, dass diese Art der Selbsterforschung nur den ersten Teil der Reise ausmacht. Ohne den zweiten Schritt verliert man sich möglicherweise in seinen eigenen Wunden; denn nicht nur die ungeheilten Traumen, sondern auch unsere Identifizierung mit ihnen halten uns davon ab, Liebe und Freude im Leben zu erfahren. Wir wiederholen alte Verhaltensmuster, weil wir ein verletztes Selbstbild haben, von dessen Richtigkeit wir fest überzeugt sind; wir identifizieren uns mit dem emotionalen Kind in unserem Innern. Ich spreche vom ›emotionalen‹ Kind, da dieser Teil von uns durch machtvolle Gefühle bestimmt wird, die uns oft nicht bewusst sind und sich daher unserem Einfluss entziehen. Solange wir in dieser Identifikation gefangen sind, werden wir von den Ängsten eines impulsiven und unzentrierten Kleinkindes gesteuert, über das wir keinerlei Kontrolle haben. Es bleibt uns keine andere Wahl als unsere Muster zu wiederholen und wie bisher Menschen und Situationen anzuziehen, die unsere negative Selbsteinschätzung untermauern.

Zu verstehen, dass ich als Mensch nicht mit dem emotionalen Kind in mir gleichzusetzen bin, war der zweite wichtige Schritt, den ich vollziehen musste. Ich identifizierte mich stets mit dem Selbstbild eines jüngeren Bruders, der nie mit seinem großen Bruder, den er als intelligenter, charismatischer, selbstsicherer und sogar als einfühlsamer und rücksichtsvoller als sich selbst erlebte, gleichzuziehen vermochte. Mein Bruder war es, dem all die Aufmerksamkeit und der Respekt zuteil wurde, wonach ich verlangte. Ich habe jeden wahrnehmbaren Aspekt dieser Wunde erforscht, was meine Scham, meine Ängste und meine Unsicherheit allerdings nicht zu lindern vermochte. In bestimmten Situationen beherrschte mich das Gefühl der Unzulänglichkeit derart, dass ich nichts weiter tun konnte als einfach zuzusehen. Keiner meiner Versuche, mich zu ändern oder diese Gefühle los zu werden, hatte Erfolg.

Lange Zeit konnte ich mir nicht vorstellen, dass mir etwas anderes übrig bliebe, als auch weiterhin meine gewohnte Rolle zu spielen. Du bist nun einmal wie du bist, dachte ich, und mit all den Anstrengungen, vor dir selbst davonzulaufen, machst du dir nur etwas vor. Ich erinnere mich an einen eindrucksvollen Moment, der mir dies besonders deutlich vor Augen führte. Mein Bruder war damals bereits Student an der *Harvard University,* und ich bewarb mich ebenfalls um einen Studienplatz. Als ich eines Tages den sehnlich erwarteten Brief vom Immatrikulationsbüro erhielt, konnte ich kaum fassen, dass dieser einen Zulassungsbescheid enthielt. Meine erste Reaktion war, dass es sich um ein Versehen handeln müsse. Später erfuhr ich, dass der Dekan zu meinem Bruder, der zu jener Zeit Mitherausgeber des *Harvard Crimson* war, gesagt hatte: »Wenn Ihr Bruder nur halb so gut ist wie Sie, werden wir ihn auch zum Studium zulassen.«

Das Selbstbild, im Grunde immer nur halb so gut wie mein Bruder zu sein, hat mich mein Leben lang verfolgt. Dennoch führte mich meine Selbsterforschung allmählich zu dem Verständnis, dass die Rolle des jüngeren Bruders nicht mein gesamtes Wesen ausmacht. Nach und nach verstand ich, dass diese Einschätzung das Ergebnis sehr machtvoller Konditionierungen war. Indem ich mich aus dem Familienverband löste, eine ganz neue Lebensart für mich entdeckte und begann, meine eigenen Qualitäten und meine Meditation zu entwickeln, lernte ich mein Rollenverhalten als bloßes Produkt der Vergangenheit zu begreifen. Erst jetzt erkannte ich, dass mich meine Eltern so wie ich bin respektierten und mich wegen meiner Begabungen und dem Mut, der Familie den Rücken zu kehren und neue Lebensweisen zu entdecken, zu schätzen wussten. Als sich meine Selbsteinschätzung wandelte, veränderte sich auch mein Leben. Viele der alten Verhaltensmuster, die mein Beziehungsleben, meine Kreativität und Lebensfreude so nachhaltig beeinträchtigten, sind weitgehend bedeutungslos geworden. Zwar gibt es auch heute noch viele Momente, in denen mein altes Selbstbild überwiegt. Im Gegensatz zu früher bin ich mir aber meiner Muster bewusst und kann mein Verhalten aus einer gewissen Distanz betrachten.

Unser Schwansein zu erkennen, ist nicht gerade einfach, weil die Identifikation mit der Entenheit sehr tief in uns verwurzelt ist und ihre Ursprünge in einer Phase der Entwicklung hat, in der wir gerade erst mit der Entwicklung unseres Selbstbildes begonnen hatten. Unsere Selbstwahrnehmung basiert auf den Werten derjenigen, die für uns sorgten sowie der Gesellschaft, in der wir aufwuchsen und lernten, nicht auf unser eigenes Empfinden zu vertrauen. Dieses Umfeld bildet die Basis der inneren Wahrnehmung, die ich das emotionale Kind nenne – geprägt von Ängsten, Scham, Misstrauen und verdeckt durch die gesamte Palette zwanghafter Verhaltensweisen. Führt das emotionale Kind in unserem Leben Regie, macht es sich auf viele Arten bemerkbar. Es sorgt dafür, dass wir ständig dieselben schmerzhaften Beziehungsmuster wiederholen, uns in Süchten verlieren, vielleicht sogar ständig in Unfälle verwickelt oder krank werden. Dem kindlichen Gemütszustand ist es auch zu verdanken, wenn wir resignieren oder uns entmutigt und hoffnungslos in uns selbst zurück ziehen.

Die Verletzungen in meinem Innern zu erfühlen und zu verstehen, hat mich ein großes Stück weitergebracht. Ab einem bestimmten Punkt des Weges richtete sich mein Augenmerk jedoch ganz natürlich auf das Beobachten jener Momente, in denen das emotionale Kind von mir Besitz ergreift. Meine Aufmerksamkeit gilt heute nicht mehr so sehr den traumatischen Ereignissen der Vergangenheit, sondern vielmehr dem Einfluss, den das Kind in meinem Innern auf mein alltägliches Leben hat. Ganz ähnlich verläuft die Entwicklung bei den Teilnehmern unserer Trainings. Auch ihr Fokus richtet sich mehr und mehr auf das Hier und

Jetzt, sobald sie sich mit ihren Kindheitstraumen vertraut gemacht haben. Auf diese Weise bemerken sie, wann sie sich mit ihrem emotionalen Kind identifizieren und welche Reaktionen diese Identifikation jederzeit bei ihnen auslösen kann – Scham, Furcht, Misstrauen, Kompromisse, Süchte oder andere Spielarten kindlichen Verhaltens.

Nachdem ich mich verschiedenen spirituellen Lehren gewidmet hatte, reiste ich vor etwa zwanzig Jahren nach Indien und wurde Schüler eines Mystikers, dessen Weg der Selbstentdeckung ich seither mit großer Intensität und Leidenschaft folge. Sein einzigartiger Ansatz beruht darauf, Bewusstheit in unser Dasein zu bringen, von Moment zu Moment gegenwärtig zu bleiben und das Leben auf spielerische Art zu genießen. Als ich nach Indien ging, besaß ich noch kein tiefgehendes Verständnis darüber, was echte Nähe zwischen Menschen bedeutet; und obwohl ich eine Beziehung hatte, wusste ich recht wenig über die Liebe. Dafür bin ich mit mir selbst und mit meiner Arbeit immer viel zu beschäftigt gewesen, und ›mein Ding zu machen‹ war bis dahin das einzige, was ich im Sinn hatte. Erst im Laufe der Jahre lernte ich, was Liebe wirklich ist.

Die in den folgenden Kapiteln beschriebene Herangehensweise versetzt uns in die Lage zu beobachten und zu verstehen, wie das emotionale Kind auf unser Leben einwirkt. Da die kindlichen Empfindungen und Verhaltensmuster so tief in uns verankert sind, kann sich die Anwendung der geschilderte Methode als echte Herausforderung erweisen – der kindliche Gemütszustand lässt meist nicht viel Raum zum Beobachten; zwischen einem auslösenden Ereignis und unserer unreflektierten Reaktion liegen oft nur wenige Millisekunden. Wir können uns auch nicht von der Kontrolle und Angst in unserem Innern befreien, indem wir versuchen, willentlich etwas an uns zu ändern oder zu verbessern. Die Loslösung von den kindlichen Mustern ist ein langsam fortschreitender Prozess, der vor allem Akzeptanz und die Bereitschaft erfordert, unsere Emotionen aus einer inneren Distanz heraus zu beobachten. Nach und nach erkennen wir, wie das emotionale Kind unser Leben steuert, gehen über seine Beeinflussung hinaus und können früher oder später wählen, ob und wie wir reagieren. Die Gefühle der Angst und Machtlosigkeit treten ganz allmählich in den Hintergrund.

Jedes Kapitel dieses Buches beschäftigt sich mit Fragen, die für meine eigene Bewusstwerdung von Bedeutung waren, wobei ich viele Aspekte mit Beispielen aus meinem Leben veranschauliche. Darüberhinaus kommen einige Themen (wie Scham, Schock, Verlassenheit, Grenzen und Erwartungen) zur Sprache, die bereits Gegenstand meines ersten Buches waren, aufgrund der inzwischen hinzu gekommenen Einsichten aber aus einer neuen Perspektive betrachtet werden. Selbstverständlich wurden die Namen und genauen Umstände der in den zahlreichen Anekdoten beschriebenen Begebenheiten zur Wahrung der Diskretion geändert. Wie in einem Arbeitsbuch behandelt jedes Kapitel einen anderen Bereich unseres Lebens. Der Text wurde so verständlich und knapp wie möglich gehalten und durch Übungen ergänzt, die dem Leser als Anleitung für seine Selbstfindung dienen. Nimm dir Zeit für die Lektüre – die einzelnen Abschnitte brauchen einige Zeit, um ›verdaut‹ zu werden.

»Die wirkliche Essenz des Lebens ist in deinem Innern. Schon in diesem Augenblick kannst du dich nach innen wenden, nach innen schauen. Verehrung ist unnötig, Gebete sind unnötig. Alles, was nötig ist, ist eine stille Reise in dein eigenes Sein. Ich nenne es Meditation, eine stille Wallfahrt in dein eigenes Sein. Und in dem Moment, in dem du deine eigene Mitte gefunden hast, hast du das Zentrum der ganzen Existenz gefunden.« Osho

~

Teil 1

Überblick

Kapitel 1

Der Gemütszustand des emotionalen Kindes

Sehen wir und das emotionale Kind einmal genauer an. Stelle dir einen kleinen Jungen vor, der dein Zimmer betritt und dich fragt, ob du mit ihm nach draußen gehst, um zu spielen. Du hast etwas Wichtiges zu erledigen und sagst dem Jungen, dass du gerade keine Zeit für ihn hast. Daraufhin beginnt der Kleine zu toben. Du möchtest, dass er versteht, wenn du erst am nächsten Tag mit ihm spielen kannst und momentan einfach zu beschäftigt bist. Von morgen will er allerdings nichts wissen, wird wütend und schreit: »Nein! Jetzt!«. Dann rastet er aus und fängt an zu weinen.

Wir alle haben eine Seite in uns, die wie dieser kleine Junge reagiert, sich ein Morgen noch gar nicht vorstellen kann, nicht gerne wartet und es nicht ertragen kann, enttäuscht zu werden. Dieser Teil von uns kann Belohnung oder Vergnügen nicht auf später verschieben, weil er überhaupt nicht verstehen kann, dass es eine andere Zeit gibt außer der Gegenwart. Und er besitzt auch nicht die Fähigkeit, mit Schmerz oder Unbehagen umzugehen. Zwar unterscheiden wir uns in unserem Verhalten, die zu Grunde liegende Erfahrung des Gemütszustandes eines verletzten oder emotionalen Kindes aber tragen wir alle in uns. Befinden wir uns in diesem Bewusstseinszustand, sind wir gar nicht mehr in der Lage, einer Situation angemessen und mit innerer Präsenz zu begegnen oder eine Erfahrung bewusst in uns aufzunehmen. Wir sind zutiefst verängstigt, misstrauisch und voller Unsicherheit. Nach außen reagieren wir unmotiviert und impulsiv. Wir leiden unter einer permanenten Unruhe. Während wir in diesem Geisteszustand gefangen sind, können wir uns eine andere Art der Selbstwahrnehmung kaum vorstellen und identifizieren uns total mit dem emotionalen Kind. Wegen tiefer ungeheilter Wunden aus unserer Kindheit verbringen die meisten von uns den größten Teil ihres Lebens in Angst, Scham und Misstrauen. Unsere gesamte Identität scheint auf dem emotionalen Kind zu basieren. Dessen Qualitäten gehören nicht etwa zu unserer Natur, sondern sind das Ergebnis von Konditionierungen und Erfahrungen, die wir nicht kontrollieren konnten.

Wenn uns die innere Distanz zu den Ängsten, Bedürfnissen und Strategien des emotionalen Kindes fehlt, erfahren wir unser Dasein als leidvoll und problembeladen, besonders was unsere Beziehungen angeht. In Seminaren zeigen wir oft den Film *Bitter Moon* von ROMAN POLANSKI. Der Film ist die Geschichte einer Liebesaffäre und schildert, was passiert, wenn zwei Menschen, die in dem unbewussten Gemütszustand des emotionalen Kindes leben, eine Beziehung eingehen. Während die Verliebten anfangs noch davon überzeugt sind, endlich den richtigen Partner gefunden zu haben, gehen beide mit der Zeit mehr und mehr Kompromisse ein und werden ihrem Partner gegenüber immer nachtragender. Zuerst tyrannisiert der eine den anderen, dann tauschen sie die Rollen. Das Ende des Films wirkt etwas überdramatisiert, zeigt aber wie Liebe ohne Bewusstheit zu Schmerz und Zerstörung führt.

Meiner eigenen Erfahrung nach sind bei der Betrachtung des emotionalen Kindes zwei grundlegende Aspekte von Bedeutung. Oberflächlich gesehen, fallen zunächst die Verhaltensmuster auf, die unser Leben bestimmen, wenn wir uns in diesem Gemütszustand befinden: (1) Reaktion und Kontrolle, (2) Erwartung und Anspruch, (3) Kompromiss, (4) Suchtverhalten und (5) magisches Denken. Diese fünf Gesichter bekommen unsere Mitmenschen zu sehen, wenn sie uns kennen lernen. Bei etwas tieferer Erforschung des verletzten Kindes begegnen wir den Gefühlen, die dem Verhalten zu Grunde liegen: (1) Angst und Schock, (2) Scham und Unsicherheit, (3) Bedürftigkeit und Leere, (4) Kummer sowie (5) Misstrauen und Wut.

Der Gemütszustand des emotionalen Kindes

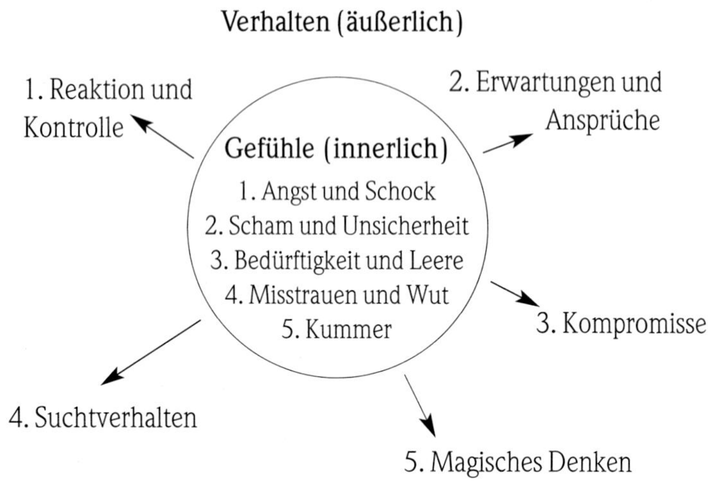

Im folgenden möchte ich kurz auf jeden der fünf Verhaltensaspekte eingehen, werde aber in späteren Kapiteln noch ausführlicher darauf zu sprechen kommen. Im Gemütszustand des emotionalen Kindes reagieren wir ziemlich automatisch auf die Geschehnisse in unserem Leben. Unsere Reaktionen werden durch die Angst genährt, dass etwas Schlimmes geschehen könnte, falls wir nicht reagieren, oder dass wir unsere Bedürfnisse auf andere Weise nicht erfüllt bekommen. Ohne zu verstehen, was überhaupt geschieht, reagieren wir auf jeden sich bietenden Auslöser fast unmittelbar mit einer automatischen Reaktion. Wir reagieren so schnell und unüberlegt als ginge es um Leben oder Tod, so als würde man uns bedrohen. Wir reagieren, um die Erfüllung unserer Bedürfnisse einzufordern oder weil wir das Gefühl haben, nicht sicher genug, ungeliebt oder ohne ausreichende Wertschätzung zu sein. Wenn sich zwei Menschen im Zustand des emotionalen Kindes begegnen, sehen sie in ihrem Gegenüber entweder jemanden, der dazu da ist, ihre unerfüllten Bedürfnisse zu erfüllen, oder jemanden, der sie auf die eine oder andere Weise verletzten könnte. Am Ende versuchen beide zwanghaft, den anderen auf die eine oder andere Weise zu kontrollieren. Die Folge sind Konflikte, unerfüllte Erwartungen, Verständnisprobleme, Machtspiele und andere Qualen.

Das Kind in uns erwartet viel – von den anderen und vom Leben. Es erwartet, dass seine Bedürfnisse erfüllt werden, und dass man es von seinem Unbehagen und seinen Ängsten erlöst. Für ein kleines Kind in seiner Hilflosigkeit und Unsicherheit sind solche Erwartungen ganz natürlich. Wie soll es sich denn sonst sicher fühlen können? Manchmal mussten wir soviele Enttäuschungen hinnehmen, dass sich allmählich eine Schicht der Resignation über unsere Erwartungen legte. Tief in unserem Innern hoffen die Sehnsüchte des emotionalen Kindes aber nach wie vor auf ihre Erfüllung. So mancher meint deshalb vielleicht, dass ihm seine Mitmenschen etwas schulden, macht Ansprüche bei ihnen geltend, und fühlt sich verletzt, wenn die Dinge sich nicht seinen Erwartungen entsprechend entwickeln oder ihm nicht die gebührende Aufmerksamkeit zuteil wird. Dass wir ein Leben voller Kompromisse leben, solange wir uns in dem auf Angst und Scham beruhenden Gemütszustand befinden, versteht sich von selbst. Angst und Scham führen zu Kompromissen, weil wir uns unserer Stärke nicht mehr bewusst sind, unser Selbstvertrauen verloren haben und befürchten, von unseren Mitmenschen verurteilt zu werden. Kurz gesagt: wir leben nicht für uns selbst, sondern für andere.

Wenn wir unter dem Einfluss des emotionalen Kindes stehen, sind wir besonders anfällig für Süchte. Das Kind in unserem Innern fordert genau wie jedes andere Kind die sofortige Befriedigung seiner Wünsche und unmittelbare Erleichterung, wenn es sich unwohl fühlt. Wenn wir nicht genügend innere Distanz zu unseren Gefühlen und Ängsten haben, entwickeln wir leicht die verschiedensten Arten von Suchtverhalten. Wann immer wir eine Angst zu spüren beginnen, verlangen wir unbewusst nach etwas, das unser Unbehagen zu lindern vermag. Oft entwickeln wir chronische Abhängigkeiten und sind uns nicht einmal darüber bewusst, dass sie existieren oder was die Ursache der Sucht ist. Wenn wir nur etwas Verständnis dafür entwickeln könnten, wie verschreckt unser emotionales Kind ist, würden wir unserem eigenen Suchtverhalten bestimmt mit viel mehr Verständnis begegnen. Dies ist umso mehr vonnöten, weil das Thema Sucht niemanden von uns ausnimmt.

Solange wir uns in dem kindlichen Gemütszustand befinden, sind wir zudem von der magischen Hoffnung beseelt, eines Tages der richtigen Person zu begegnen, die all unsere Furcht und allen Schmerz von uns nimmt. Wir glauben, dass wir so von unserer Einsamkeit und unseren Ängsten erlöst werden. Wenn wir dann einen Partner haben, versuchen wir ihn nach unseren Vorstellungen zu ändern oder wir wenden uns einer anderen Person zu, in der Hoffnung, dass diese endlich unsere Erwartungen erfüllt. Auf keinen Fall sind wir bereit, den Schmerz des Alleinseins zu spüren, wenn wir enttäuscht werden. Unser emotionales Kind neigt zu Idealisierungen und kann deshalb die Dinge nicht so sehen wie sie sind. Es will spüren, dass die Menschen und das Leben auf eine nachvollziehbare Weise funktionieren, um Sicherheit und ein Gefühl innerer Ordnung empfinden zu können. Deshalb stellt sich das Kind Personen und Dinge einfach so vor, wie es sie gern hätte. Es lebt ein Leben der Hoffnungen und Illusionen, in dem Menschen oft auf einen Sockel gestellt werden.

Die Verhaltensweisen des emotionalen Kindes zu erkennen, ist relativ einfach. Um die Gefühle aufzudecken, die sich dahinter verbergen, müssen wir jedoch etwas tiefer gehen. Die zu Grunde liegenden Ängste sind tief in unserem Verstand verwurzelt und haben ihren Ursprung in frühen Erfahrungen, an die wir uns meist nicht mehr erinnern können. Weil der kindliche Zustand so eng mit schmerzhaften Verletzungen verbunden ist, lässt er nicht zu, dass wir uns frei und spontan fühlen. Stattdessen erleben wir uns als unzulänglich und minderwertig, fühlen uns voller Scham, Trauer, Wut und Misstrauen. Statt uns selbst zu genügen, fühlen wir uns leer und suchen verzweifelt nach jemandem, der uns auffüllt. Zwanghaft versuchen wir, im Außen innere Erfüllung zu finden.

Normalerweise sind wir stark mit dem kindlichen Gemütszustand identifiziert. Ergreift er bei der geringsten Frustration oder Beunruhigung Besitz von uns, scheint er unsere ganze Welt auszumachen. Wenn wir uns völlig in unseren Reaktionen verlieren, in Erwartungen versinken und von Unsicherheit überwältigt sind, können wir uns nur schwer vorstellen, dass dies nur an unserem emotionalen Kind liegt, das gerade die Oberhand gewonnen hat. Dass wir uns darin üben müssen, unser Verhalten und unsere Emotionen zu beobachten, ist stets eine der Botschaften gewesen, auf die mein spiritueller Meister am meisten Wert legte. Meditation, sagte er, sei die einzige Medizin, die uns wirklich helfen könne – ein Heilmittel für alles, was und plagt. Die Perspektive des Beobachters ist für sämtliche Lebensaspekte von Bedeutung. Was unsere Beziehungsprobleme, unsere verletzte Selbstachtung und die meisten Verhaltensmuster betrifft, geht es vor allem darum, alle Aspekte des emotionalen Kindes beobachten zu lernen. Grundsätzlich kann jeder Mensch seine Gefühle wahrnehmen, aushalten und verstehen, aber es erfordert einige Übung, um diese Fähigkeit zu entwickeln. Zunächst leben wir größtenteils im kindlichen Geisteszustand und beobachten uns so gut wie gar nicht. In diesem Stadium reagieren wir wie Roboter vollkommen automatisch auf jedes Ereignis, das unsere Wunden berührt, ohne die geringste Ahnung zu haben, warum wir uns so verhalten. Das emotionale Kind ist sich seiner gewohnheitsmäßigen und mechanischen Handlungsweise nicht bewusst. Sobald wir jedoch anfangen, den kindlichen Zustand aus einer gewissen inneren Distanz heraus wahrzunehmen und zu verstehen, verstärkt sich auch die Fähigkeit des Zeugeseins und unser Bewusstsein beginnt zu reifen.

Mit dem Kind in unserem Innern können wir nicht anders umgehen als mit dem kleinen Jungen aus dem obigen Beispiel, der in unseren Raum kommt und unsere Aufmerksamkeit fordert. Weder unterdrücken wir es, noch sagen wir, dass es weggehen soll. Daraus ergäben sich nur weitere Schwierigkeiten, weil das innere Kind seinem Ärger einfach auf andere Weise Luft machen würde; oder es zöge sich mit seinem ganzen Enthusiasmus und all seinen Begabungen in sich selbst zurück, wie es bei vielen von uns geschehen ist. Vielmehr versuchen wir, das infantile Verhalten zu begreifen und herauszubekommen, was dahinter steckt. Wir geben dem emotionalen Kind unsere Liebe und Beachtung – beobachten es, ohne zu urteilen. Hierdurch verschwindet es zwar nicht; es hört aber auf, unsere Empfindungen und Handlungen unterschwellig so tiefgreifend zu beeinflussen wie bisher, ohne dass wir uns dessen überhaupt bewusst sind. Vielleicht wird sich ein Teil von uns immer ängstlich, misstrauisch und unsicher fühlen. Doch gewinnen wir mit zunehmender Reife und Beobachtungsfähigkeit genug Abstand, um uns nicht mehr von diesen Reaktionen dirigieren zu lassen. Wenn dann der kindliche Gemütszustand unsere Wahrnehmung verschleiert, erkennen wir, dass jemand ›zu Besuch gekommen‹ ist, sind Zeuge des Geschehens, atmen tief durch und lassen es zu. Reaktionen, Erwartungen, Süchte und Ersatzhandlungen sind Symptome tiefer Emotionen. Indem wir uns darin üben, den Verhaltensmustern mit Bewusstheit zu begegnen, anstatt sie zu verurteilen, lernen wir auch, die ihnen zu Grunde liegenden Gefühle, unsere Leere und Unsicherheit zu verstehen und auszuhalten.

Vieles im Leben wird klarer, sobald wir genügend Einsichten über den Geisteszustand des emotionalen Kindes gewonnen haben – die Hintergründe und Mechanismen unseres Reaktionsverhaltens, die Ursachen unserer Ängste sowie unseres Verlangens nach Liebe und Aufmerksamkeit. Wir beginnen zu verstehen, warum es so schwierig ist, jemanden an uns heranzulassen, und woher das Misstrauen, die Scham und die Ruhelosigkeit kommen, unter denen wir leiden.

»Jeder möchte geliebt werden. Das ist ein falscher Anfang. Und es beginnt damit, dass das Kind, das kleine Kind, nicht lieben kann, nichts sagen kann, nichts tun kann, nichts geben kann – es kann nur empfangen. Aber Schwierigkeiten entstehen, weil jeder ein Kind gewesen ist, und jeder denselben Drang hat, Liebe zu bekommen; und niemand ist anders geboren worden. Deshalb sagen alle: »Gib uns Liebe.« Und es ist niemand da, der geben kann, weil der andere auf dieselbe Weise aufgezogen wurde.« Osho

Übungen

1. Erforschen des emotionalen Kindes
Zwei Haupteigenschaften des kindlichen Geisteszustandes sind Angst und die Neigung zu reagieren. Reaktion ist das äußere Verhalten, Angst das zu Grunde liegende Gefühl.
a) Fange an, dir deine Reaktionsneigung bewusst zu machen. Finde heraus, wann sie sich bemerkbar macht, wie sie sich anfühlt und was du tust, wenn du dich in dem reaktiven Zustand befindest.
b) Stelle dir in Situationen, in denen du spürst, dass du reagierst, die Frage: »Wovor habe ich gerade Angst?«

2. Beobachten der Urteile des kindlichen Gemütszustandes
a) Nimm wahr, wann du dich für deine Reaktionen, Angst- und Schamgefühle oder für dein Misstrauen verurteilst. Wie fühlen sich diese Urteile an?
b) Versuche in solchen Situationen, die Position des Beobachters einzunehmen, und schaue einfach dabei zu, wie sich die Urteile zwischen deine Gedanken mischen.

Schlüssel

1. Normalerweise befinden wir uns – ohne es zu merken – in einem infantilen Gemütszustand. Wir leben in der Welt eines verängstigten, unsicheren und misstrauischen Kindes, überdeckt von einem ›Erwachsenen‹, der auf alle möglichen Arten versucht, seine Ängste zu kompensieren. Dieser Bewusstseinszustand ist für unsere mangelnde Zentriertheit und die Co-Abhängigkeit verantwortlich, welche wir in Beziehungen erleben.

2. Der kindliche Geisteszustand führt zu Co-Abhängigkeit zwischen Partnern, weil er auf Ängsten basiert und unbewusste Reaktionen erzeugt. Weil wir von dem magischen Glauben erfüllt sind, dass jemand kom-

men wird, um uns aus allen Ängsten und Qualen zu erretten, reagieren wir auf andere. In diesem Zustand können wir einander weder richtig zuhören, noch die angemessene Wertschätzung entgegen bringen. Der kindliche Verstand verbirgt sich hinter übertriebenen Idealen und törichten Vorstellungen; und das ganze Leben verbringt er damit, andere dazu zu bewegen, dieses falsche Selbstbild zu bestätigen.

3. Mit der in diesem Buch beschriebenen Methodik lernen wir, den reaktiv-abwehrenden Zustand des verängstigten Kindes zu beobachten. Auf diese Weise entwickeln wir ein Verständnis für das Bewusstsein des emotionalen Kindes in uns, wodurch die Liebe und Einsicht entstehen, die wir für unsere Heilung brauchen. Indem wir den inneren Zeugen kultivieren, gelangt unser Wesen zur Reife.

~

Kapitel 2

Die Blase

Wenn wir uns im Gemütszustand des emotionalen Kindes befinden, haben wir das Gefühl, im Innern einer Blase zu leben, gefangen in unseren Überzeugungen und Erwartungen. Aus dieser Perspektive nehmen wir die Welt um uns herum nicht so wahr wie sie ist, stattdessen betrachten wir sie durch den Filter unserer Interpretationen. Beispielsweise berichtete eine Teilnehmerin unseres Ausbildungskurses von einem sehr belastenden Konflikt, den sie mit einem ihrer Kollegen hatte, der ihre Kompetenzen als Chefin nicht respektierte. Als wir näher auf das Problem eingingen, stellten wir fest, dass es in ihrem Leben immer wieder Situationen gab, in denen sie sich hilflos und nicht respektiert fühlte. Unsere Kursteilnehmerin neigt seit langem dazu, ihre eigenen Bedürfnisse zurückzustellen und Menschen zu erlauben, ihre Grenzen zu verletzen. Das verletzte Kind im Innern ihrer Blase glaubt, dass es nicht stark genug sei, um auf seinen Rechten und der Einhaltung seiner Grenzen zu bestehen. In der Welt außerhalb der Blase, so scheint es ihr, sind die Menschen stärker, klarer und wichtiger als sie. Dass sie ihre eigene Energie gewohnheitsmäßig unterdrückt und sich automatisch schuldig fühlt, wann immer sie sich behaupten möchte, ist für diesen Zustand bezeichnend. Die Reaktionen, die sie dann von ihren Mitmenschen bekommt, reflektieren ebenfalls ihre ›Blasenrealität‹ – sie bringen ihr keinen Respekt entgegen, hören ihr oft nicht einmal zu.

Jeder von uns hat seine eigene Blase, mit einem individuellen Gefüge von Glaubenssätzen, Erwartungen und Reaktionen, die dem Zustand unseres verletzten Kindes entsprechen. Schamgefühle oder Unsicherheit können dafür genauso bezeichnend sein wie Schockzustände, Angst und

Misstrauen oder Einsamkeit – in allen möglichen Kombinationen. Diese Gestalt kann jederzeit provoziert werden, und jeder von uns reagiert auf seine ganz persönliche Weise, wenn er sich in seiner Blase befindet. Der Teilnehmer eines unserer Workshops reagiert sehr verstört, misstrauisch und aufgeregt, wenn er seine Umgebung für nicht unterstützend und lieblos hält. In solchen Momenten wird er leicht streitsüchtig und angriffslustig. Sein emotionales Kind fühlt sich ständig bedroht. Aus seiner Blase heraus sieht er eine aggressive Welt und er muss ständig auf der Hut sein, damit er sich jederzeit sofort verteidigen kann. Selbst die geringsten Grenzverletzungen und Forderungen seitens seiner Mitmenschen, und insbesondere seiner Beziehungspartner, provozieren den sofortigen Rückzug in die Blase. Natürlich begegnen ihm die Menschen in seiner Umgebung ebenfalls mit Aggression, Abwehr und Angst.

Wie auch immer wir die Welt aus dem Innern unserer Blase wahrnehmen, mit dem emotionalen Kind in uns sind wir stets zutiefst identifiziert. Wenn wir zum Beispiel in einer ›Schamblase‹ stecken und glauben, wir seien wertlose und nichtswürdige Versager, sind wir fest davon überzeugt, dass diese negativen Merkmale allein den Kern unseres Wesens ausmachen. In solchen Momenten *sind* wir Scham. Selbst wenn uns jemand einen Spiegel vorhielte, würden wir nichts anderes in uns erkennen. Obwohl manche Blasen nur in bestimmten Situationen hervorgerufen werden, Schamblasen beispielsweise durch Zurückweisung oder Kritik, leben die meisten von uns andauernd in einer Blase. Die wichtigsten Variationen solcher Zustände – Misstrauen, Verlassenheit, Vereinnahmung, Scham und Schock – kommen weiter unten noch ausführlicher zur Sprache. Nur selten kommt es vor, dass unsere Blase platzt und wir uns befreit fühlen, bevor uns ein neuer Auslöser in die nächste Blase schickt, welche dann wieder weitgehend unsere Wahrnehmung bestimmt.

Ich wähle die Methapher einer Blase aus verschiedenen Gründen. Zunächst steht sie für ein Gefängnis, das keine Fenster oder Türen hat. Was wir aus dem Innern der Blase heraus glauben, fühlen, hören und sehen, scheint absolut wahr zu sein. Wir sind nicht in der Lage, irgendetwas anderes zu registrieren. Angenommen, jemand würde uns mit Liebe nur so überschütten und sagen, dass die Wahrnehmungen innerhalb unserer Blase falsch seien, uns der Liebe unserer Mitmenschen versichern, uns begreiflich machen, dass die Welt ein sicherer Ort sei und wir ein wunderbarer, kreativer und wertvoller Mensch; wir wären nicht in der Lage, ihn zu hören und das Gesagte in uns aufzunehmen. Im Innern unserer Blase sind wir isoliert. Alles, was von außen kommt, wird als Grenzverletzung empfunden.

Ein weiterer Grund, warum ich das Symbol der Blase verwende, ist, dass Blasen jederzeit platzen können. Man braucht weder einen Hammer, noch Tonnen von Dynamit, um eine Blase zu zerstören. Man braucht nur Bewusstheit und die Bereitschaft, Risiken einzugehen. Wenn die Blase platzt, können wir kaum glauben, dass wir uns jemals in ihr befunden haben und die Umwelt so verzerrt haben wahrnehmen können. Wenn uns dann die nächste Blase umgibt, erinnern wir uns nur noch sehr verschwommen daran, wie wir uns außerhalb der Blase fühlten. Das Verständnis des Phänomens der Blase hilft dabei, uns weniger mit diesen Zuständen zu identifizieren und zu erkennen, dass es sich um Gemütszustände handelt, die oft nur vorübergehend Besitz von uns ergreifen. In jenen Momenten, in denen wir frei sind von der durch Scham, Misstrauen und anderen Gefühlen besetzten Identität, erkennen wir, dass diese Attribute nicht unser ganzes Wesen ausmachen.

Unsere Identität verändert sich auf zwei Arten. Erstens dadurch, dass wir Risiken eingehen und die Unverrückbarkeit der Glaubenssätze in Frage stellen, die das Lebensgefühl innerhalb unserer Blase ausmachen, und zweitens, indem wir mehr Verständnis und Mitgefühl für das Kind in unserer Blase entwickeln. Wenn sich das Selbstbild, welches auf unseren Erfahrungen innerhalb der Blase beruht, nach und nach auflöst, geschieht Transformation. Das Gefühl, in einer Blase zu sein, wird allmählich immer seltener ausgelöst. Wir reagieren nicht mehr zwanghaft und übertrieben aus unserer Blasenidentität, folglich ändern sich auch die Reaktionen, die wir von unseren Mitmenschen und dem Leben selbst bekommen.

Susanne, eine unserer Klientinnen, war lange Zeit davon überzeugt, eine nutzlose, unkreative Person zu sein. Schon das geringste Maß an Kritik löste bei ihr ein abwehrendes und selbst-sabotierendes Verhalten aus. Entsprechend war sie in ihrem Umfeld immer wieder Zurückweisungen ausgesetzt, die ihr Selbstbild noch verstärkten – ein schmerzhafter Teufelskreis. Erst die Auseinandersetzung mit der Scham ihres inneren Kindes versetzte sie in die Lage, mit Verständnis und Mitgefühl auf die kindlichen Empfindungen einzugehen und zu verstehen, warum sie so leicht in ihrer Blase verschwand. Indem sie kleine Risiken bei der Erforschung und Erprobung ihrer kreativen Begabungen einging, erkannte sie langsam aber sicher, dass sie gar nicht so schwach, wertlos und langweilig ist wie sie immer dachte. Langsam löst sich die Blasenidentität auf und lebenslange Verhaltensmuster wiederholen sich nicht länger, weil wir aufhören, uns so stark mit der Person zu identifizieren, die sich in einer Blase wähnt.

Es gibt noch einen Grund, warum ich das beschriebene Phänomen als Blase bezeichne: Wir können uns unser Bewusstsein als Kugel vorstellen, die anfangs – wenn wir gerade erst mit der Arbeit an uns selbst begonnen haben – von unserer Blase bis an den Rand gefüllt wird, sofern es einen entsprechenden Auslöser für diesen Zustand gegeben hat. In diesem Moment nehmen wir nichts weiter wahr als die uns umgebende Blase. Wir werden von unserer Scham oder unserem Misstrauen vollkommen eingehüllt und sind mit dem verletzten Kind in uns total identifiziert. Mit zunehmender Bewusstheit, wachsendem Verständnis für unsere eigene Verletztheit und der Fähigkeit, durch Beobachten mehr Distanz zu inneren Zuständen zu kreieren, schrumpft die Blase allmählich und gibt mehr Raum in der Kugel unseres Bewusstseins frei. Wir sehen klarer und erkennen, dass wir weit mehr sind als es die Begrenztheit der Blasenidentität vermuten lässt.

Das Phänomen der Blase kann auch als Trancezustand erklärt werden. STEVEN WOLINSKY diskutiert solche Phänomene in seinem Werk *Trances People Live*. Er führt aus, dass Realitätsverlust für den Trancezustand charakteristisch ist. Wenn wir uns in der Trance befinden, sehen, hören und fühlen wir nicht, was im betreffenden Moment tatsächlich vor sich geht, weil unsere Eindrücke von Erinnerungen überlagert werden, die unser Nervensystem in der Vergangenheit gespeichert hat. Ein Teil von uns fror gewissermaßen ein, als wir traumatisiert wurden und man uns so Essentielles wie Liebe, Unterstützung und Sicherheit, vorenthielt.

Die Wahrnehmungen im Innern der Blase sind die eines verängstigten, misstrauischen, schamerfüllten und bedürftigen Kindes. Wenn wir in der Blase gefangen sind, glauben wir, dass alle unsere Gefühle und Gedanken der Realität entsprechen. Manchmal scheint es so als wäre das Leben schon immer so gewesen, wie wir es im Innern der Blase erfahren und dass es auch immer so bliebe. Vielleicht glauben wir sogar, dass nur die Wahrnehmungen in der Blase wahr seien, während alles, was wir sonst noch erlebt haben, Illusionen sei. Wir leben die meiste Zeit in unseren Blasen, ohne uns dessen wirklich bewusst zu sein. Löst irgendeine Begebenheit ein verstörtes Verhalten in uns aus, sind wir wahrscheinlich gerade in einer Blase gelandet. Lassen wir unser Leben einmal Revue passieren, erkennen wir, dass wir uns immer und immer wieder in diesen Zuständen befunden haben.

WOLINSKY beschreibt die Trancezustände etwas anders als ich. In unserer Arbeit konzentrieren wir uns darauf, wie Traumen unserer Vergangenheit verschiedene Typen von Blasen erzeugen. Unsere Klientin Susanne aus dem Beispiel weiter oben befindet sich in einer Schamblase, in der sie sich als Versagerin fühlt, nutzlos und ungeliebt. In diesem Zustand zweifelt sie daran, ob sie überhaupt etwas beizutragen hat, glaubt, dass jeder andere besser ist als sie und dass es dumm von ihr war, dieses Thema überhaupt erst anzusprechen. Verlassenheits- oder Vernachlässigungsblasen kommen ebenfalls häufig vor. Bei diesen Zuständen überwiegen Verlustgefühle und große Einsamkeit. Man fühlt sich ungeliebt und verloren in einem vertrauten, aber düsteren Raum. So eine Blase kann von einem Freund ausgelöst werden, der sich von uns zurückzieht oder uns seine Liebe vorenthält. Scham und Verlassenheit treten natürlich oft zusammen auf, und es ist nicht immer leicht, die verschiedenen Arten von Blasen von einander abzugrenzen.

In einem unserer letzten Workshops in der Schweiz kam es zu einer Auseinandersetzung zwischen zwei Teilnehmern. Da die Seminargruppe recht überschaubar war und man genügend Zeit gehabt hatte, sich besser kennenzulernen, gingen alle Beteiligten sehr vertraut und liebevoll miteinander um. In dem angesprochenen Streit jedoch fühlte sich eine Frau von einem der männlichen Teilnehmer aggressiv und rücksichtslos behandelt. Als der Konflikt zum Thema innerhalb der Gruppe wurde, stellte sich heraus, dass sie den betreffenden Mann durch ihre rechthaberische Art an seine ältere Schwester erinnerte, die ihn früher tyrannisiert hatte. Er wiederum hatte eine Art, Frauen zu provozieren, die sie an ihren wütenden und zu Missbrauch neigenden Vater erinnerte. Es war ein Fall von ›Blase trifft Blase‹. Beide fielen in kindliche Verhaltensmuster zurück – ein Automatismus, der übrigens die Ursache für die meisten Konflikte und Missverständnisse ist, die wir miteinander haben.

Unsere Blasen sind Trancezustände, die auf unseren Wunden basieren. Um ein tieferes Verständnis dafür zu entwickeln und besser an uns arbeiten zu können, werden wir unsere Verletztheit aus fünf verschiedenen Perspektiven betrachten. Die Wunden beruhen auf Verlassenheit, Scham, Schock, Vereinnahmung oder Misstrauen. Wann immer wir in einer Blase verschwinden, handelt es sich um die Manifestierung eines dieser fünf Zustände, wobei sich die jeweiligen Blasen genauso stark unterscheiden wie die sie auslösenden Situationen. Jede Blase hat ihre typischen Auslöser und ruft in uns ganz bestimmte Gefühle, Ansichten und Verhaltensweisen hervor sowie eine charakteristische Weise, auf die wir uns selbst wahrnehmen. In welcher Art Blase wir uns befinden, ist auch für die Gegenreaktionen entscheidend, die wir von unseren Mitmenschen und vom Leben selbst erhalten. Sobald wir mit unseren Wunden vertraut sind, erkennen wir an den genannten Merkmalen, ob wir in einer Blase sind. Wir wissen, wie sie sich anfühlt, wie wir uns darin verhalten und was den betreffenden Zustand auslöst; außerdem kennen wir die Gedankenformen und Persönlichkeitsmerkmale, die der Blase entsprechen.

Einer unserer Seminarteilnehmer beispielsweise litt unter dem Gefühl, dass ihm seine Freundin nie genügend Aufmerksamkeit widmete. Weil ihn das wütend machte, forderte er von ihr, mehr Zeit mit ihm zu verbringen. Als Reaktion auf seine Forderungen zog sie sich aber nur noch mehr zurück. Wenn der Mann in unserem Beispiel den Entzug der Liebe seiner Freundin spürt, geht er in seine Vernachlässigungs-/Verlassenheitsblase. Aus diesem Zustand heraus reagiert er automatisch und unbewusst mit Zorn, Betteln und Forderungen. Die Reaktion, die er dann bekommt, ist immer dieselbe – Zurückweisung. Wenn er in der Blase ist, sieht er sich selbst als hilflosen, einsamen Menschen, der sich nach Liebe sehnt und glaubt, dass er seine Bedürfnisse niemals erfüllt bekommt, wenn er nicht wie beschrieben reagiert.

Wenn wir anfangen, Bewusstheit in unser von Blasen bestimmtes Leben zu bringen, kann ein Realitätstest manchmal ganz hilfreich sein. In unserer Arbeit nennen wir das ›auftauchen zum Luft holen‹. Wenn uns etwas in eine tiefe Scham- oder Misstrauensblase gebracht hat, reicht es oft schon, wenn wir uns kurz mit einem Freund austauschen, um zu erkennen, dass was wir sehen, fühlen und denken nicht die Realität, sondern nur unsere von vergangenen Erfahrungen geprägte Wahrnehmung ist. Manchmal indes versinken wir so tief in unserer Blase, dass uns dort nichts mehr erreichen kann. Dann haben wir keine andere Wahl, als einfach abzuwarten. Liebespartner sind für Realitätstests nicht so gut geeignet, insbesondere, wenn sie es sind, die unsere Trancezustände auslösen. Wenn eine Vertrauensbasis vorhanden ist, kann so ein Test aber sehr zur Vertiefung der Liebe und Verbundenheit zwischen zwei Menschen beitragen.

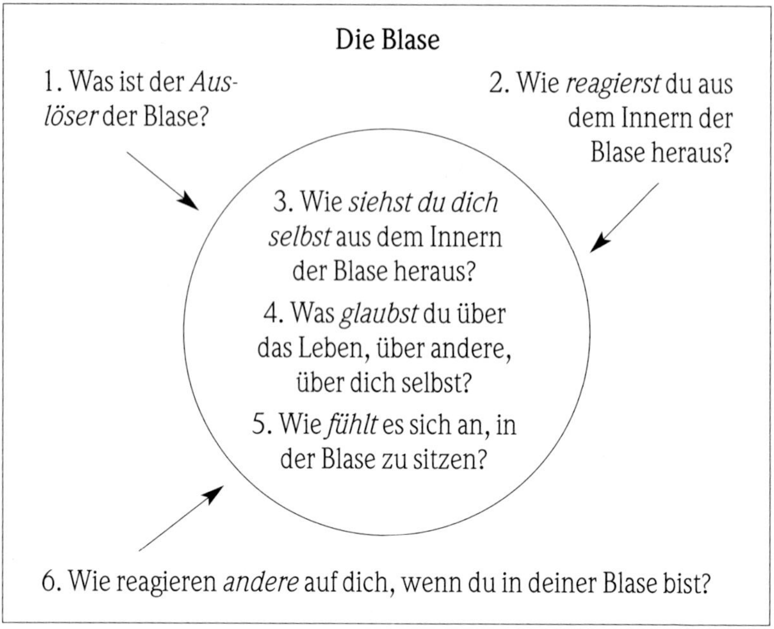

Es ist ein großer Sprung, gewohnte Lebensweisen aufzugeben und auf das Neue, Unbekannte zuzugehen. Unser verletztes Kind hat immer in Blasen gelebt und wird vielleicht nie bereit sein, sämtliche mit seinen Trancen zusammenhängenden Gedankenformen und Verhaltensweisen loszulassen. Es ist einfacher, so zu denken und uns so zu verhalten wie bisher und davon auszugehen, dass uns niemand liebt und versteht, dass wir im Grunde des Guten unwürdig sind. Wir können auch weiterhin glauben, dass die Welt ein gefährlicher Ort ist, und dass niemand für uns sorgt, wenn wir es nicht selbst tun. Während jedoch unsere Fähigkeit, uns selbst zu beobachten, zunimmt, beginnen wir die Blasen als das zu erkennen, was sie eigentlich sind. Wir können unsere Trancezustände kommen und gehen sehen. Auch wenn wir uns immer noch in unseren Blasen verlieren, sind wir uns dessen zunehmend bewusst. Und unsere eigene Bewusstheit ist es auch, die uns schließlich aus diesen Trancen befreit.

Analyse der Blase

1. Nimm wahr, wie es sich in der Blase anfühlt.
2. Finde heraus, was die Blase auslöst.
3. Erkenne, welche Gedanken in der Blase aufkommen.
4. Spüre, wie du dich fühlst, wenn du in der Blase bist.
5. Sieh das Bild, das du dir von anderen und von dir selbst machst, wenn du in der Blase bist.
6. Erkenne, wie die anderen und das Leben auf dich reagieren, wenn du in der Blase bist.

Übungen

1. Deine Blasen identifizieren

Vergegenwärtige dir eine Situation, in der du beunruhigt warst, in der du Schmerz oder Frustration gefühlt hast. Kannst du erkennen, dass du dich in einem vertrauten Zustand wiedergefunden hast? Dies nennen wir eine Blase. Nimm die Eigenschaften dieses Zustandes wahr.

a) Was erzeugt diesen Zustand? Handelt es sich um vertraute, sich wiederholende Auslöser?

b) Wie fühlst du dich, wenn du in diesem Zustand bist?

c) Wie fühlst du über dich und andere, wenn du in diesem Zustand bist? Wie siehst du dich selbst, wie siehst du die anderen?

d) Reagierst du aus diesem Zustand heraus immer wieder auf eine ganz bestimmte Art?

e) Gibt es Parallelen zu anderen Momenten, in denen du in so einer Trance gewesen bist?

2. Oftmals erkennst du gar nicht, dass du in einer Blase warst, bis du wieder aus ihr herausgekommen bist. Bemerkst du die Unterschiede in deinem Fühlen, Denken und Handeln inner- und außerhalb des Trancezustandes? Solange du in deiner Blase bist, stehst du unter dem Einfluss deines kindlichen Gemütszustandes. Im Nachhinein sollte es dir deshalb leichter fallen, die Zusammenhänge wahrzunehmen.

Schlüssel

1. Wir benutzen die Metapher der Blase, um den Zustand zu beschreiben, in dem unser Bewusstsein von dem emotionalen Kind in uns übernommen wird. Diese ›Blasenrealität‹ tritt immer dann in Aktion, wenn eine unserer Wunden berührt wird. Wenn wir einmal in einer Blase sind, ist es so, als hätte unser emotionales Kind Besitz von uns ergriffen. Dann sehen wir die Dinge nicht so wie sie sind – unsere Wahrnehmungen, unsere Gedanken und Reaktionen werden durch die Scham, das Misstrauen und die Ängste eines verletzten Kindes beeinflußt.

2. Während wir uns mit den Gefühlen, Gedanken und Verhaltensweisen der jeweiligen Blase identifizieren, können wir keine andere Realität sehen oder spüren. Indem wir jedoch mit diesen Zuständen arbeiten, sie immer besser kennen lernen und verstehen, wie sie unser Bewusstsein übernehmen, gewinnen wir mehr und mehr Abstand zu ihnen. Wir fangen an zu begreifen, dass die Blasen weder mit uns, noch mit dem Leben an sich gleichzusetzen sind. Das Aufwachen aus der Trance geht immer leichter und schneller vonstatten.

~

Kapitel 3

Der Spiegel

Wenn wir uns in einer Blase befinden, begegnet uns das Leben auf unvorhersagbare Weise; unterschiedliche Blasen führen zu unterschiedlichen Reaktionen. Das Leben und die Menschen spiegeln uns unsere ›Blasenrealität‹. Wir können uns diesen Effekt wie eine Funkstation vorstellen, die Botschaften sendet. Aus dem Innern der Blase, in der wir uns stark mit unserem emotionalen Kind identifizieren, senden wir dauernd Botschaften, die für den betreffenden Trancezustand typisch sind – und bekommen eine ziemlich vorhersagbare Antwort zurück. Es ist, wie in einen Spiegel zu schauen. Sobald wir anfangen, die Reflektion zu sehen, die wir zurück bekommen, und beginnen, die Botschaften zu verstehen, die wir aussenden, hat unsere Reise aus der Gefangenschaft des emotionalen Kindes begonnen.

Vor kurzem leiteten Amana und ich einen eintägigen Workshop außerhalb von Zürich. Wolfgang, einer der Teilnehmer, kam etwas zu früh an und parkte auf einem Platz, der für Bewohner des Seminarhauses reserviert war. Als wir eintrafen, sahen wir, dass Wolfgang und der Bewohner in eine hitzige Diskussion darüber verwickelt waren, ob er das Auto dort abstellen dürfe. Als wir mit dem Workshop begonnen hatten, hob Wolfgang während meines einführenden Vortrags die Hand, und griff das, was ich gesagt hatte, vehement an. Eine Weile später erzählte er mir, dass ihn gerade seine Freundin verlassen hätte; er könne aber nicht verstehen, warum. Er war außerdem sehr verwundert darüber, dass sich ein anderer Teilnehmer nicht dazu entscheiden konnte, eine der Übungen mit ihm zu machen, für die jeder einen Partner brauchte. Wolfgang war sich weder bewusst , was der Spiegel ihm in dem betreffenden Moment reflektierte, noch darüber, dass sein eigenes Verhalten die Ursache der Reflektion war.

Die meisten von uns sind nicht so provokativ wie Wolfgang, und auch nicht so abgeneigt, auf unser Verhalten zu achten – aber jeder hat seine blinden Punkte. Es ist oft schwierig zu erkennen, wie sich unsere Glaubenssätze und Verhaltensweisen auf andere auswirken oder wie wir die Reaktionen hervorrufen, die wir bekommen. Meist erscheinen uns diese Erfahrungen als Zufallsprodukte oder wir tun sie als Problem unseres Gegenübers ab. Meine Mutter sagte immer zu mir, dass das meiste im Leben einfach Glückssache sei. Von meiner Entgegnung, das Ganze könne doch nicht nur von Glück und Pech abhängen und müsse Methode haben, wollte sie nichts wissen. Erst wenn wir unsere Blasen erkennen, wird uns klar, warum uns bestimmte Dinge immer wieder passieren.

Jahrelang hatte ich Beziehungen zu Frauen, die für mich oftmals eher die Rolle einer Tochter als die einer Liebhaberin spielten. Sie regredierten, wurden abhängig und bedürftig, und ich spielte den Retter, weil ich so ›fürsorglich‹ und ›mitfühlend‹ war. Dann wurde ich nachtragend, warf Fürsorglichkeit und Mitgefühl aus dem Fenster und wollte nur noch ›frei‹ sein und ›mein eigenes Ding‹ machen. Bei meinen Freunden beschwerte ich mich darüber, wie abhängig meine Freundin sei, konnte aber nicht verstehen, warum ich mein Beziehungsschema ständig wiederholte. Ich hatte keine Ahnung, wodurch ich dieses Muster in Gang hielt, war ich doch der festen Überzeugung, dass meine Partnerin dafür verantwortlich war, weil sie nicht auf eigenen Füßen stehen konnte. In meiner Blase konnte ich nicht erkennen, dass ich gar nicht offen war, sondern mich in einer Elternrolle versteckte, welche mir als subtile und täuschende Abwehr diente. Unsere Beziehungsmuster sind für uns bestens als Spiegel geeignet, weil sie unsere ›Blasenrealität‹ auf so entlarvende Weise vor Augen führen.

Maria, eine Italienerin Anfang vierzig, wundert sich darüber, dass sich ihre Mitmenschen von ihr zurückziehen und ihr sagen, es sei unangenehm, mit ihr zusammen zu sein. Das emotionale Kind in ihr ist sehr traurig. Die Botschaft, die das Kind aussendet, ist: »Ich will, dass du mich rettest und mich von meiner Traurigkeit erlöst.« Sie erkennt das aber nicht, und mit jeder Zurückweisung wird sie trauriger und einsamer. Katherine, eine unserer Klientinnen, klagt darüber, dass ihr Mann ihr nicht offen genug begegnet. Dabei ist es ihre fordernde Haltung, die ihn von ihr abhält. Inzwischen hat sie erkannt, dass sie schon lange versucht, ihre innere Leere mit Hilfe dieses Forderungsverhaltens zu füllen. Das Leben indes scheint unsere unbewussten Strategien nicht lange zu tolerieren und konfrontiert uns solange mit Vernachlässigung und Enttäuschung, bis wir endlich anfangen, unsere Muster zu hinterfragen.

Rebecca ist eine gute, alte Freundin. Solange ich sie kenne, beschwert sie sich darüber, dass die Männer in ihrem Leben nicht richtig für sie da sind. Wenn sie in einer Beziehung ist, fühlt sie sich ständig ungeliebt und übergangen, und jede Beziehung endet damit, dass sie einen Korb bekommt. Jede neue Zurückweisung fühlt sich für sie an wie die erste, obwohl Rebecca sich durchaus darüber bewusst ist, dass sich hier ein Muster wiederholt. Unterschwellig sendet auch sie die Botschaft aus: »Bitte rette mich!« Und auch hier ist Ablehnung die Reaktion der Umgebung. So ein Verhalten ist tief verwurzelt und automatisch. Manchmal tun wir etwas, mit dem wir verhindern, dass uns unsere Mitmenschen vertrauen, oder wir strahlen etwas aus wie: »Ich fühle mich nicht liebenswert und brauche deine Zustimmung und Aufmerksamkeit, um zu fühlen, dass ich okay bin.« Auch in meinem Leben gab es eine Zeit, in der ich von Frauen immer wieder zurückgewiesen wurde. Ich verstand nicht, warum und tat mir selbst leid. Erst später begriff ich, dass ich diese Reaktion bekam, weil ich die Wunden der Scham und Verlassenheit in mir noch nicht erforscht hatte. Ich näherte mich Frauen wie ein Bettler mit der Haltung eines kleinen Jungen, der die Zustimmung und bedingungslose Liebe seiner Mutter haben will.

Per, ein Seminarteilnehmer aus Norwegen, ist ein Naturbursche mit einer Ausstrahlung, so trocken wie Knäckebrot. Nach jeder Session zog er sich gleich die Joggingschuhe an und verschwand zu seinem täglichen Zehnkilometerlauf. Er ist über fünzig, hat aber kein Gramm Fett an seinem Körper. Per ist ein wahrer Einzelgänger. Er war einmal verheiratet, verbrachte aber soviel Zeit mit seinen Outdoor-Aktivitäten, dass sich seine Frau aus Verzweiflung von ihm scheiden ließ. Er hat zwar hin und wieder ein Rendezvous, lässt sich aber nie wirklich auf eine Frau ein. Als ich ihn einmal fragte, ob er jemals verliebt gewesen sei, war seine Antwort: »So weit würde ich nie gehen.« Per sieht in seinem Gegenüber immer jemanden, der seine Grenzen überschreiten und seine Freiheit beschneiden könnte. Er ist voller Misstrauen, kann aber sein Leben in Isolation nicht mit der tiefen Angst, bedrängt und verletzt zu werden, in Verbindung bringen. Die richtigen Fragen stellt er noch nicht.

In jedem der aufgeführten Beispiele entstehen Probleme dadurch, dass die betreffende Person ohne Bewusstheit in ihrer eigenen Blase lebt. Das Leben ist ständig bemüht, uns zu zeigen, was wir sehen müssen. So wird uns ständig der Spiegel vorgehalten, bis wir endlich begreifen, was uns die Reflektion zu sagen hat. In der Regel begegnen wir dem Spiegelbild aber mit Wut und dem Gefühl, Opfer zu sein und ungerecht behandelt zu werden, was uns wiederum mit Bitterkeit und Resignation erfüllt. In diesem Geisteszustand sind wir nicht offen dafür, die Seiten von uns zu sehen, die wir sehen müssen, und zu fühlen, was wir fühlen müssen. Meist sind wir uns der Botschaften, die wir aussenden, nicht bewusst, weil in unserem Innern niemand ist, der beobachtet. Wir leben in der Welt unseres emotionalen Kindes und handeln unbewusst aus diesem Zustand heraus. Das Feedback, das wir dann bekommen, ist meist nicht so, wie wir es uns wünschen. Daraufhin sind wir bestürzt und enttäuscht, verurteilen die Reaktion als verständnis- und rücksichtslos, unaufmerksam und lieblos und versuchen sogar, das Feedback zu ändern. Wir können nicht verstehen, warum wir immer wieder dieselben Reaktionen bekommen, weil wir nicht begreifen, dass wir ständig dieselben Botschaften aussenden. Derartige Spiegelungen sind keine einmaligen Ereignisse – es sind Muster.

Christina und Alberto leben seit vier Jahren in einer Beziehung. Alle paar Monate trennen sie sich, um einige Monate später wieder zusammen zu kommen. Sie ist eine attraktive 34jährige Frau, die schon immer ihre Schönheit und Sexualität als Waffen benutzt hat, um Männer wirksam zu manipulieren und zu bekommen, was sie will. Alberto ist stark genug, sich nicht von ihr um den Finger drehen zu lassen. Andererseits glaubt er nur mit ihren sexuellen Forderungen und regelmäßigen Wutausbrüchen umgehen zu können, indem er ihr die kalte Schulter zeigt. Wann immer das geschieht, beschwert sie sich bitterlich, dass er sie nicht liebe und reagiert mit einem Seitensprung. Wenn sie von dem anderen genug hat, kehrt sie zu Alberto zurück, der seinerseits an einem bestimmten Punkt entscheidet, dass er von Christina im Speziellen und von Beziehungen im Allgemeinen die Nase voll hat und sich wieder seinem isolierten Zen-Lebensstil zuwendet. Alberto und Christina senden beide dieselbe Botschaft aus: »Ich traue dir nicht, und du wirst mich nicht ausnutzen.« Aus dieser Blase des Misstrauens wird ihre Beziehung von Kontrollstrategien und Manipulationen bestimmt. Beide verlieren sich in Verhaltensautomatismen, mit denen sie sich gegen ihren Partner verteidigen.

Wenn ich eines dieser Muster bei mir selbst entdecke, finde ich es hilfreich, mir bestimmte Fragen zu stellen:

a) »Was genau ist es, das mir die Menschen in meiner Umgebung oder das Leben selbst gerade spiegeln?« oder »Welches energetische Feedback erhalte ich gerade?«
b) »Welche Botschaft, die ich gerade aussende, verursacht diese Reflektion?«
c) »Welche Verletzung verbirgt sich hinter dieser Botschaft?«

Es reicht aus, sich diese drei Fragen aufrichtig zu beantworten. Sie scheinen auf magische Weise etwas in uns in Bewegung zu setzen, so als würden wir die Existenz bitten, uns dabei zu helfen, ein tieferes Verständnis für uns selbst zu entwickeln. Wenn wir beginnen, uns diese

Fragen zu stellen, erhalten wir nicht unbedingt sofort eine Antwort. Mit dem Fragen zu beginnen, öffnet uns aber mehr und mehr dafür, Antworten zu empfangen. Es ist der erste Schritt zur Bewusstmachung der Verhaltensautomatismen. Die Reflektion unserer Umgebung und die ihr zu Grunde liegende unbewusste Botschaft sind bei jedem von uns einzigartig. Aus der Unbewusstheit des in Angst und Misstrauen gefangenen emotionalen Kindes heraus, fällt es uns schwer, dem Leben gegenüber empfänglich zu sein. Aus dieser Perspektive wiederholen wir immer wieder dieselben schmerzhaften Muster. Wenn wir jedoch mehr Verständnis dafür entwickeln, wie unser emotionales Kind denkt, fühlt und handelt, können wir unsere Perspektive langsam verändern. Wir beginnen, die betreffenden Situationen als Möglichkeiten zu sehen, mehr über uns in Erfahrung zu bringen. Sich mit der Bereitschaft, nach innen zu schauen, in einen empfänglichen Zustand zu versetzen, bewirkt eine radikale Veränderung.

»Du siehst die Welt nicht wie sie wirklich ist – du siehst sie so wie dein Verstand dich zwingt, sie zu sehen. Wenn du den Verstand nicht ganz beiseite lassen und die Welt anders, unmittelbar mit deinem Bewusstsein, sehen kannst, wirst du niemals die Wahrheit erkennen können.«
Osho

Übungen

1. Schau dir deine Verhaltensstörungen an.
a) Vergegenwärtige dir eine Situation, in der solche Störungen auftreten.
b) Gibt es Ähnlichkeiten zwischen diesem Zustand und vergangenen Situationen?
c) Kannst du ein mit dieser Situation verbundenes Muster erkennen?

2. Sieh in den Spiegel. Welche Botschaft ist es, die dir das Leben in solchen Situationen reflektiert?

3. Nimmst du wahr, durch welches Verhalten dein emotionales Kind diese Reflektion hervorruft?

4. Welche Verletzung könnte es sein, die in dir dieses Verhaltensmuster auslöst?

Schlüssel

1. Zu verstehen, wie uns Menschen und das Leben Mitteilungen über uns selbst senden, ist ein wichtiger Schritt bei der Überwindung der Beschränkungen, die von unserem emotionalen Kind ausgehen. Wir müssen anfangen, in den Spiegel zu sehen. Wenn wir uns in dem kindlichen Geisteszustand befinden, strahlen wir unbewusste Botschaften aus, die vorhersagbare Reaktionen erzeugen. Normalerweise verstehen wir unsere Enttäuschungen und Frustrationen als die Folge des Fehlverhaltens anderer. Sobald wir jedoch beginnen, die Reaktionen unserer Umwelt aus einer Perspektive der Offenheit und Neugier zu untersuchen, öffnen wir uns für ein neues Verständnis dessen, was das Leben uns spiegeln möchte.

2. Unsere ungeheilten Wunden sind die Ursache der Reflektionen, die wir von der Welt um uns herum erhalten. Wenn wir diesen Spiegelun-

gen mehr Aufmerksamkeit schenken, lernen wir auch, unsere Verletztheit besser zu verstehen.

3. Indem wir mehr über unsere Verletztheit und die damit verbundenen Glaubenssätze und Verhaltensweisen erfahren, verstehen wir immer besser, warum sich uns das Leben so präsentiert, wie wir es kennen. Indem wir uns für die Spiegelungen öffnen, erfahren wir eine tiefgreifende Transformation. Die Rückmeldungen fangen an, sich zu verändern. Wir werden offener und empfänglicher für die Lektionen der Existenz und laden andere ein, uns nah zu sein.

~

Teil 2

Das emotionale Kind in Aktion

KAPITEL 4

REAKTION UND KONTROLLE

In den folgenden fünf Kapiteln gehen wir auf jene unbewussten, automatischen und zwanghaften Verhaltensmuster ein, die auftreten, sobald wir uns im Geisteszustand des emotionalen Kindes befinden. Reaktion und Kontrolle sind bezeichnend für diesen Zustand, den wir auch als das ›Blasenbewusstsein‹ bezeichnen könnten. Kinder sind auf ganz natürliche Weise reaktiv, weil sie die innere Distanz, mit der man Angst und Schmerz aushalten kann, noch nicht entwickelt haben. Kinder können Belohnungen nicht auf später verschieben, und sie können keine Enttäuschungen ertragen – dies alles trägt zu ihren impulsiven Reaktionen bei. Solange wir uns in dem kindlichen Zustand befinden, schützen und verteidigen wir uns sehr schnell, wenn wir uns von anderen bedroht fühlen. Wir gehen schon auf die Barrikaden, wenn wir den bloßen Verdacht haben, nicht zu bekommen, was wir brauchen. Fragen kann man ja später noch. In Rekordzeit bewegen wir uns vom Auslöser zur Reaktion, und auf dem Weg dazwischen liegt die gänzlich unerforschte Welt unseres bedrohten, verlassenen und traumatisierten inneren Kindes. Die automatischen und gewohnheitsmäßigen Reaktionen, die uns soviel Energie entziehen, bleiben für uns undurchschaubar. Wir sind einfach nicht in der Lage, einmal mit etwas innerer Distanz ›dabei zu bleiben‹, wenn uns etwas stört.

Unser emotionales Kind verspürt in solchen Momenten einen derart überwältigenden Zwang zu reagieren, weil es überzeugt ist, dass sein Leben davon abhängt. Lehrt uns nicht unsere Erfahrung, dass von den Strategien, die wir zur Erfüllung unserer Bedürfnisse entwickelt haben, *alles* abhängt? In diesem Zustand der Unbewusstheit geht es uns lediglich darum, Sicherheit oder Liebe zu bekommen – ganz egal auf welche Art und so schnell wie möglich. Meistens sind wir uns des Auslösers unserer Reaktion nicht einmal bewusst. Und wenn wir den Grund für unser Verhalten kennen, erscheint er uns wahrscheinlich trivial und lächerlich. Für das Kind in uns stellt sich die Ursache hingegen ganz und gar nicht trivial dar. Vielleicht verurteilen wir uns sogar wegen unserer Reaktionen und für das, was wir in solchen Situationen tun und sagen. Oder wir versuchen, unsere Reaktionen unter Kontrolle zu bringen. Verurteilungen, Schuldgefühle und Kontrollverhalten haben aber keinerlei Auswirkung auf das Benehmen des verletzten Kindes im Innern. Es ist aber wichtig zu würdigen, wie überzeugend und machtvoll unser Reagieren sein kann.

Oft werden wir uns des Auslösers erst bewusst, wenn wir bereits reagiert haben, uns selbst eine Gegenreaktion eingefangen haben, auf die wir wiederum reagieren usw. An einem bestimmten Punkt halten wir inne, schauen hin und fragen uns: »Hm, wie es scheint, habe ich reagiert. Was wohl der Auslöser dafür war?« Etwas in unserem emotionalen Kind ist berührt worden. Da wir aber nicht gewohnt sind, unsere Verletztheit zu hinterfragen, ist es uns meist recht schleierhaft, durch welchen Auslöser es zu der betreffenden Reaktion gekommen ist. Vor einiger Zeit nahmen Amana und ich an einem Experiment teil. Zusammen mit anderen Freunden untersuchten wir vierzehn Tage lang unsere Tendenz zu reagieren. Jedesmal, wenn wir eine Reaktion bei uns entdeckten, notierten wir sie in einem kleinen Notizbuch, das wir stets mit uns herum trugen. Wir beobachteten, wie die jeweilige Reaktion hervorgerufen wurde und auf welche Weise wir reagierten. Das bescherte uns wertvolle Einblicke in unser automatisches Verhalten und, auf einer tieferen Ebene, in unsere persönlichen Verletzungen.

Meine zweiwöchige Erkundung brachte zu Tage, dass Verurteilungen und das Gefühl, missverstanden zu werden, die stärksten Auslöser meiner Reaktion darstellen. Auch gegen mich gerichtete Respektlosigkeiten erzielen starke Ausschläge auf der nach oben offenen Skala meines Reaktionsbarometers. Ferner bemerkte ich, dass es mich stört, wenn andere zuviel Aufmerksamkeit bekommen. Verhält sich jemand in meinen Augen kindisch und fordernd, ärgere ich mich sogar, wenn das Verhalten der betreffenden Personen gar nichts mit mir zu tun hat. Selbst die praktischen Aspekte des täglichen Lebens, wie Steuern, Versicherungen oder Reisevorbereitungen, können mich reizbar machen. Dasselbe trifft für Situationen zu, die mir Unbequemlichkeiten bereiten oder in denen man mich warten lässt – egal, ob jemand zu spät zu einer Verabredung kommt oder ein Verkäufer sich zu lange mit anderen Kunden aufhält. Inkompetenz und Ineffizienz sind weitere Auslöser für meine Reaktionen. Diese beiden Trigger konnte ich besonders während meiner Jahre in Indien beobachten; dort ist es immer eine kleine Überraschung, wenn etwas funktioniert, und wenn, weiß man nie, für wie lange. Momente, in denen jemand Macht über mich hat, zum Beispiel, wenn ich auf dem Beifahrersitz eines Autos sitze, oder wenn ein Gerät kaputt ist, das ich selbst nicht reparieren kann, bringen mich ebenfalls aus der Fassung. Und dann ist da noch das weite Feld der Konkurrenz und der Vergleiche…

Wenn wir aufpassen, können wir an jedem beliebigen Tag zahlreiche Faktoren entdecken, die unsere Reaktionen auslösen. Die Liste ist lang, aber es scheint durchaus Auslöser zu geben, die wir alle gemeinsam haben. Wir neigen dazu, auf alles zu reagieren, das eine Bedrohung für unser emotionales Kind darstellt: Wut, Kritik, Verurteilung und andere Angriffe aus unserer Umgebung. Die drohende Trennung von einem Menschen ist ebenfalls eine starker Trigger, genauso wie der Verlust von Geld und anderen materiellen Gütern. Nicht zuletzt werden Reaktionen provoziert, wenn jemand uns zu kontrollieren versucht, uns ausnutzt oder unsere Grenzen verletzt – wie subtil auch immer. Um unsere Reaktion zu triggern, muss das rücksichtslose Verhalten nicht unbedingt uns selbst gelten, es kann sich auch gegen eine andere Person richten. Wann immer wir uns unbehaglich, verletzt, missachtet, übergangen oder zurückgewiesen fühlen, können Wunden unseres emotionalen Kindes berührt werden. Die bloße Tatsache, dass etwas von uns erwartet wird, kann uns zum Reagieren bringen, oder wenn man *unsere* Erwartungen nicht erfüllt. Legt jemand ein Benehmen an den Tag, das uns unbewusst an Verhaltensweisen erinnert, die wir an uns selbst nicht mögen, kann das ebenfalls ein Auslöser sein. Manchmal ist Reaktion die Folge, wenn wir uns mit jemand anderem vergleichen und dabei den Kürzeren ziehen.

Auslöser von Reaktionen

1. Bedrohung – Grenzverletzungen und das Gefühl, angegriffen, kritisiert oder verurteilt zu werden
2. Verletzung – das Gefühl nicht geschätzt, nicht berücksichtigt oder zurückgewiesen zu werden
3. Erwartungen – das Gefühl, den Forderungen und Erwartungen anderer ausgesetzt zu sein
4. Reflektion – das Wahrnehmen einer Eigenschaft an anderen, die wir an uns selbst nicht akzeptieren können
5. Vergleich – der Eindruck, bei einem Vergleich mit einer anderen Person nicht bestehen zu können
6. Angst, einen Menschen oder etwas Materielles zu verlieren
7. Unbequemlichkeiten und körperliches Unbehagen

Die Art der Reaktion hängt sehr von unserem Naturell ab, unserer emotionalen Konstitution, mit der wir vielleicht schon auf die Welt gekommen sind. Einige von uns reagieren extrovertiert und feurig, andere eher introvertiert und zurückgezogen. Wenn ich mich verletzt fühle, ziehe ich mich oft in mich selbst zurück. Möglicherweise gebe ich sogar vor, dass alles in Ordnung ist, und es ist mir selbst nicht bewusst, dass mich etwas stört. Sehr einleuchtend finde ich die Kategorien, mit denen uns Karen Horney nach der Art unserer Reaktionen einteilt. Sie beobachtete, dass Menschen reagieren, indem sie sich entweder gegen die anderen wenden, auf sie zugehen oder sich von ihnen abwenden. Zu den Anti-Reaktionen der ersten Kategorie zählen: Schuldzuweisungen,

Angriffe, Forderungen, Rebellion, Kritik und Verurteilung, Beschwerden, Reizbarkeit, Wutanfälle, Racheakte oder andere Arten der Konfrontation. Sogenannte ›nette Leute‹ gehören der zweiten Gruppe an und neigen eher dazu, gefallen zu wollen, den Ausgleich zu suchen oder zu betteln. Zum Rückzugsverhalten der dritten Kategorie passen Reaktionen wie Zurückweichen und Aufgeben, Zusammenbruch und Depression oder Schmollen und Brüten. Meiner Erfahrung nach hat jeder von uns ein individuelles Reaktionsverhalten, das eine einzigartige Mischung aller beschriebenen Kategorien darstellt. Hinzu kommt, dass wir im Umgang mit unterschiedlichen Menschen auch unterschiedlich reagieren. Von Leuten, die uns Angst machen, wenden wir uns wahrscheinlich ab, während wir jemanden, in dessen Gegenwart wir uns mächtig fühlen, eher konfrontieren.

Wie wir reagieren, hängt auch von dem emotionalen Umfeld ab, das wir in unserer Kindheit erlebt haben, insbesondere von der Reaktionsweise unseres gleichgeschlechtlichen Elternteils. In meiner Kindheit bekam ich nur selten mit, dass ein Familienmitglied offen seine Gefühle zeigte. Ich habe meinen Vater nie weinen sehen, und wütend wurde er auch so gut wie nie. Entsprechend fiel meine eigene emotionale Prägung aus. Wenn ich mitbekam, wie frei die Eltern mancher Freunde ihre Gefühle ausdrückten, war ich gleichermaßen verwundert wie schockiert. Meine Emotionalität – Zurückgezogenheit, Launenhaftigkeit und Gereiztheit – entspricht weitgehend der meines Vaters. Lange Zeit kämpfte ich gegen diese Art, Gefühle auszudrücken, an. Schließlich sah ich aber ein, dass sie ganz einfach der Natur meines inneren Kindes entspricht. Es ist eine Erleichterung, wenn man seinen eigenen Stil zu reagieren akzeptieren kann. Darüberhinaus wird der Ausdruck unserer Reaktionen durch das kulturelle Umfeld beeinflusst, in dem wir aufwachsen. Da unsere Workshops in vielen Ländern stattfinden, sehen wir immer wieder, wie stark sich doch die Temperamente von Deutschen, Schweizern, Skandinaviern, Italienern, Amerikanern, Franko-Kanadiern und Brasilianern unterscheiden.

Reaktionsarten

1. Reaktionen gegen andere – fordern, beschuldigen, angreifen, rebellieren, sich rächen, wütend und gereizt sein, kritisieren, verurteilen und sich beschweren
2. Zugehen auf andere – harmonisieren, betteln, gefallen wollen
3. Abwenden von anderen – sich zurückziehen, schmollen und brüten, kollabieren, deprimiert sein, aufgeben oder resignieren

Kontrolle ist eigentlich nur eine weitere Reaktionsform unseres emotionalen Kindes, kann aber täuschend erwachsen und ausgeklügelt wirken. Die meisten von uns tun sich auf die eine oder andere Weise als Kontroll-Freaks hervor; denn das Kind in uns fühlt sich einfach zu hilflos, wenn es seine Geschicke nicht selbst kontrollieren kann. Unsere Kontrollstrategien sind kreativ und subtil. Wir manipulieren, überwältigen, drohen, verführen, überzeugen, täuschen, beschuldigen, geben Ratschläge und treten als Retter auf. Seit frühester Kindheit steht uns ein ganzes Arsenal höchst unbewusster Methoden zur Verfügung, die uns mit einem Gefühl der Sicherheit versorgen. Manchmal steigert sich das Kontrollverhalten ins Extrem und wir werden süchtig nach Macht und Geld. Wir können unser Leben und unser Verhalten so sehr strukturieren, dass jegliche Spontaneität aus unserem Leben verschwindet. Und das alles, weil unserem emotionalen Kind das Vertrauen fehlt und es Angst hat loszulassen. Kontrollierende Verhaltensmuster lassen sich in vielen Lebensbereichen beobachten – in unseren Beziehungen, wenn es um Geldverdienen, unser Essverhalten, um Sex oder Autofahren geht.

Wenn ich als Junge mit meinen Eltern nach New York reiste, pflegten wir stets beide Tanten zu besuchen, die in der Stadt wohnten. Bei einer der beiden fühlte ich mich nie besonders wohl. Ihre Wohnung war so penibel aufgeräumt und von so zwanghafter Sauberkeit, dass ich immer Angst hatte, einen Fehler zu machen (was unweigerlich passierte). Obwohl meine andere Tante in einem weit ärmeren Stadtviertel wohnte, fühlte ich mich dort gleich wie zuhause. Heute weiß ich, dass die beiden

Tanten ganz unterschiedlich mit den Ängsten ihres emotionalen Kindes umgingen. Die eine hatte um sich herum einen Lebensstil der Kontrolle kultiviert, der sie von ihren kindlichen Ängsten total abschirmte. Die andere Tante war in gefühlsbewusster Verbindung mit dem verängstigten Kind in ihrem Innern. Auch wenn ich erst viel später mit dem emotionalen Kind zu arbeiten begann, war mir schon damals klar, wie weise diese Frau war. Sie wurde zu einer Art Mentorin für mich. Als ich auf's *College* ging und meine Eltern in Israel lebten, war sie diejenige, an die ich mich wandte, wenn ich einen Rat brauchte. Obwohl (oder gerade weil) diese Tante großes Leid in ihrem Leben erfahren hatte, ging von ihr ein außergewöhnliches Gefühl des Vertrauen aus.

Wir können uns unsere Kontrollstrategien genauso bewusst machen wie unsere Reaktionen. Wie das Reaktionsverhalten zeichnet sich auch Kontrolle durch ein ganz bestimmtes Körpergefühl aus. Beispielsweise finde ich mich schnell in einem Zustand der Kontrolle wieder, einschließlich der dazu gehörenden Verspannungen, wenn Amana ein Auto steuert und ich sie auf dem Beifahrersitz begleite. Dann beglücke ich sie mit lehrreichen Bemerkungen über ihren Fahrstil. Und wenn ich nichts sage, kommentiere ich ihr Können in Gedanken. Hinter diesem Verhalten spüre ich das verängstigte Kind in mir. Inzwischen bemerke ich auch Kontrolle hinter meiner Tendenz, Ratschläge auszuteilen (was relativ häufig vorkommt) oder andere zu verurteilen (was ich auch schon ein- oder zweimal getan haben soll). Hinter meiner Arbeitswut und dem Drang, ständig beschäftigt sein zu müssen, verbirgt sich dasselbe Motiv.

Als ich in der Lage war, die psychischen Hintergründe meines Benehmens zu verstehen, fiel es mir viel leichter, mein Verhalten zu akzeptieren. Ich hatte mein Reagieren und meine Kontrolle immer verurteilt. Jetzt sehe ich, wie primitiv der Versuch ist, meine Umgebung kontrollieren und beherrschen zu wollen, damit mir niemand Angst macht, schadet oder meine Grenzen verletzt. Als Kind waren wir zuhause oder in der Schule verletzenden Einflüssen ausgesetzt, denen wir damals noch nicht angemessen begegnen konnten. In der Folge verloren wir das Vertrauen in unsere Fähigkeit, mit den Umständen des Lebens zurecht zu kommen. Durch unsere Reaktionen und Kontrollstrategien will das verletzte Kind zu beherrschen lernen, was ihm bisher nie zu beherrschen gelungen ist. Bedauerlicherweise rückt das Ziel durch dieses Benehmen nicht näher, denn es macht uns weder zuversichtlicher noch zentrierter. Ein Verhalten, das dem Geisteszustand des emotionalen Kindes entspringt, führt niemals zu größerer Zentriertheit und mehr Selbstvertrauen. Es kann uns das ersehnte Gefühl nicht vermitteln, weil Unbewusstheit und Angst die Welt des Kindes bestimmen. Um zu wahrer Zentriertheit zu gelangen, müssen wir unserer Umgebung aus einem Zustand der Meditation und Klarheit begegnen.

Übungen

1. Finde heraus, in welchen Aspekten deines Lebens – Beziehungen, Arbeit, Geld, Sex, Ernährung – du dich selbst oder andere kontrollierst. Nimm wahr, welche Ängste sich hinter diesen Strategien verbergen.

2. Achte einen Tag lang auf alles, was dich in irgendeiner Weise irritiert. Frage dich: »Wodurch fühle ich mich gestört? Was genau wurde gesagt oder getan, verschwiegen oder unterlassen, das ich nicht vertragen konnte?« Und wenn du deine Irritation nicht an einer Person fest machst, frage dich: »Welches Vorkommnis hat mich gestört? Was ist es, das mich an dieser Begebenheit irritiert?«

3. Denke als nächstes daran, wie du auf die Störung reagiert hast. Was hast du getan und was nicht? Wie versuchtest du, den anderen oder die Situation zu verändern? Wie hast du versucht, dich selbst zu verändern?

4. Welche Antwort gab dir dein Gegenüber auf deine Reaktion? War es Wut, Distanz, Kampf, Schock oder der Wunsch zu gefallen? Wie empfandest du die Gegenreaktion? Bekamst du von deinem Gegenüber, was du wolltest?

5. Beziehe jetzt die Verletzung, die der Reaktion zu Grunde liegt, in deine Betrachtung mit ein. Auf welche Weise fühltest du dich zurückgewiesen, beschämt, verängstigt, überwältigt, misstrauisch oder kontrolliert?

6. Ist dir der Mechanismus, durch den Auslöser und Reaktion miteinander verbunden sind, geläufig und hast du ihn in der Vergangenheit schon öfter erlebt? Vielleicht kannst du den Mechanismus sogar bis zu seinen Ursprüngen in deiner Kindheit zurückverfolgen.

Schlüssel

1. Durch Reagieren und Kontrollmechanismen versucht das innere Kind, unsere Umgebung einigermaßen zu beherrschen. Wir verurteilen uns dann möglicherweise dafür, dass wir so kindisch und reaktiv sind.

2. Weil unsere Reaktionen und Kontrollstrategien von dem verletzten Kind in uns ausgehen, erzielen sie nicht die gewünschte Wirkung. Anstatt uns die Situation besser beherrschen zu lassen, veranlassen unsere Reaktionen andere zu Gegenreaktionen und führen zu Isolation und niedriger Selbstachtung.

3. Zwischen Auslöser und Reaktion liegen die Verletzungen des inneren Kindes. Wenn wir anfangen, die Reaktionen im Moment ihres Auftretens zu bemerken und Kontakt zu ihrem Auslöser bekommen, können wir damit beginnen, die tiefen Wunden zu erforschen, welche sich hinter dem Verhalten verbergen. Indem wir für unserere Reaktionen und deren Auslöser empfindsamer werden, verlieren die Reaktionen an Intensität und wir erhalten allmählich einen besseren Zugang zu der dahinter verborgenen Verletzung.

~

Kapitel 5

Erwartungen und Forderungen

Erwartungen sind ein weiteres herausragendes Element im Arsenal unserer kindlichen Emotionen. Wir alle erwarten etwas und halten diese Einstellung für ganz selbstverständlich. Es ist daher eine besondere Herausforderung, sich dieses Verhaltensmuster bewusst zu machen. Wir klammern uns so hartnäckig an unseren Erwartungen fest, weil wir die Kehrseite der Medaille – unser Alleinsein – nicht spüren wollen. Das Loslassen der Erwartungen ist ein schmerzhaftes Erwachen. Die Welt, wie wir sie dann erfahren, ist nämlich nicht so, wie sie unser emotionales Kind gern hätte. Ich persönlich neige dazu, meine Erwartungen mit Verleugnung zu überdecken. Wie sehr das mein Leben beeinflusst, stellte ich erst fest, als ich mich näher mit dem Thema befasste. Ich entdeckte Erwartungen darüber, wie ich geliebt werden möchte, wie meine Kreativität zu würdigen ist, wie schnell andere mich mit dem, was ich brauche, versorgen und ging sogar davon aus, dass man mir meine Gefühle quasi von den Augen abliest. Ich habe sogar Erwartungen, was das Wetter betrifft! Und werden die Erwartungen nicht erfüllt, fangen meine Reaktionen an. Manchmal schiebe ich jemand anderem die Verantwortung zu, hin und wieder schmolle ich auch oder gebe vor, es mache mir alles nichts aus. In der Regel reagiere ich gereizt. Oft merkte ich gar nichts von einer Erwartung, bis ich festellte, dass sie nicht erfüllt wurde. In solchen Situationen fühlte ich mich irritiert, ohne zu wissen, warum. Der Grund ist eigentlich immer derselbe: Etwas läuft nicht so, wie ich will.

Dass das emotionale Kind für dies alles verantwortlich ist, kam mir nie in den Sinn. Erst als ich tiefer in die verschütteten Bereiche meiner Psyche vordrang, verstand ich die natürliche Notwendigkeit der kindlichen Erwartungshaltung, welche auf einem wichtigen Überlebensmechanismus beruht. Alle Erwartungen werden von zwei Ängsten gespeist. Wir haben Angst, unsere Bedürfnisse nicht erfüllt zu bekommen, oder wir befürchten, auf irgendeine Weise verletzt werden zu können. Beides erzeugt unerträgliche Panik in uns. Im kindlichen Geisteszustand suchen wir nach dem, was uns fehlt, in unserer äußeren Umgebung. Einen anderen Weg, unsere essentielle Versorgung sicherzustellen, kennen wir nicht. Unglücklicherweise übersehen wir normalerweise, dass das panische Kind in uns dieses Verhalten in Gang hält – Erwartungen, die unweigerlich zu Frustration und Enttäuschung führen. Niemand ändert sich jemals, um unsere Erwartungen zu erfüllen, auch wenn wir es noch so sehr versuchen. Ganz im Gegenteil: Das Resultat sind Verstimmungen, wir entfernen uns immer weiter von den anderen. Ein auf Erwartungen gegründetes Leben führt zu Zurückweisung, Minderwertigkeitsgefühlen und Selbstzerstörung.

Erwartungen sind der Versuch, im Außen etwas zu entdecken, das nur in unserem Innern gefunden werden kann, das Bemühen, unsere Löcher zu füllen und das Gefühl innerer Leere los zu werden. Zum Beispiel versuchen wir unsere Verlassenheitsangst zu betäuben, indem wir von anderen erwarten, dass sie für uns da sind. Mit der Erwartung, dass unsere Grenzen respektiert werden, beugen wir der Angst vor Übergriffen vor. Erwarten wir etwas von jemandem, sehen wir die Person nicht so, wie sie ist. Wir hoffen oder fordern, dass derjenige so ist, wie wir ihn haben wollen. In dem kindlichen Gemütszustand können wir anderen nicht erlauben, sie selbst zu sein, weil wir die Gefühle des Verrats und der Verlassenheit nicht ertragen wollen, die sich einstellen, wenn man unseren Erwartungen nicht entspricht. Hinter jeder Erwartung verbirgt sich eine Wunde, ein Loch, aber nur selten sind wir uns dessen bewusst.

Mein Verhältnis zu einer alten Freundin, deren Verantwortungsbewusstsein und Verlässlichkeit stets sehr zu wünschen übrig ließen, führt mir diese Zusammenhänge immer wieder plastisch vor Augen. Über lange

Zeit durchlitt ich wegen ihr alle möglichen Qualen, weil ich mich an der – mir ganz berechtigt scheinenden – Erwartung festhielt, dass sie sich doch irgendwann einmal ändern müsse. Ihr Benehmen passte so gar nicht zu dem Begriff ›gute Freundschaft‹, wie es in meinem inneren Wörterbuch definiert war. Meine Reaktionen reichten von Raserei bis Verzweiflung. Dabei war ich stets mehr auf meine Enttäuschungen fixiert als darauf, welche tiefen Verletzungen in meinem Innern berührt worden waren. Erst als ich meine Traumen aufgedeckt hatte, ließ der Drang zu reagieren nach. Allmählich konnte ich ohne Resignation akzeptieren, dass diese Frau nun einmal so ist, wie sie ist. Mit der gewonnenen Klarheit kam auch die Einsicht, dass ich etwas an der Art der Beziehung ändern musste, um nicht länger in meinen Erwartungen stecken zu bleiben. Mein Herz öffnete sich, und die Liebe, die ich für die Freundin empfand, konnte wieder fließen. Ihre Eigenheiten, durch die ich mich früher so verraten gefühlt hatte, stören mich nicht mehr; tatsächlich kann ich dem Ganzen sogar etwas Amüsantes abgewinnen. Und überraschenderweise scheint sich ihr Benehmen ebenfalls zum Positiven zu verändern.

Forderungen wie »Das schuldest du mir!« oder »Ich verdiene es!« sind ein wichtiger Aspekt unserer Erwartungshaltung und gehen mit unseren Ansprüchen Hand in Hand. Wenn wir davon überzeugt sind, dass uns Aufmerksamkeit oder etwas anderes zusteht, das wir uns in einer bestimmten Situation wünschen, zeigen wir unsere Forderungen ganz unverblümt. Gibt man uns nicht, was wir wollen, reagieren wir verstört und ungehalten. Ein Freund von mir erwartet zum Beispiel von anderen (und speziell von seiner Partnerin), dass sie sich in seiner Gegenwart immer entspannt, zentriert und liebevoll verhalten. Andernfalls reagiert er gereizt, weil er meint, selbst nicht entspannen zu können. Trotz der vielen Jahre, die er schon an sich gearbeit hat, beschwert er sich und macht seinen Mitmenschen Vorwürfe. Die unbewussten Muster unserer Forderungen sitzen tief. Schnell sind wir irritiert oder bekommen gar einen Wutanfall, wenn etwas nicht so läuft, wie wir es wollen. Warum wir uns so aufregen, können wir allerdings oft nicht in Worte fassen.

Macht sich der bewusste Verstand unsere Forderungen zu eigen, umgeben wir unsere Erwartungen mit einer Aura der Rechtschaffenheit. »Schließlich sollten die Menschen fair und rücksichtsvoll miteinander umgehen«, sagen wir dann. Oder: »Natürlich erwarte ich, dass diese Person sich freundlich und zuvorkommend verhält. Du etwa nicht?« »Wenn jemand erzählt, dass er mich liebt, muss er auch so mit mir umgehen«, behaupten wir, »darum geht es doch in der Liebe.« Und so weiter. Unsere persönlichen Wertvorstellungen sind es, die den Erwartungen und Forderungen ihre Energie geben. Hiermit versucht das emotionale Kind, für Ordnung und Harmonie in seiner Umgebung zu sorgen. Doch das Leben und die Menschen sind, was sie sind. Mit unseren Werten hat das nichts zu tun.

Dem Kind in uns sind solche Wahrheiten egal. Die Erwartungen sind zu tief in uns verwurzelt. Nur wenige dieser Muster sind uns bewusst, andere überdecken wir geschickt mit Verleugnung. Ich versteckte meine Ansprüche hinter allen möglichen spirituellen Vorstellungen darüber, wie weit ich schon sei und wie wenig mich bestimmte Dinge noch tangierten. Aber unsere Liebesgeschichten sind sehr effektiv darin, dieser Verdrängung früher oder später ein Ende zu bereiten. Ohne es zu merken, starten wir voller Erwartungen in jede neue Beziehung. Es kann eine Weile dauern, bis sie alle an die Oberfläche kommen, doch bemerkbar machen sie sich bestimmt. Beispielsweise erwarten Anti-Abhängige, dass der Partner einfühlsam und respektvoll mit ihren Gefühlen und Bedürfnissen umgeht – und ihnen vor allem genügend ›Raum‹ gibt. Abhängige wollen, dass der Partner für sie da ist und sie mit ausreichend Liebe und Aufmerksamkeit versorgt. Ganz gleich, welchen Aspekt unseres Lebens wir betrachten – Sex, Geld, Kommunikation etc. –, überall verbergen sich an andere gerichtete Erwartungen, die wir uns noch nicht bewusst gemacht haben.

Unsere Erwartungen spiegeln präzise die Gefühle des Betrugs und der Grenzverletzung aus unserer Vergangenheit wieder. Wir setzen voraus, dass man uns auf eine Art behandelt, die diese Wunden nicht berührt.

Kommt jemand an unsere Verletzung, das wissen wir, dann sehen wir rot. Als Kind war ich zum Beispiel dauernder Bevormundung und einer Flut von Ratschlägen ausgesetzt. Wenn in meinem späteren Leben jemand versuchte, mich so zu behandeln, fühlte ich unvermittelt Wut in mir aufsteigen. Ich ging davon aus, dass niemand mehr so mit mir umgehe dürfe. Jetzt, da ich die Zusammenhänge kenne, kann ich solche Momente meistens an mir vorüber ziehen lassen, ohne – wie früher – impulsiv zu reagieren. Trotzdem will ich immer noch, dass man mich nicht bevormundet, und halte das für durchaus vernünftig. Wahrscheinlich glauben wir alle an die Angemessenheit sensiblen und respektvollen Verhaltens und daran, dass sich unsere Mitmenschen an das halten sollten, was sie versprechen. Sie tun uns diesen Gefallen aber häufig nicht. Unsere Erwartungen bringen uns nur schmerzhafte Frustrationen. Eines steht fest: Forderungen ändern niemanden und halten auch keinen davon ab, zu tun, was er will. PRÄSIDENT CLINTONS Affäre mit seiner Praktikantin MONIKA LEWINSKI ist ein eindrucksvolles Beispiel für Amerikas kollektive Verhaftung an derartigen ›angemessenen Erwartungen‹: »Unser Präsident muss ehrlich sein, sollte keinen außerehelichen Sex haben und darf unter Eid nicht lügen.« Wenn wir an der Überzeugung festhalten, dass unsere Erwartungen vernünftig sind und sich die Leute – wer auch immer – danach zu richten haben, wird es uns nicht gelingen, unser Anspruchsverhalten zu durchschauen. Dann schaffen wir es nie, die Menschen zu sehen wie sie wirklich sind, und die Wunden aufzudecken, die berührt werden, wenn eine Erwartung unerfüllt geblieben ist. Wir kommen uns weiterhin wie rechtschaffene Opfer vor.

Die kritische Betrachtung von Erwartungen ist ein machtvolles Werkzeug zur Erforschung unserer Traumen. Wir ziehen Situationen an, die jenen Ereignissen gleichen, die für die Wunden verantwortlich sind. Dies geschieht mit Liebespartnern genauso wie mit unseren Kindern, Freunden und Arbeitgebern. Wir sind frustriert und enttäuscht. Hinter diesen Gefühlen steht eine Erwartung. Und hinter der Erwartung verbirgt sich die Verletzung. Ich kann es, wie gesagt, nicht ausstehen, wenn man mich warten lässt. Ich erwarte Pünktlichkeit. Welche Wunde steckt dahinter? Meine Erfahrung, nicht genügend Anerkennung erhalten zu haben. Warten zu müssen, gibt mir ein Gefühl der Bedeutungslosigkeit. Ich falle zurück in die Empfindungen des jüngeren Bruders, der immer nur ›der Zweite‹ war. Von der Wut zur Erwartung zu gehen und im nächsten Schritt die Verletzung zu berühren, erweitert unseren Horizont. Normalerweise ruhen wir uns nur auf unseren vermeintlich rechtmäßigen Ansprüchen aus. Lieber gehe ich nach innen, als mein Leben mit Frustration und Enttäuschung zu verschwenden. Wenn ich mir Zeit für diese kleine Meditation nehme, schaffe ich mehr Weiträumigkeit in meinem Innern.

Erwartungen – eine Meditation

Wahrnehmen der Frustration

↓

Zurückverfolgen zur Erwartung

↓

Fühlen der Wunde

Manchmal wünschen wir uns etwas, haben aber soviel Angst, es nicht zu bekommen, dass wir das genaue Gegenteil erwarten – als säße unser Zusammenbruch auf den Erwartungen, um sie zurückzuhalten. Die sicherste Methode, Enttäuschungen vorzubeugen ist, die dazugehörige Erwartung einfach zu verleugnen. Ich nenne es das ›Parkplatz-Syndrom‹. In meiner Jugend lebte ich mit meinen Eltern viele Jahre lang in Paris. Immer wenn wir ins Kino gehen wollten, war meine Mutter ziemlich zögerlich, weil wir ihrer Meinung nach sowieso keinen Parkplatz finden würden. Und wenn ich sie doch einmal überreden konnte, schnappte sie sich an der nächsten Straßenecke gleich die erstbeste Parklücke, selbst wenn diese ganz in der Nähe unseres Hauses war und wir erst einen kleinen Teil der Strecke zurückgelegt hatten. Dann mussten wir lange bis zum Kino laufen oder sogar die Métro nehmen. Natürlich entdeckten wir fast ausnahmslos freie Parkplätze in der Nähe unseres Ziels. Machen wir unsere Bedürfnisse möglichst klein, scheint es auf den ersten Blick tatsächlich so, als hätten wir keine Erwartungen. Und wir haben sie doch. Verleugnete Erwartungen machen sich bei mir in der Regel durch meine Reizbarkeit bemerkbar. So reagiere ich zum Beispiel irritiert, wenn Amana zu beschäftigt ist, um Zeit mit mir zu verbringen. Ich bin häufig zu stolz, offen zuzugeben, dass ich von ihr regelmäßige Zuwendung erwarte. Zu wissen, dass mein emotionales Kind diese Gefühle verursacht, ist in solchen Momenten sehr hilfreich.

Es wäre vermessen, die vom kindlichen Geisteszustand in Gang gesetzten Verhaltensmuster in den Griff bekommen zu wollen. Meiner Erfahrung nach sind Versuche, unser Benehmen zu verändern, nicht nur frustrierend; sie tragen auch kein bisschen zu unserer persönlichen Entwicklung bei. Dennoch lohnt es sich, Erwartungen aus der Position des inneren Beobachters heraus zu betrachten und zu erkennen, dass es sich dabei um automatische Äußerungen eines verängstigten Kindes handelt. Das Kind in uns ist voll von Erwartungen, ob es uns gefällt oder nicht. Wir durchschauen die Erwartungen, indem wir sie wahrnehmen, tief in uns gehen und die Wunden erforschen, die sich dahinter verbergen. Dann lösen sie sich von selbst auf. Sobald wir reif genug sind, Menschen und Dinge als das zu sehen, was sie sind, gehen wir über die Erwartungen hinaus.

»Ein Mensch von Bewusstsein hat keine Erwartungen, folglich ist er nie frustriert.« Osho

Übungen

1. Erforschung der Forderungen
Stimme dich auf das Gefühl ein, dass dir das Leben allgemein oder bestimmte Menschen etwas schuldig sind. Erlaube dir, diese Energie in deinem Körper zu spüren. Nimm wahr, wie sich diese Einstellung in deinem Leben zeigt.

2. Erforschung der Erwartungen
Welche Erwartungen hast du, was deine bedeutendsten Beziehungen angeht? Zum Beispiel: Ich erwarte,
...dass der andere für mich erreichbar ist und mir Aufmerksamkeit gibt.
...dass sich der andere rücksichtsvoll verhält und auf mich hört.
...dass der andere meine Grenzen respektiert, ohne dass ich ihn jedesmal darauf hinweisen muss.
...dass der andere mich finanziell unterstützt.
...dass der andere empfindsam ist, wenn er mich berührt.
...dass der andere mich wegen seiner eigenen Wünsche und Bedürfnisse nicht kontrolliert oder manipuliert.
...dass der andere ›in seiner Energie ist‹ und sich nicht hängen lässt oder zusammenbricht.
...dass der andere nicht erwartet, dass ich ihn rette.
...dass der andere an sich arbeitet und seine Gefühle nicht verleugnet.
...dass der andere meditativ und bewusst in seiner Lebensweise ist (Lebensumgebung, Körperpflege etc.).
...dass der andere meine Kreativität und Persönlichkeitsentwicklung auf einfühlsame Weise unterstützt.

3. Erforschung der Reaktion auf unerfüllte Erwartungen
Nimm wahr, wie du auf unerfüllte Erwartungen reagierst. Mit Wut, Beschuldigungen, Rückzug, Resignation, Verleugnung oder indem du vorgibst, dass es dir nichts ausmacht? Was kommt in dir hoch, wenn du deine Energie nicht auf das Gegenüber richtest, sondern einfach nur fühlst, wie es ist, wenn die Erwartung nicht erfüllt wird?

4. Betrachte zur genaueren Erforschung deiner unbewussten Erwartungen die verschiedenen Bereiche des Lebens: Was erwartest du in Bezug auf deine Sexualität und Gefühle, deine Spiritualität und dein Wachstum, dein Zusammenleben mit anderen, auch in punkto Finanzen und Reinlichkeit? Dabei hilft es, dich daran zu erinnern, wann du das letzte Mal wütend oder enttäuscht von jemandem warst.

Schlüssel

1. Erwartungen sind ein Fenster zu unseren tiefsten Verletzungen. Die Wunden, welche sich hinter jeder unerfüllten Erwartung verbergen, sind entstanden, weil eines unserer Grundbedürfnisse nicht erfüllt worden ist. Wenn wir beginnen, das verletzte Kind in uns aus einer gewissen Distanz zu betrachten, gehen wir über Erwartungen und die Reaktion auf ihre ausbleibende Erfüllung hinaus und kommen direkt mit der zu Grunde liegenden Wunde in Kontakt.

2. Erwartung bedeutet Leiden. Menschen ändern sich nicht, um unseren Ansprüchen zu genügen. Wir beschweren uns, beschuldigen die anderen, stellen Forderungen oder versinken in Resignation – doch keine dieser Strategien vermag etwas zu ändern. Wenn wir so vorgehen, ist Leiden die einzige Konsequenz. Und warum hören unsere Erwartungen nicht auf? Weil wir dann unser Alleinsein akzeptieren müssten. Ist jemand nicht, wie wir ihn haben wollen, fühlen wir uns allein. Das tut weh, ist aber lange nicht so schmerzhaft, wie darauf zu hoffen, dass die Menschen sich einmal ändern werden.

3. Wenn wir etwas erwarten, leben wir in dem kindlichen Bewusstsein, dass sich das Leben nach unseren Vorstellungen richten sollte. Erwartungen spiegeln das magische Denken eines verletzten Kindes wider und halten uns davon ab, im Hier und Jetzt zu sein. In diesem Zustand sind wir nicht in der Lage, die anderen zu sehen wie sie sind, oder uns selbst mit der gebotenen Klarheit wahrzunehmen.

4. Indem wir erkennen, wie Erwartungen im täglichen Leben entstehen, bringen wir Licht und Bewusstheit in unsere Verhaltensmuster. Jedesmal, wenn wir eine Erwartung bemerken, können wir uns fragen, welches Trauma sich dahinter verbirgt. Richten wir unsere Aufmerksamkeit auf uns selbst statt nach außen, sind wir auf dem richtigen Weg.

~

KAPITEL 6

KOMPROMISSE

In einem unserer Workshops berichtete ein Teilnehmer, dass er sieben Jahre lang in einer Beziehung gelebt hatte, obwohl er schon nach den ersten beiden Jahren das Gefühl gehabt hatte, nicht mit der richtigen Partnerin zusammen zu sein. Er fühlte sich gefangen, hatte aber nicht den Mut, seine Freundin zu verlassen, weil er sie nicht verletzen wollte. Schließlich erzählte er ihr, dass er schwul sei, was zwar nicht stimmte, ihm aber wenigstens eine Entschuldigung lieferte, mit der er die Beziehung ohne Schuldgefühle beenden konnte. Bei der Verleugnung unserer Integrität gehen wir manchmal ins Extrem, weil es für unser emotionales Kind zu beängstigend ist, seine Wahrheit zu leben. Der kindliche Gemütszustand bewirkt, dass wir für andere leben. Wenn Angst und Scham unser Bewusstsein einnehmen, können wir Kompromisse nicht vermeiden. Unser emotionales Kind ist davon überzeugt, dass unser Wohlgefühl von anderen abhängt. Solange wir an diesem Glaubenssatz festhalten, werden unsere Handlungen von den Gedanken und Taten anderer bestimmt, weniger von unseren eigenen Einsichten.

Im Geisteszustand des emotionalen Kindes sind wir vor allem darauf aus, Bestätigung, Aufmerksamkeit und Respekt zu bekommen. Geben wir vor, das alles nicht zu brauchen, handelt es sich meist um pure Verleugnung. Wir bemühen uns um Beachtung und Zustimmung, weil wir schon lange danach hungern. Um zu erhalten, wonach wir uns sehnen, lassen wir uns auf einen andauernden Kampf ein. Anpassung ist eine der wichtigsten Strategien, mit denen wir glauben, die erhoffte Liebe und Anerkennung zu bekommen. So wird das Leben zu einer endlosen Kette von Kompromissen. Abgesehen davon hat unser emotionales Kind enorme Angst vor der geringsten Missbilligung und davor, auf irgendeine Art körperlich oder mit Worten angegriffen zu werden. Besonders, wenn es darum geht, jemanden zu konfrontieren, kann uns diese Angst überwältigen. Sicherer ist es, Kompromisse einzugehen.

Alle Verhaltensweisen unseres emotionalen Kindes sind automatisch. Das trifft auch für Kompromisse zu. Wenn dich beispielsweise jemand nach deiner Meinung fragt, den du respektierst und dessen Freundschaft dir am Herzen liegt, wird dich das Kind im Innern automatisch dazu verleiten, eine Antwort zu geben, von der du glaubst, dass sie dein Gegenüber hören möchte. Sagt dir jemand, vor dem du Angst hast, dass du etwas machen sollst, wird das verängstigte Kind in dir dieser Forderung wahrscheinlich nachkommen, selbst wenn es das Letzte wäre, was du normalerweise tun würdest. Das emotionale Kind kann sich gar nicht anders verhalten. Werden wir mit einer Lage konfrontiert, in der wir etwas von einem anderen wollen, gehen wir bereits Kompromisse ein, bevor die Situation überhaupt entstanden ist. Wir benehmen uns wie ein Hund, der sich vor lauter Unterwürfigkeit auf den Bauch legt. Begegnungen mit Autoritätspersonen, in denen ich aus Angst vor Missbilligung und vor Hunger auf Respekt meine Mitte nicht mehr spüren konnte, empfand ich in meinem Leben immer als besonders bitter. Genau genommen bekam ich in solchen Momenten erst gar keinen Kontakt zu meiner Integrität, weil ich soviel Angst hatte. Stets verleugnete ich mich selbst – und was immer ich sagte oder tat, entsprach dieser Einstellung. Erst als ich an mir zu arbeiten begann, wurde ich mir meiner Gefühle bewusster. Mit den Ängsten in Kontakt zu kommen, half mir, mein Verhalten zu verstehen, statt es zu verurteilen.

Unsere engen Beziehungen sind eine weitere Arena, in der wir zu endlosen Kompromissen neigen; solange, bis wir ein tieferes Verständnis für unser emotionales Kind entwickeln. Um kein Unwohlsein und keine Disharmonien entstehen zu lassen, gehen wir ziemlich weit. Ein Paar, das ich seit längerem kenne, nahm an einem unserer Seminare teil. In diesem Workshop ging es unter anderem um den Ärger, den Beziehungspartner aufgrund der vielen Kompromisse in ihrem Zusammenleben aufstauen. Mir war klar, dass bei den beiden einiges hochkommen würde, wenn sie gemeinsam an dem Prozess teilnehmen. Die Art, wie sie zusammenlebten, war voller Kompromisse. Er hatte das Bedürfnis, seine pubertären Phantasien mit anderen Frauen auszuleben und ärgerte sich darüber, so ›verheiratet‹ zu sein. Und sie fühlte sich so unsicher und ungeliebt, dass sie geradezu ihr Rückgrat verkrümmte, um ihm zu gefallen. Der Workshop war noch nicht vorbei, da startete er auch schon eine Mini-Affäre mit einer anderen Seminarteilnehmerin. Seine Freundin brach erst einmal zusammen und reagierte mit Betteln, später mit Wut. Schließlich erkannte sie dann ihr Muster, Papi gefallen zu wollen, und die Notwendigkeit, ihre Würde zurückzugewinnen. Nachdem die Situation aufgedeckt worden war und deutlich wurde, wie sehr die beiden in Kompromissen lebten, konnten beide tun, was für sie anstand. Er machte mit seiner Affäre weiter und sie buchte eine Reise nach Indien. Vier Monate später fand das Paar wieder zusammen – auf eine viel klarere und authentische Weise. Zuvor hatten sie nur aus der Unbewusstheit des emotionalen Kindes aufeinander reagiert, einem Zustand, in dem Wut, Missbilligung und Zurückweisung seitens des anderen reine Panik in uns erzeugen. Sobald wir anfangen, die Angst hinter unseren Kompromissen zu fühlen, wird uns bewusst, wie sehr sie unser Leben beeinflussen.

Vor kurzem konsultierte mich ein Mann, dem sein Liebesleben viel Kummer und Verwirrung beschert hatte. Die Mutter seines Kindes, mit der er seit sechs Jahren zusammen gewesen war, hatte sich in einen anderen verliebt. Noch zwei Wochen vor ihrer Affäre wollte sie ihren Freund heiraten, mit ihm ein Haus kaufen und noch ein Kind bekommen. Und obwohl die Liebschaft nur zwei Wochen andauerte, bereitete sie meinem Klienten höllische Qualen. Inzwischen war die Frau zu ihm zurückgekehrt. Sie sagte, dass es mit dem anderen aus sei, und dass sie ihren Freund nun doch heiraten wolle. Allerdings müsse er einiges an sich verändern, wenn er mit ihr zusammen sein wolle. Am Abend vor unserer Sitzung hatte sie ihm erzählt, dass sie schwanger ist.

Der Mann, um den es hier geht, ist Kinderpsychiater, groß und attraktiv, eine imposante Erscheinung. Doch mit seiner Freundin lebt er in Kompromissen. Er hat große Angst davor, irgendetwas zu tun, das ihr missfallen könnte. Er glaubt, dass er sie nicht bedingungslos liebt, wenn er in irgendeiner Weise nein zu ihr sagt. Im Zusammenleben mit der Frau gibt er seine ganze Macht ab, gerade so, als ließe er seine Freundin aus kompletter Hilflosigkeit sein Auto steuern. Eine der Lektionen, die viele von uns lernen müssen, ist, dass wir wieder die Verantwortung für unser Leben übernehmen müssen – koste es, was es wolle. Aus dem kindlichen Gemütszustand heraus betrachtet, ist das nicht möglich. Es erscheint uns zu beängstigend.

Vor einigen Jahren wurde ich in meiner eigenen Liebesbeziehung deutlich mit diesem Thema konfrontiert. Seit langem bin ich eng mit einer Frau befreundet, was einiges an Schwierigkeiten und Konflikten zwischen Amana und mir hervorrief. Besagte Freundin ist für mich wie eine Schwester und ich kenne sie schon seit langem. Die Probleme ergaben sich hauptsächlich daraus, dass ich beiden Frauen gegenüber unklar und nicht direkt genug war. Diese Unklarheit vernebelte die Grenzen der beiden Beziehungen. Ich verhielt mich so, wie ich es in der Vergangenheit schon oft in konfliktbeladenen Situationen getan hatte. Ich steckte meinen Kopf in den Sand und gab vor, dass es nichts gäbe, was zu klären wäre. Indem ich einfach wegsehe, so glaubte ich, würden die Dinge sich schon auf magische Weise von selbst regeln. Im Grunde verbarg sich hinter meinem Verhalten die Angst, Amana zu verlieren. Als ich sah, wie ich mich verhielt und warum ich so vorging, wurde mir klar, dass es sich um ein altes und vertrautes Muster handelte. Nun konnte ich beide Beziehungen bejahen und beiden Frauen mit Klarheit begegnen; der Konflikt löste sich auf.

Die Wurzeln der Kompromisse sind komplex und lassen sich nur zum Teil durch die Angst vor Zurückweisung, Missbilligung und Angriffen erklären. Als Kind schlossen wir unbewusst Verträge mit unseren Bezugspersonen. Im Austausch gegen Liebe und Zustimmung verhielten wir uns so, wie man es von uns erwartete. Jeder von uns tat dies entsprechend seinen individuellen Lebensbedingungen, doch alle Verträge weisen bestimmte lebensverneinende Aspekte auf. Wir erklärten uns bereit, unsere Lebensenergie, unsere Natur aufzugeben, um den Erwartungen unserer Eltern, Lehrern und der Gesellschaft im Allgemeinen nachzukommen. Deshalb bezeichnet man dieses Phänomen auch als negative Bindung – die Bindung zu unseren Bezugspersonen hatte ihren Preis. Natürlich lief das sehr früh in unserem Leben ab und wurde von der Umgebung, in der wir uns damals befanden, als so selbstverständlich angesehen, dass wir uns überhaupt nicht mehr daran erinnern können, ob und wie es passierte.

Ein norwegischer Freund, der in der Oberschicht der Osloer Gesellschaft aufgewachsen ist, war dazu ausersehen, in die Fußstapfen seines Vaters zu treten. Es wurde von ihm erwartet, ein ebenso erfolgreicher Geschäftsmann zu werden. Folglich heiratete er eine wohlhabende Frau, die seinem Aufstieg zu Rang und Namen förderlich war. Der Ehe basierte in erster Linie auf Formalien. Zum ersten Mal begegnete ich ihm in einem Training, das ich zusammen mit einigen anderen Therapeuten leitete, und schloss ihn sofort in mein Herz. Ich sah seine gewinnende und unschuldige Art und erkannte den Kampf, den er durchmachen musste, um den Maßstäben gerecht zu werden, an denen er gemessen wurde. Je mehr er sich seinem persönlichen Wachstum widmete, umso schwieriger wurde es für ihn, sein altes Leben aufrecht zu erhalten. Es kam ihm sogar so vor, als würde er sich wieder und wieder selbst sabotieren. Nach einiger Zeit ließ er sich von seiner Frau scheiden, aber noch heute kämpft er darum, es in Norwegens Geschäftswelt zu etwas zu bringen. Den negativen Vertrag, den er mit seinem Vater geschlossen hat, zu brechen und sich der Missbilligung des alten Herrn zu stellen, wäre einfach zu beängstigend für ihn. Er hat die Werte seines Vaters und der Gesellschaft so tief in sich aufgenommen, dass er vor der zweiten Scheidung zurückschreckt – der Loslösung von seiner negativen Bindung. Vor einiger Zeit begegnete er einer Frau, die ihn wirklich versteht und liebt. Sie ist jedoch so anders als die Menschen, mit denen er sich bisher umgab, dass er sich nicht traut, sie seinen alten Freunden vorzustellen. Er hat Angst davor, was man dann über ihn denken könnte.

Die größte Schwierigkeit, mit dieser Art von Kompromissen ist ihre tiefe Verwurzelung. Wir realisieren überhaupt nicht, dass wir Kompromisse eingehen. Dennoch haben wir gleichzeitig tief im Innern das Gefühl, dass etwas nicht stimmt. Mein Freund aus Oslo ist sicher nicht glücklich, er weiß aber auch nicht, wie er ein anderes Leben führen soll. Rollen, die wir in früher Kindheit erlernt haben, werden oft nur von einem leisen inneren Flüstern begleitet, das uns auf unsere Kompromisse aufmerksam macht. Mancher wurde beispielsweise dazu konditioniert, sich um andere zu kümmern. Auf diese Weise konnten wir uns als Kind die Liebe verdienen, die wir brauchten; und so glauben wir auch heute noch, Liebe zu bekommen. Vielleicht wurden wir auch, wie ich selbst, dazu erzogen, Leistung zu bringen. Dann verwenden wir unsere ganze Energie auf angestrengte Bemühungen, manchmal auf Kosten unserer femininen Qualitäten.

Die meisten von uns leben schon so lange in Kompromissen, dass sie sich gar nicht mehr vorstellen können, ohne sie auszukommen. Unser Selbstbild beruht auf dieser Lebensweise. Ich spreche aus eigener Erfahrung. Während meiner *College*-Zeit sah ich mir regelmäßig mit meinen Kommilitonen HUMPHREY-BOGART-Filme an. Es war für uns ein regelrechtes Ritual, am Abend vor Prüfungstagen gemeinsam ins Kino zu gehen. Wir gingen nämlich davon aus, dass der Versuch, unsere Wissenslücken noch am Vorabend eines Examens zu schließen, ziemlich sinnlos sei. Nach einer Weile kannten wir BOGARTS Texte auswendig, so dass wir seine Worte schon laut aussprachen, bevor sie im Film zu hören waren. Wir lernten die Sprüche schnell auswendig, weil sie uns so souverän und kompromisslos vorkamen. Nach jedem Kinobesuch fasste ich dann innerlich den Entschluss, genauso ein cooler Typ zu sein. Leider funktionierte das aber nicht. Bei der erstbesten Gelegenheit holte mich mein von Kompromissen geprägtes Selbstgefühl schon wieder ein. Ein auf Kompromisse gegründetes Leben gibt uns tief innen das Gefühl, unser

Leben nicht richtig im Griff zu haben. Wir kommen uns weichlich und ungeerdet vor. Je vertrauter mir diese Empfindung wurde, desto schneller spürte ich, wenn ich etwas tat oder sagte, was mir nicht behagte. Zunächst dauerte es einige Tage, manchmal auch Wochen, bis ich merkte, dass ich mich auf einen Kompromiss eingelassen hatte. Doch allmählich durchschaute ich mein Benehmen immer schneller. Das waren die ersten Schritte, die mich aus den gewohnten Automatismen meines Verhaltens herausführten. Wenn wir nie etwas anderes getan haben, als Kompromisse einzugehen, fehlen uns die Maßstäbe für ein würdevolles Leben. Das gilt besonders für Situationen, in denen wir Menschen begegnen, die über uns bestimmen können. Hat jemand die Macht, uns zurückzustoßen, uns Liebe und Respekt vorzuenthalten oder unser Überleben in irgendeiner Weise in Frage zu stellen, schließen wir Verträge – Vereinbarungen, die unser Dasein vielleicht konfliktfreier erscheinen lassen, aber uns alles andere als lebendiger machen. Unsere Lebensweise wird zu einem einzigen Kompromiss. Im Grunde leben wir dann für andere, nicht für uns selbst.

Nachdem ich diese Lektion verstanden hatte, änderte sich so manches. Mit der Zeit traf ich Entscheidungen, die mir meinen Selbstrespekt zurückgaben. Ich lernte, wie es ist, ein würdevolles Leben zu leben und falle jetzt nicht mehr so leicht in alte Verhaltensweisen zurück. Natürlich gibt es auch heute noch Momente, in denen mich meine Muster einholen; solche Situationen kommen jedoch immer seltener vor. Es geht vor allem darum, sein Kompromissverhalten klar zu erkennen. Da dieser Kniff soviel bewirken kann, messen wir ihm auch bei der Arbeit mit unseren Klienten größte Bedeutung zu.

Wenn ich von Kompromissen spreche, beziehe ich mich auf die essentiellen Aspekte unseres Seins, und nicht auf die kleinen Anpassungen, die für ein harmonisches Zusammenleben unverzichtbar sind. Möchte ich beispielsweise die Temperatur im Haus auf 20° einstellen, während Amana 22° bevorzugt, stellt es keinen echten Kompromiss dar, wenn wir den Thermostat auf 21° drehen. In diesem Kapitel geht es vielmehr um Kompromisse, die unserer Natur widersprechen, weil sie uns an der Erfüllung wesentlicher Bedürfnisse und Notwendigkeiten hindern. Ferner setzt die Überwindung der Kompromisse in keinem Fall voraus, dass jemand sich für uns verändern muss. Es geht nicht um die anderen; es kommt einzig und allein darauf an, den Mut zu finden, man selbst zu sein. Aus dem kindlichen Geisteszustand heraus können wir dazu allerdings nichts beitragen – dafür sind die Ängste des emotionalen Kindes zu groß. Um kompromissfrei zu leben, müssen wir verstehen, wie und in welchen Situationen es zu Kompromissen kommt, und dass wir uns nicht von dem verängstigten, beschämten Kind im Innern leiten lassen müssen. Dieses Thema wir an anderer Stelle noch ausführlicher zur Sprache kommen.

»Denke daran, nie Kompromisse einzugehen. Vermeide es, soweit es um das Essentielle geht. Selbst wenn du dein Leben dafür riskieren musst, riskiere es.« Osho

Übungen

1. Das innere Gefühl der Kompromisse spüren. Finde heraus, wie es sich anfühlt, wenn du Kompromisse schließt. Merke, wenn du das nächste Mal etwas tust oder sagst, was dir widerstrebt. Nimm die Empfindungen in deinem Körper wahr und richte deine Aufmerksamkeit auf die Gedanken und Gefühle, die in so einem Moment aufkommen.

2. Finde Menschen in deinem Leben, bei denen du zu Kompromissen neigst. Beachte, wie du mit den wichtigen Menschen in deinem Leben umgehst – deinem Liebespartner, deinem Chef, deinen besten Freunden. Frage dich, welche Macht diese Menschen über dich haben. Bemerkst du Kompromisse an dem, was du in ihrem Umfeld sagst und tust, damit sie ihre Macht über dich nicht ausüben?

3. Erkenne deine Art, Kompromisse zu schließen. Mache dir die Art und Weise bewusst, auf die du Kompromisse eingehst. Sagst du etwas, von dem du selbst nicht überzeugt bist? Täuschst du Gefühle vor oder verleugnest du, was du fühlst? Warum verhältst du dich anders als du dich fühlst? Auf was verzichtest du in deinem Leben, weil du Angst davor hast, was andere dann sagen oder tun könnten?

4. Bewusstmachung negativer Verträge aus der Vergangenheit. Notiere dir, auf welche Art du mit den wichtigen Bezugspersonen deiner Kindheit Verträge geschlossen hast, die dir zwar Liebe und Anerkennung einbrachten, aber gleichzeitig deine Lebensenergie beschnitten. Was wurde von dir erwartet und was gabst du auf?

Schlüssel

1. Wir gehen Kompromisse ein, weil wir unbewusst von dem beschämten und verängstigten Kind in unserem Innern geleitet werden. In dem kindlichen Gemütszustand sind wir nicht mit unserer Mitte verbunden,

sondern mit einem Kind, das glaubt, Kompromisse eingehen zu müssen, damit seine Bedürfnisse erfüllt werden.

2. Die meisten von uns leben schon seit frühester Kindheit in Kompromissen und wissen gar nicht mehr, wie sich ein Leben im Einklang mit ihrem innersten Wesen anfühlen könnte. Unsere Kompromisse wurzeln in negativen Verträgen, die wir mit den Bezugspersonen unserer Kindheit geschlossen haben. Im Austausch gegen Liebe und Anerkennung gaben wir uns selber auf und verhielten uns so, wie man es von uns erwartete.

3. Um aus unserem gewohnheitsmäßigen und automatischen Verhalten herauszufinden, müssen wir uns zunächst einmal darüber bewusst werden, wann und auf welche Weise wir uns auf Kompromisse einlassen. Das erreichen wir, indem wir lernen, wie wir uns in Kompromisszuständen fühlen und wie sehr sich diese Empfindungen von einem Leben in Würde unterscheiden.

KAPITEL 7

SUCHTVERHALTEN

Das Lebensgefühl unseres emotionalen Kindes ist durch einen andauernden Angstzustand geprägt. Auch wenn die Intensität der inneren Unruhe schwankt, stehen wir doch ständig unter ihrem Einfluss. Das Kind in uns kann die permanente Grundangst nicht ertragen und probiert alles aus, was seine Ängste zu lindern verspricht. Dieser Umstand ist die Ursache jedes Suchtverhaltens. In Momenten, in denen unsere schmerzhaften und angstbesetzten Verletzungen berührt werden, werden wir noch suchtanfälliger. Süchte gehören zu den wichtigsten Verhaltensmerkmalen des emotionalen Kindes.

Ich habe immer versucht, mein Suchtverhalten durch Disziplin und Kontrolle in den Griff zu bekommen. Lange Zeit verurteilte ich mich selbst und jeden anderen, der seinen Süchten frönte oder sich selbst gegenüber zu nachgiebig war. Diese Einstellung hatte ich von meinem Vater übernommen, dessen Motivation, Antrieb und Selbstkontrolle so ausgeprägt waren, dass er alle Menschen seiner Umgebung darin übertraf. Er hatte sieben Fremdsprachen erlernt und beherrschte seine drei Musikinstrumente so gut, dass er noch bis kurz vor seinem Tod in einem Kammerorchester spielte. Die einzigen Male, bei denen ich meinen Vater dabei beobachtete, wie er in Genüssen schwelgte, war, wenn er Eiskrem oder seinen geliebten französischen Käse aß. Meine Mutter führte ebenfalls ein sehr selbstaufopferndes Leben und erlaubt sich bis heute fast keine Selbstnachgiebigkeit. Mit diesem Hintergrund und in die Fußstapfen eines älteren Bruders tretend, der beinahe so diszipliniert war wie mein Vater, lernte auch ich, mich selbst zu motivieren, neigte aber gleichzeitig zu Getriebenheit und Härte. Nur selten erlaubte ich mir die eine oder andere Verfehlung in punkto Selbstkontrolle. Kurzum: Genau wie mein Vater und mein Bruder überdeckte ich mein Suchtverhalten mit Kontrolle. Die Menschen waren für mich entweder auf der richtigen Bahn oder zu selbstnachgiebig; dazwischen gab es kaum Abstufungen. Klar, dass es in so einem Umfeld nur wenig Raum für ein Gefühl der Verletzlichkeit gab – egal, ob bei mir oder bei anderen. Durch eine Facharztausbildung in Psychiatrie und Jahre an Therapieerfahrung ist schon einiges an Rauheit von mir abgefallen. Doch kurz nachdem ich in Indien angekommen war und nachdem ich ein paar Tage im dortigen Aschram verbracht hatte, hörte ich meinen Meister etwas sagen, das mein Leben verändern sollte: »Disziplin stärkt nur das Ego.«

Jetzt weiß ich, dass meine Selbstkontrolle und Disziplin auch nichts anderes sind, als eine Form von Suchtverhalten. Ich hatte ein Leben als Sklave von Absichten und Zielen geführt. Es macht mir Angst, wenn ich etwas tue, das keinem erkennbaren Zweck dient, oder wenn ich das Gefühl habe, dass niemand mich braucht. Wie innere Stimmen verurteilen mich die Konditionierungen meiner Vergangenheit für diese Zeitverschwendung. Die Stimmen wissen immer ganz genau, wann etwas ›konstruktiv‹ ist und wann nicht. Sogar meine Entspannung ist durch denselben Antrieb, dieselbe Zielorientierung geprägt. So etwa meine Tennisleidenschaft: Obwohl ich Tennis nur zum Ausgleich spiele und für mehr auch nicht die Qualitäten besitze, bin ich doch ständig darauf aus, mein Spiel zu verbessern. Die Energie und Motivation sind dabei gar nicht das Problem; für sich genommen sind sie gute Eigenschaften. Vielmehr machen hier die Zukunftsorientierung und das zwanghafte Leistungsdenken die Sucht aus, verbunden mit einem Hang zu Hast und Aktivismus. Solange ich schnell und geschäftig bin, behalte ich die Kontrolle und fühle die Angst und den Schmerz im Innern nicht. Dieses Verhalten ist zwanghaft und soweit ich zurückdenken kann, lebte meine ganze Familie nach demselben Muster.

In letzter Zeit gehörte es zu meiner eigenen Selbsterforschung, mir Phasen unstrukturierten und nicht zielorientierten Zeitvertreibs zuzugestehen. Wenn ich dann mein eigenes automatisches Suchtverhalten bemerke, komme ich mit der darunter verborgenen Verletztheit und Angst in Kontakt. Zudem habe ich verstanden, dass nicht die Aktivität an sich die Sucht ausmacht, sondern die Art und Weise, wie *ich* mich verhalte. Der Mangel an Bewusstheit, das Roboterhafte daran ist das Problem. Meine anerzogene Disziplin brachte mich ständig dazu, bestimmte Aktivitäten als wertvoll oder als Zeitverschwendung zu bewerten. Immer, wenn ich etwas lernte, mich verbesserte oder hart arbeitete, gab mir meine innere Jury gute Noten. Wenn ich aber nachgiebig war, mir Kinofilme ansah oder mir ein Eis am Stiel gönnte, fiel die Bewertung miserabel aus. Erst in letzter Zeit hat dieser schmerzhafte Zwiespalt begonnen, sich allmählich aufzulösen, weil ich erkenne, dass der innere Schiedsrichter auf Konditionierungen und nicht auf Weisheit basiert. Inzwischen weiß ich, dass es eigentlich darum geht, ob ich total bin, geistesgegenwärtig, und ob ich mein Leben genieße. Ob das Gesagte auch auf körperliche, von Rauschgiften ausgelöste, Abhängigkeiten zutrifft, bezweifle ich allerdings, weil Suchtstoffe unsere bewusste Wahrnehmung einschränken. In solchen Fällen macht tatsächlich das Verhalten selbst die Sucht aus.

Art und Ausprägung des Suchtverhaltens sind für jeden von uns sehr unterschiedlich. Grundsätzlich bieten sich dem emotionalen Kind zwei Möglichkeiten mit Sucht umzugehen: extreme Selbstkontrolle (das Verhalten meiner Wahl) und Selbstnachgiebigkeit (das von mir verurteilte Verhalten) – Zwischenstufen gibt es nicht. Um die innere Anspannung und dauernde Besorgnis zu lindern, bewegen wir uns in Richtung eines dieser Extreme. Einer meiner Freunde kämpfte jahrelang gegen seinen Marihuana-Konsum an. Er weiß, dass das Rauchen von Joints einer tieferen Selbsterfahrung entgegensteht, aber alle seine Versuche, diese Angewohnheit unter Kontrolle zu bringen, scheiterten. Es war schon ein großer Schritt für ihn, überhaupt zuzugeben, dass er psychisch abhängig ist. Ein Bekannter gibt sich gern jeder Art von Suchtverhalten hin, seien es Sex, Drogen, Alkohl oder Essen, und hat sich einen entsprechend wilden und sorglosen Lebensstil angewöhnt. Noch ein anderer Freund hat eine Profilneurose und benutzt seinen Charme sowie seine sexuelle Ausstrahlung auf Frauen dazu, seine tiefe Unsicherheit und Scham zu überdecken. Viele von uns haben mit zwanghaftem Verhalten in Bezug auf ihre Ernährung zu kämpfen. Als Teenager war ich übergewichtig und musste deshalb viele Demütigungen von seiten der anderen Jungen hinnehmen. Später, auf der *High School,* war ich fast schon wieder etwas *zu* schlank. Mein zwanghaftes Verhältnis zum Essen blieb allerdings noch eine ganz Zeit lang bestehen. Dann legte sich dieses Muster, etwas in mir hatte sich entspannt – wie oder warum sich meine Ernährung normalisierte, habe ich aber nicht verstanden.

Unser Suchtverhalten wird von starken unbewussten Kräften gesteuert, die wir mit Selbstkontrolle und Disziplin nicht so einfach in den Griff bekommen. Hinter diesem Verhalten verbergen sich, wie bei den anderen Mustern des emotionalen Kindes, ganze Berge von Angst und Scham. Allerdings sind wir die meiste Zeit nicht mit den Ursachen unserer Süchte in Kontakt, weil das Verhalten so gewohnheitsmäßig und unbewusst ist. Erst wenn wir es geschafft haben, in den Momenten, in denen wir uns so zwanghaft betäuben, nach innen zu schauen, können wir die zu Grunde liegende Wut und Scham in uns fühlen.

Während meiner Schulzeit fühlte ich mich eine Zeit lang von einem Mädchen angezogen, das mein Interesse an ihr einfach nicht erwiderte. Ich konnte sie trotzdem nicht vergessen und schon gar nicht akzeptieren, dass sie mir keine Aufmerksamkeit geben wollte. Manchmal lief ich nachts sogar um das Haus herum, in dem sie wohnte. Ich hatte das Gefühl, unter dem Einfluss einer Macht zu stehen, die ich nicht kontrollieren konnte. Jahre später, als ich wieder von einer Frau zurückgewiesen wurde, verhielt ich mich ganz ähnlich, nur dass ich diesmal meine Scham fühlen konnte. Ich spürte etwas in mir, das die Ablehnung nicht ertragen konnte und irgendwie beweisen wollte, dass die Zurückweisung nicht echt war. Wenn wir uns erst in diesem Zustand befinden, verlieren wir immer mehr die Fassung, weil sich der Schmerz trotz all unserer Beschwichtigungen nicht lindern lässt.

Natürlich stellt sich in diesem Zusammenhang die Frage, wie wir von unseren Süchten loskommen können. Normalerweise neigen wir dazu, Suchtproblemen mit Disziplin und Selbstkontrolle beizukommen. Diese Herangehensweise zieht die Hintergründe der Sucht jedoch kaum in Betracht; sie kennt kein Empfinden für unsere Verletztheit, welcher sie auch keinen Raum und keine Würdigung zugestehen möchte. Erst als meine Selbstkontrolle schwächer geworden war und ich die dahinter verborgene Angst und Scham fühlen konnte, begann ich mehr Mitgefühl und Verständnis dafür zu entwickeln, warum wir so abhängig sind. Vielleicht wären wir weniger anfällig für Süchte, wenn wir in einer entspannten, unterstützenden und überaus liebevollen Umgebung aufgewachsen wären, in der niemand Druck auf uns ausübt. Wenn wir uns jedoch vor Augen führen, wieviel Stress unsere Verwundbarkeit und Sensibilität ausgesetzt ist, leuchtet uns ein, dass wir ganz natürlich zugreifen, wenn sich etwas bietet, das unsere innere Spannung zu lösen verspricht.

In unserer Verletzlichkeit sehen wir uns zahllosen Stressfaktoren ausgesetzt, die allesamt Angst erzeugen und in uns den Wunsch nach Linderung wecken. Der dauernde Kampf, uns anderen und uns selbst zu beweisen, ist einer dieser Faktoren. Weil wir unsere Scham so automatisch und unbewusst überdeckt haben, merken wir nicht einmal, wie wir uns selbst fortwährend unter Druck setzen. Der ganze Druck unserer Kultur, Erfolg zu haben und ›jemand‹ zu sein, versetzt unsere innere Sensitivität zutiefst in Scham und Schock. Um mit dieser schnellen, materialistischen, leistungsorientierten Welt Schritt zu halten, müssen wir unsere Empfindsamkeit verleugnen. Der Irrsinn der westlichen Kultur regiert oft unser Leben. Eine andere machtvolle Kraft, die uns süchtig werden lässt, ist unsere tiefe Angst, die Einsamkeit und Leere in uns zu spüren. Unser emotionales Kind hat keine Möglichkeit, mit diesem dunklen Loch von Bedeutungslosigkeit umzugehen. Letzteres müssen wir von Menschen lernen, die die Weisheit und den Mut gefunden haben, diesen Zustand in sich zu spüren und durch ihre Ängste hindurch zu gehen.

Je empfänglicher und verletzlicher wir werden, desto deutlicher können unsere Suchtendenzen zu Tage treten. Je näher wir mit der Furcht und dem Schmerz in unserem Innern in Kontakt kommen, umso mehr drängen die mit Verleugnung und Kontrolle unterdrückten Ängste an die Oberfläche. Selbstkontrolle scheint kein effektives Heilmittel gegen Süchte zu sein, da es nur die andere Seite des Pendels darstellt. Wie bei allen Verhaltensmustern des emotionalen Kindes, erscheint es nicht sehr vielversprechend, etwas daran verändern oder reparieren zu wollen, auch wenn wir die Fassung manchmal ganz verlieren. Jeder von uns muss seinen eigenen Weg finden, mit seinen Süchten umzugehen. Meines Erachtens ist aber urteilsfreies Beobachten und liebevolles Verständnis die beste Medizin. Einer der wesentlichsten Aspekte meiner eigenen Selbsterforschung war die Erkenntnis, dass ich darauf vertrauen kann, keineswegs in die unergründlichen Tiefen der Verderbtheit und Genusssucht hinabzusteigen und jegliche Richtung in meinem Leben zu verlieren, wenn ich die Selbstkontrolle aufgebe. Langsam beginne ich eine andere Kraft, einen Führer in meinem Innern wahrzunehmen, der das Schiff auf Kurs hält.

Übungen

1. Süchte identifizieren: Welche der Verhaltensmuster, die du an dir selbst wahrnimmst, siehst du als zwanghaft an? Welches Verhalten lenkt dich vom gegenwärtigen Augenblick ab?

2. Nimm eine dieser Verhaltensweisen und achte darauf:
a) ob du das Verhalten verurteilst und gegebenenfalls worin deine Verurteilung besteht,
b) welche Stressfaktoren in deinem Leben dieses Verhalten auslösen,
c) wie diese Sucht eine verborgene Angst oder Scham ausdrückt. Versuche, dich mit der Angst oder Scham zu verbinden und sie in deinem Körper zu fühlen.

Schlüssel

1. Süchte sind gewohnheitsmäßiges, unbewusstes Verhalten, das unsere Ängste und Sorgen, unser Unbehagen und unseren Schmerz betäubt, und uns vom gegenwärtigen Moment ablenkt. Zu den Qualitäten des Suchtverhaltens gehören Zwanghaftigkeit und Verzweiflung.

2. Süchte verdecken tiefe Ängste und Scham. Die Unterdrückung und der Moralismus der spannungsgeladenen, leistungsorientierten und materialistischen Kultur, in der wir aufwuchsen, sind die Hauptursachen unseres Suchtverhaltens. Wir haben all diese negativen Werte in uns aufgenommen, strafen uns selbst und setzen uns unter Druck.

3. Um mit der inneren Spannung fertig zu werden, geht unser emotionales Kind in eines von zwei Extremen, entweder Selbstkontrolle oder zu große Nachgiebigkeit bei ›schlechten Gewohnheiten‹ – beide Alternativen sind Ausdrucksformen von Sucht.

4. Unsere Suchttendenzen lassen nach, wenn wir die Fähigkeit entwickeln, unsere Süchte aus einem gewissen Abstand zu betrachten und die dahinter verborgenen Wunden zu fühlen.

Kapitel 8

Magisches Denken

Als ich vor Jahren mit meiner eigenen Selbsterfahrung begann, bat mich mein Therapeut, etwas über meine Kindheit zu erzählen. Ich dachte ein wenig nach und sagte dann, dass es eigentlich nicht viel zu erzählen gäbe: »Ich hatte eine großartige Kindheit.« Eigentlich wäre die Arbeit meines Therapeuten damit überflüssig gewesen. In Wirklichkeit aber hatte ich meine Eltern derart idealisiert, dass ich die Welt immer noch durch ihre Augen sah. Umso schockierender war es für mich, als ihr Image im Laufe meiner Therapie verblasste und ich auf diese Weise mit meinem Alleinsein konfrontiert wurde. Im Gemütszustand unserer Kindheit idealisieren wir diejenigen, die für uns sorgen, weil uns das die Grundlage dafür gibt, uns dem Leben zu stellen.

Es ist als lebten wir in einem mystifizierten Zustand, in einer Art Phantasiewelt, in der wir uns die Dinge so vorstellen, wie wir sie gerne hätten. Für das Kind ist das eine notwendige Überlebensstrategie, weil es keine andere Wahl hat, als den ›Großen‹ zu vertrauen. Leider wachsen wir über diesen Zustand nicht hinaus. Selbst als Erwachsene verharren wir in der Phantasiewelt, unfähig, die Realität klar zu sehen oder zu bewerten, da wir die Welt immer noch durch die Augen des Kindes sehen. Wir sind in einem mystifizierten Zustand, in dem wir nicht erkennen können, was in der Kindheit mit uns geschehen ist. Wir sind nicht bereit, objektiv hinzuschauen – es ist zu beängstigend, zu schmerzhaft. Stattdessen hoffen wir weiter und werden dann wieder und wieder enttäuscht. Mystifizierung ist eines der Kennzeichen des kindlichen Gemütszustandes. Nachdem ich meine Idealisierungen endlich durchschaut hatte, ging ich jahrelang in die entgegengesetzte Richtung und vermied so weit wie möglich den Kontakt mit meiner Familie. Wann immer ich einem Mann begegnete, dessen Benehmen mich an meine eigene jüdische Konditionierung erinnerte, wäre ich am liebsten vor Peinlichkeit im Boden versunken.

Wenn Menschen sich verlieben, befinden sie sich mit an Sicherheit grenzender Wahrscheinlichkeit in einem Zustand magischen Denkens. In solchen Momenten sieht keiner von beiden den anderen wie er ist. Man sieht sein Gegenüber so, wie man es sehen möchte, weil das Kind in uns danach hungert, seine Bedürfnisse erfüllt zu bekommen. Unser Verlangen macht uns blind. Wenn Beziehungsprobleme entstehen, liegt das meist daran, dass einer oder beide Partner enttäuscht oder unbefriedigt sind. Verliebte beginnen ihre Beziehung in ihrer Blase und erliegen dem magischen Glauben, die Frau oder den Mann der Träume gefunden zu haben. Wenn der andere die Hoffnungen und Erwartungen nicht erfüllt, ist man schließlich bitterlich enttäuscht. Eine ähnliche Dynamik entwickelt sich mit Autoritätspersonen. Zunächst erscheinen sie uns großartig und perfekt, aber wenn sie einmal unser ›Vertrauen‹ verletzen, degradieren wir sie. In Wirklichkeit haben wir sie nie so gesehen wie sie wirklich sind.

Ob wir nun Menschen auf ein Podest stellen oder dort herunter holen, beides geschieht aufgrund unseres magischen Denkens. Die Dinge sind weder so gut noch so schlecht, wie wir sie aus dieser Perspektive wahrnehmen. In unserem magischen Denken schwingen wir ständig von dem einen Extrem ins andere, immer wieder, bis wir schließlich resigniert aufgeben. Wie die Situation wirklich ist, erkennen wir nicht. Als Kind müssen und wollen wir natürlich glauben, dass alles wahr ist, was die ›Großen‹ uns erzählen und vorleben. Unsere naturgegebene Unschuld, unser Vertrauen und unsere Lernbegierde machen uns zu offenen, empfänglichen und leichtgläubigen Wesen. Ohne Unterscheidung schauen wir zu denen auf, die uns unterrichten. Ihre Autorität und das Bild, das sie von uns zeichnen, verwirren uns. All dies ist ganz natürlich und normal. Zum Problem wird es nur dann, wenn wir die Irrbilder unserer Kindheit im Erwachsenenalter beibehalten, beispielsweise weil wir nicht gelernt haben, unserer eigenen Einschätzung von ›wahr‹ und ›unwahr‹ zu vertrauen, oder weil wir nicht einsehen wollen, dass wir auf eigenen Füßen stehen und es allein mit der Welt aufnehmen müssen.

Im Zustand des emotionalen Kindes suchen wir nach Eltern, zu denen wir aufblicken können und die sich um uns kümmern. Wir hungern nach Aufmerksamkeit und wollen für unsere Eltern jemand besonderes sein. Durch ihre Vollmacht erlangen wir Selbstachtung, einfach indem wir sie kennen und uns vorstellen, dass sie verkörpern, wonach wir streben. Eine authentische Selbstachtung haben wir nicht. Unser Selbstgefühl basiert nicht auf unserer eigenen inneren Wahrnehmung, sondern auf der Idealisierung der Erwachsenen. Werden die Eltern unseren Idealen nicht gerecht, dann leiden wir. Wir sind enttäuscht, fühlen uns betrogen und verlassen, bekommen aber auch unseren Mangel an Selbstachtung zu spüren – einer Selbstachtung, die sich behelfsmäßig auf eine andere Person gestützt hatte. Normalerweise haben wir keine Ahnung, dass wir uns deshalb so miserabel fühlen. Stattdessen glauben wir, dass wir uns schlecht fühlen, weil der andere uns enttäuscht hat.

Wenn wir mystifiziert sind und jemanden idealisieren, sind wir unfähig, die positiven und negativen Aspekte des anderen gleich klar zu erkennen und ihn auf eine reife und ausgeglichene Art wahrzunehmen. Dies kann uns bei jedem passieren, auf den wir uns beziehen – mit Liebespartnern, Freunden, Chefs, Lehrern und anderen Idolen. Aus dieser Perspektive heraus schmerzt es, die Menschlichkeit des anderen zu sehen; sie gibt uns ein Gefühl der Verlassenheit und zwingt uns, dem Widerstand des emotionalen Kindes zum Trotz, erwachsen zu werden. Wenn jemand unsere Erwartungen nicht erfüllt und wir uns betrogen fühlen, ziehen wir es jedoch oft genug vor, einfach ein anderes Objekt für unsere Idealisierungen zu suchen und so unsere innere Leere zu füllen.

Diese Art von magischem Denken habe ich nicht nur im Zusammenhang mit meinen Eltern erlebt, sondern auch bei Freunden und Lehrern. In meiner Traumwelt hoffte ich noch als Erwachsener, dass die Menschen stets empfindsam, verständnisvoll, gutmütig und rücksichtsvoll mit mir umgehen. Wann immer ich sah, dass die Leute weniger ›erleuchtet‹ waren als ich dachte, war ich enttäuscht. Wenn ich Lehrer kennenlerne, von denen ich Neues lernen kann, neige ich dazu, sie zu idealisieren. Ich glaube dann, dass ich die tollste und interessanteste Sache überhaupt entdeckt habe, und dass der betreffende Lehrer der großartigste, weiseste und tieffühlendste Mensch ist – bis ich beginne, den Menschen zu durchschauen und Enttäuschung aufkommt. Heute merke ich viel früher, dass mein emotionales Kind diese Gefühle hervorruft und bin mehr und mehr in der Lage, die Stärken und Schwächen einer Person gleich klar zu sehen, meinen Lehrern Liebe entgegenzubringen *und* von ihnen zu lernen.

Übungen

1. Stelle dir einen Menschen vor, der in deinem Leben die Rolle einer Autoritätsperson spielt. Auf welche Weise wurdest du von dieser Person enttäuscht? Hast du diesen Menschen idealisiert, und ist deine Enttäuschung dadurch entstanden, dass derjenige deine Hoffnungen und Erwartungen nicht erfüllte?

2. Was führte in deinen früheren Beziehungen dazu, dass du jemand nicht mehr vertrauen konntest? Warum konntest du den betreffenden Menschen nicht so sehen wie er ist?

Schlüssel

1. Um sich geliebt und aufgehoben zu fühlen, möchte sich unser emotionales Kind darauf verlassen können, dass die Welt stets gerecht und einfühlsam, voller Liebe, Verständnis und Aufmerksamkeit für unsere Bedürfnisse und Empfindungen ist. Unbewusst projizieren wir diese Hoff-

nung auf jede neue Situation und Person, der wir begegnen. Das nennt man magisches Denken.

2. Wenn wir entdecken, dass die Realität im Widerspruch zu unseren Erwartungen steht, fühlen wir uns betrogen und verletzt. Zunächst ist die betreffende Person (oder Situation) unfehlbar, weil wir sie auf ein Podest heben, auf dem sie zu dem wird, was wir uns vorstellen. Fällt die Person schließlich vom Sockel, degradieren wir sie genauso, wie wir sie zuvor idealisiert haben.

3. Das magische Denken des emotionalen Kindes verhindert, dass wir unsere Umwelt so sehen wie sie ist. Wenn wir auf diese Weise an das Leben herangehen, sind wir ständig ängstlich und enttäuscht, weil sich die Menschen und Situationen nicht nach unseren unrealistischen Hoffnungen richten.

~

TEIL 3

DIE INNERE ERFAHRUNG DES EMOTIONALEN KINDES

KAPITEL 9

LEERE UND BEDÜRFTIGKEIT

Bevor ich Abstand zu meinem emotionalen Kind gewinnen konnte, musste ich erst einmal seine innere Welt erfahren und verstehen. Zunächst verleugnete ich seine Existenz total. Ich erinnere mich an eine Erfahrung, die dafür bezeichnend war: In einer Männergruppe, an der ich vor Jahren teilnahm, sollten die Teilnehmer drei Tage lang die Erfahrung machen, wie es ist, Frauenkleidung zu tragen. Der Prozess begann recht oberflächlich. Ich probierte verschiedene Kleider aus und stolzierte mit dem neuen Outfit herum. Am zweiten Tag veränderte sich die Erfahrung; ich fühlte mich immer unsicherer, zurückhaltender und schüchterner. Ich lernte eine Seite an mir kennen, die mir bisher völlig fremd gewesen war. Aus meinem normalen geselligen, geschäftigen, eiligen und nach außen gerichteten Selbst glitt ich in einen Zustand, in dem ich mich als still, misstrauisch, ängstlich und verschämt empfand. Am dritten Tag begann ich, mich an dieses Gefühl zu gewöhnen, zu entspannen und kehrte nur widerwillig in meine gewohnte Rolle zurück. Ich war mit den tieferen Empfindungen meines emotionalen Kindes in Kontakt gekommen. Eine sonderbare und unbehagliche Erfahrung. Erst mit der Zeit lernte ich die Sanftheit und Verletzlichkeit dieses Zustandes zu schätzen.

Wenn unser emotionales Kind unser Bewusstsein einnimmt, geschieht dies auf eine so machtvolle und zwingende Weise, dass es schwer fällt, eine innere Distanz dazu zu gewinnen. Wenn wir aber nach innen gehen und die Intensität der Gefühle wahrnehmen, verstehen wir besser, warum das Kind in uns eine so überwältigende Kraft im Leben ist. Dieses Verständnis hilft uns auch dabei, Abstand zu gewinnen und uns nicht dafür zu verurteilen, wenn wir reaktiv sind, in Erwartungen und Phantasien schwelgen oder unseren Süchten frönen. In den nächsten Kapiteln nehme ich dich mit auf eine Tour durch die innere Landschaft des emotionalen Kindes.

Als erstes möchte ich die Erfahrung negativer Leere ansprechen und die Bedürftigkeit des emotionalen Kindes, welche eine natürliche Folge davon ist. In dem Buch *Essentielle Verwirklichung* von A. H. ALMAAS gibt es ein Kapitel mit dem Titel *Die Theorie der Löcher.* Mit diesem brillianten Text trägt ALMAAS sehr zum Verständnis des Gemütszustandes des emotionalen Kindes bei. Er beschreibt, wie sich energetische Löcher in unserem Innern entwickeln, wenn uns als Kind die Erfüllung essentieller Bedürfnisse vorenthalten wird. Wahrscheinlich gibt es noch viele andere Ursachen für die Existenz dieser Löcher, manche haben wir möglicherweise sogar aus vergangenen Leben mitgebracht. Unsere Kindheit ist jedenfalls eine Phase, in der wir klar erkennen können, wie die energetischen Löcher enstanden sind. Ein Loch ist das Gefühl innerer Leere, verbunden mit einem Aspekt unseres Seins, der nicht genährt und folglich nicht entwickelt wurde.

Unsere unbewussten Versuche, die Löcher zu füllen, kosten uns im täglichen Leben viel Zeit und Energie. Außerdem neigen wir dazu, durch unser Verhalten andere dazu zu bewegen, unsere Löcher zu füllen. Ein Beispiel hierfür ist Benjamin, Teilnehmer eines unserer letzten Workshops in Dänemark. Während der Seminarpausen folgte er stets seinem zwanghaften Bedürfnis, auf andere zuzugehen. Manchmal rief er sogar mit dem Handy seine Freunde zuhause an. Selbst wenn wir den Teilnehmern empfahlen, einige Zeit in Stille zu verbringen, um die während der Sessions in Gang gekommenen Prozesse zu integrieren, war es für ihn sehr schwierig, bei sich zu bleiben. Als wir näher auf dieses Verhalten eingingen, stellte sich heraus, dass er sich deshalb so zwanghaft anderen zuwendet, weil er als Kind niemanden gehabt hatte, mit dem er sich hätte austauschen können. Mary, die Teilnehmerin eines anderen Workshops, war in jeder Gesprächsrunde die erste, die sich zu Wort meldete.

Sie war sich nicht bewusst darüber, dass sie ein unersättliches Bedürfnis nach Aufmerksamkeit und Anerkennung hatte. Erst nachdem wir die Hintergründe ihres Verhaltens sichtbar gemacht hatten, konnte sie erkennen, dass sie in ihrer Kindheit nie die Aufmerksamkeit bekommen hatte, die sie braucht, und dass ihr Verlangen, im Mittelpunkt zu stehen, nun ihr ganzes Leben bestimmt. Mein größtes Loch bestand immer in dem Gefühl, nie genügend Wertschätzung zu bekommen. Ich brauchte jede Menge Energie und lange Jahre der Ausbildung um mir selbst und anderen zu beweisen, wie talentiert ich bin.

Für die Existenz dieser Löcher mag es viele Ursachen geben, viele davon mysteriös und unerklärbar. Meist lassen sie sich aber direkt auf unsere unerfüllten Grundbedürfnisse zurückführen. Obwohl es in Wirklichkeit nur ein einziges Loch in unserem Innern zu geben scheint, unterscheiden wir zum besseren Verständnis verschiedene Arten von Löchern. Wer als Kind nicht genug Unterstützung findet, entwickelt ein ›Unterstützungsloch‹, wer nicht genügend Anerkennung erhält, bekommt ein ›Anerkennungsloch‹. Wenn wir das Gefühl haben, für nichts zu gebrauchen zu sein, leiden wir an einem ›Selbstwertloch‹ und sind ständig nach jemandem auf der Suche, der unser Loch mit seiner Bestätigung füllt. Haben wir ein Loch, das durch Mangel an Berührung und Wärme entstanden ist, entwickeln wir möglicherweise eine Abhängigkeit zu jemandem, der uns den ersehnten Körperkontakt gibt. Wenn uns ein ›Vertrauensloch‹ quält, glauben wir, dass wir von anderen missbraucht, kontrolliert und manipuliert werden, wenn wir uns öffnen und verletzlich sind. So ein Loch führt zu Co-Abhängigkeiten, in denen wir andere von uns wegstoßen, uns aber gleichzeitig nach Nähe sehnen. Aufgrund der tiefen Ängste, die unsere Löcher auslösen, wird unser ganzes Leben durch den unbewussten Zwang bestimmt, die Löcher zu stopfen. Jedes Loch lässt äußere Abhängigkeiten entstehen, entweder, indem man durch Aufsuchen bestimmter Menschen und Situationen den Mangel zu füllen versucht, oder indem man gewissen Personen und Umständen aufgrund der Löcher aus dem Weg geht. Zwanghaft begeben wir uns in genau die Situationen, welche geeignet sind, unsere Löcher zu provozieren. Oft ist dies der einzige Weg, uns unserer Defizienzen bewusst zu werden und zu lernen, wie wir die Mängel ausgleichen können. Um zu wachsen, brauchen wir die Herausforderung.

Energetische Löcher

1. Das Gefühl, unerwünscht und alleingelassen zu sein
2. Das Gefühl, nicht genug geschätzt und respektiert zu werden
3. Misstrauen gegenüber den eigenen Empfindungen
4. Mangel an Eigenmotivation
5. Tiefe Überlebensängste
6. Übermächtige Sehnsucht nach Berührung und Nähe
7. Mangel an Lernmotivation
8. Angestrengtes Bemühen um Liebe und Aufmerksamkeit
9. Hang zu Perfektionismus und übermäßiger Selbstkritik
10. Befürchtungen, vereinnahmt und kontrolliert zu werden

Wenn es uns an Bewusstheit für unsere Löcher fehlt und wir nicht verstehen, wie sie unser Leben beeinflussen, bekommen wir natürlich das Gefühl, dass sich im Außen etwas ändern muss, damit wir glücklich sein können. Dies ist einer der wichtigsten Glaubenssätze des emotionalen Kindes. Wegen der inneren Leere, die wir wahrnehmen, wenn wir mit dem emotionalen Kind identifiziert sind, empfinden wir uns selbst als bedürftig. Diese Sichtweise ist nicht real, sie ist Teil eines Trancezustandes, einer Blase; und sie lässt uns glauben, dass das Leben, die Existenz oder andere das Loch in uns füllen müssen. Wir sind davon überzeugt, dass uns die Menschen besser behandeln und uns mehr Anerkennung, Liebe, Aufmerksamkeit und Freiraum geben müssen. Ansonsten versuchen wir, unsere Löcher mit Drogen oder anderen Ablenkungen, die uns ein gutes Gefühl geben, zu füllen. Andere Wege, das Unbehagen, den Schmerz und die Angst zu mildern, können wir uns nicht vorstellen. Die Bemühungen, Löcher von außen zu füllen, funktionieren leider nie; sie führen nur zu noch mehr Frustration. Als einziger Ausweg bleibt, unsere Löcher zu verstehen – woher sie kommen und wie wir mit ihnen umgehen müssen. Dazu müssen wir uns ein wenig mit unseren Grundbedürfnissen auseinandersetzen.

Als Kind haben wir alle bestimmte essentielle Bedürfnisse. Werden diese Bedürfnisse nicht erfüllt, leben wir in einem Zustand andauernder Vernachlässigung. Dieser Mangel erzeugt ein energetisches Loch in uns, das gefüllt werden möchte. Wenn man wissen will, wie bedürftig das verletzte Kind in unserem Innern ist, muss man sich nur ein Nilpferd vorstellen, das mit offenem Maul »Füttere mich!« sagt. Natürlich hat jeder von uns seine eigene Geschichte der Vernachlässigung, je nachdem, welches Grundbedürfnis nicht erfüllt worden ist. Während wir uns in der Ausprägung und Art unserer Defizienzen unterscheiden, sind wir uns in der Weise, wie wir Vernachlässigung erfahren, doch recht ähnlich. Aus dem Zustand des Entzugs heraus projizieren wir unsere unerfüllten Bedürfnisse unbewusst auf unsere Liebespartner, Freunde und Kollegen, auf unsere Kinder, und im Grunde auf alle, die mit uns zu tun haben. Je intensiver die Beziehung, umso stärker ist die Projektion.

Die Grundbedürfnisse

1. Das Bedürfnis, gewollt zu sein.
2. Das Bedürfnis, als einzigartiger Mensch respektiert zu werden – für das, was man ist, und nicht für das, was man tut.
3. Das Bedürfnis, mit seinen Gefühlen, Gedanken und seiner Intuition ernst genommen zu werden.
4. Das Bedürfnis, zur Erforschung folgender einzigartiger Aspekte der Persönlichkeit ermutigt zu werden:
   a) Sexualität
   b) kreative Begabungen
   c) Kraft
   d) Freude
   e) Stille und Alleinsein

5. Das Bedürfnis, sich sicher und unterstützt zu fühlen.
6. Das Bedürfnis, mit liebevoller Präsenz körperlich berührt zu werden.
7. Das Bedürfnis, inspiriert und zum Lernen motiviert zu werden.
8. Das Bedürfnis zu wissen, dass es in Ordnung ist, Fehler zu machen und daraus zu lernen.
9. Das Bedürfnis, Liebe und Intimität zu erfahren.
10. Das Bedürfnis, ermutigt zu werden, sich zu trennen und dabei unterstützt zu werden.
11. Das Bedürfnis, feste und liebevolle Grenzen gesetzt zu bekommen.

Jede Missachtung eines der hier genannten Bedürfnisse trägt zu unserer immer spürbaren Vernachlässigungswunde bei. Gehen wir auf andere zu, stehen wir oft unbewusst unter dem Einfluss solch unerfüllter Bedürfnisse. Wir reagieren dann automatisch mit einem der fünf Verhaltensmuster des emotionalen Kindes. Erst, wenn wir Bewusstheit für unsere Situation entwickeln, durchschauen wir diesen Automatismus.

Wenn in meinem Leben etwas schief läuft, neige ich meist spontan dazu, jemand anderem die Schuld dafür zu geben. Nach zwanzig Jahren Arbeit an mir selbst weiß ich aber, dass es keine Lösung ist, andere zu beschuldigen, und dass diese Einstellung nur zu Konflikt und Schmerz führt. Die zwanghafte Neigung, anderen die Schuld zu geben, ist allerdings immer noch vorhanden. Ich erkenne jedoch, dass das emotionale Kind in mir auf diese Weise versucht, die Kontrolle zu behalten. Und wenn etwas nicht klappt, sehe ich die Situation jetzt aus einiger Distanz und sage: »Weißt du was, Kleiner, du brauchst dafür jetzt wirklich niemandem die Schuld zu geben.« Wenn ich trotzdem einmal in mein altes Muster verfalle, erwische ich mich schnell dabei. Heute kommt es nur noch selten dazu, dass ich unbewusst jemand anderen beschuldige.

Die Heilung unserer Löcher beginnt, wenn wir erkennen, wie roboterhaft wir sie mit äußeren Dingen zu füllen versuchen. Es ist ein Prozess der Beobachtung und des Verstehens, der die Energie freisetzt, die es uns ermöglicht, das automatische Verhalten zu brechen und statt dessen die zu Grunde liegende Erfahrung innerer Leere auszuhalten. Wir können die Leere einfach fühlen und annehmen, ohne etwas daran ändern zu wollen.

In einem unserer letzten Workshops in Schweden kam es zu einem Konflikt zwischen Beziehungspartnern, während dessen der Mann in Panik geriet und verlangte, dass ich oder Amana uns des Problems annehmen sollten, noch während die Gruppenteilnehmer den Raum verließen, um essen zu gehen. Ich erwiderte, dass wir in der Gruppe mit dem Thema arbeiten würden, sobald sich wieder alle Teilnehmer im Seminarraum versammelt hätten. Während der Mittagspause war er sehr verstört und ärgerlich, weil ich mich nicht sofort um ihn kümmern wollte. Nachdem die Gruppe wieder zusammen war, brachte er seine Wut und das Gefühl, verraten worden zu sein, zum Ausdruck. Die Situation hatte viele verborgene Gefühle in ihm wieder erweckt. Immer, wenn er mit seiner Frau streitet, bekommt er große Angst, sie verlieren zu können. Im Gemütszustand seines emotionalen Kindes gibt es aber keinen Raum für die Angst und Wut. Nachdem wir ihm seine Situation verdeutlicht hatten und er mehr Bewusstheit dafür aufbrachte, konnte er seine Reaktion mit etwas mehr Distanz betrachten. Sein Warten auf das Ende der Mittagspause half ihm, seine Bedürfnisse und seine Besorgtheit besser wahrzunehmen, anstatt aus Panik so automatisch zu reagieren wie bisher.

»Der Grund für das Verlangen nach Aufmerksamkeit ist, dass man sich selbst nicht kennt. Nur in den Augen des anderen kann man sein eigenes Gesicht erkennen, in ihren Ansichten kann man seine Persönlichkeit finden.« Osho

Übungen

1. Sieh dir die Liste der Grundbedürfnisse an und frage dich: »Habe ich ein Loch, das mit diesem Bedürfnis zusammenhängt?«

2. Konzentriere dich dann auf das jeweilige Loch und frage dich: »Wie wirkt sich dieses Loch auf mein Leben und meine Beziehungen aus?«

3. Frage dich, während du mit dem Loch in Kontakt bist: »Wie empfinde ich dieses Loch in meinem Innern?«

4. Erforschung der Bedürfnisse
a) Welche Gedanken und Gefühle steigen in dir auf, wenn du an deine Bedürfnisse denkst? Zum Beispiel:
»Ich glaube nicht, dass ich das Recht habe, so etwas zu wollen oder zu brauchen.«
»Ich bin schwach und bedürftig, wenn ich mir das wünsche.«
»Wenn ich diese Bedürfnisse zeige, werde ich nur ausgenutzt.«
»Warum soll ich diese Bedürfnisse überhaupt fühlen oder ausdrücken, wenn ich sie sowieso nie erfüllt bekomme.«
b) Schreibe auf, welche Glaubenssätze du in Bezug auf das Vorhandensein und das Ausdrücken deiner Bedürfnisse hast.
c) Was hat man dir als Kind (ausdrücklich oder nonverbal) in Bezug auf das Vorhandensein und Ausdrücken deiner Bedürfnisse beigebracht? Zum Beispiel: »Menschen sollten keine Bedürfnisse haben oder ausdrücken.« »Es ist egoistisch, Bedürfnisse oder Wünsche zu haben.« »Es gibt wichtigeres im Leben, als sich um seine Bedürfnisse zu kümmern.«

Schlüssel

1. Wir haben energetische Löcher in uns, die aus Vernachlässigung im frühen Kindesalter und anderen, unerklärlichen Gründen entstanden sind. Nicht befriedigte Grundbedürfnisse gelten als Hauptursache für die

Löcher, die mit jedem Energiezentrum – Sicherheit, Sexualität, Gefühle, Macht, Freude, Kreativität und Klarheit – verbunden sein können. Es ist beängstigend und unangenehm, diese Löcher zu fühlen. Deshalb tun wir alles, um sie aufzufüllen, mit Kontakten, Drogen oder anderen Dingen im Außen, die uns von den Angstgefühlen befreien, die die Löcher in uns auslösen.

2. Bedürftigkeit ist ein angeborener Wesenszug des emotionalen Kindes. Sie liegt nicht in unserer Natur, sondern entsteht aus Vernachlässigungen der Vergangenheit, die ein Gefühl der Leere in uns erzeugen. Letzteres ist die Ursache für automatenhaftes Verhalten, die Verleugnung unserer Bedürfnisse, Suchttendenzen und die Hoffnung, dass andere unsere Mängel ausgleichen werden.

3. Vernachlässigung ist eine universelle Erfahrung und wesentlicher Bestandteil unseres Entwicklungsweges, der meist mit einem Zustand der Verleugnung beginnt, in dem wir uns nicht einmal darüber bewusst sind, dass uns die Erfüllung bestimmter Grundbedürfnisse vorenthalten worden ist. Oft nehmen wir unsere frühen Bezugspersonen sogar in Schutz, indem wir sie idealisieren. Erst in einem späteren Stadium wird uns auf schmerzhafte Weise bewusst, woran es uns immer gefehlt hat. Das kann Wut und Beschuldigungen zur Folge haben. Am Ende sind wir in der Lage, den Schmerz des inneren Kindes auszuhalten und als integralen Teil unseres Erwachsenwerdens und Aufwachens zu begreifen.

Kapitel 10

Ängste

Kristin, eine Freundin aus Norwegen, hat panische Angst vor Gewässern. Sie weiß nicht warum, aber der bloße Gedanke, ins Meer zu gehen, erfüllt sie mit Furcht – eine sehr un-norwegische Eigenschaft. Ein anderer Freund, Nathan, ist ein begabter Musiker. Wenn er jedoch die Bühne betritt, befällt ihn ein lähmendes Lampenfieber. Andreas, ein Ingenieur aus der Schweiz, der schon an vielen unserer Workshops teilgenommen hat, bekleidet eine wichtige Position in der Verwaltung seiner Heimatstadt. Dennoch schreckt er davor zurück, jemandem zu widersprechen oder nur im geringsten zu konfrontieren. Die meisten von uns haben diese unerklärlichen und irrationalen Ängste. Ich selbst träume immer wieder, dass ich kurz vor einem Examen stehe, aber nicht gut genug vorbereitet bin. In einem anderen, sich ständig wiederholenden, Traum bin ich mutterseelenallein und suche verzweifelt nach Amana, die ich aber nicht finden kann. Wenn ich den Raum in mir erforsche, der mein verletztes Kind repräsentiert, stoße ich auf alle möglichen verschiedenen Ängste. Und wie es scheint, empfindet meine verängstigte Seite umso intensiver, je älter – und vielleicht empfindsamer – ich werde. Ich vermute, dass die Furcht schon immer da war, ich sie jedoch so gründlich verdeckt hatte, dass ich sie nie so klar fühlen und erkennen konnte wie heute.

Furcht gehört zu den grundlegenden Qualitäten des emotionalen Kindes. Wenn wir erkennen, wie angstbeladen das Kind in uns ist, wissen wir auch seine machtvollen Reaktionen zu würdigen. Während uns unsere Befürchtungen, von höheren Bewusstseinsebenen aus betrachtet, als Illusionen erscheinen mögen, fehlt uns in dem kindlichen Geisteszustand jegliche Distanz zu diesen Ängsten. Zunächst einmal müssen wir die Ängste des inneren Kindes anerkennen. Ich erinnere mich an eine Geschichte, die mein Vater erzählte, als ich noch ein Kind war. Darin geht es um einen kleinen Jungen, der sich vor *Kreplach* fürchtet, einer Art jüdische Ravioli. Eines Tages will ihm seine Mutter zeigen, dass es an Kreplach nichts gibt, vor dem man sich fürchten müsste. Sie nimmt ihren Sohn mit in die Küche und setzt ihn neben die Anrichte, auf der ein Teigklumpen zum Ausrollen bereit liegt. »Hast du jetzt Angst?« fragt sie ihn. »Nein.« Die Mutter rollt ein Stück Teig aus und schneidet ein Viereck heraus. »Und jetzt?« »Immer noch keine Angst«, antwortet der Kleine. Dann plaziert sie ein kleines Stück Hackfleisch in der Mitte des Teigstücks. »Und?« fragt sie. »Alles in Ordnung!« Als nächstes faltet sie die erste Teigecke über das Fleisch. Keine Reaktion. Sie faltet die zweite Ecke und die dritte Ecke um. »Macht dir *das* jetzt Angst?« »Natürlich nicht!« Es folgt die vierte und letzte Ecke. »Ahhh! Kreplach!« kreischt der Junge mit angstverzerrtem Gesicht, kaum dass der Teig die Form einer fertigen Ravioli angenommen hat.

Die Ängste unseres emotionalen Kindes haben die verschiedensten Ursachen. Erst einmal ist es für ein sensibles Wesen praktisch unmöglich, in unserer stresserfüllten, repressiven, moralistischen und auf Konkurrenz ausgerichteten Gesellschaft aufzuwachsen, ohne Ängste zu entwickeln. Hinzu kommt das Trauma der Geburt an sich, die Art und Weise, wie die meisten von uns zur Welt kamen sowie die zahllosen Traumen unserer Kindheit. Jede Rücksichtslosigkeit, jede Grenzverletzung, so subtil diese auch sein mag, stellt einen heftigen Schock für unsere natürliche Empfindsamkeit dar. Schließlich kommt noch die Unsicherheit hinzu, in einer Welt zu leben, deren übermächtigen Einflüssen wir uns im Grunde nicht entziehen können. All unseren Unsicherheiten und Befürchtungen liegen die beiden Grundängste zu Grunde – die Angst nicht überleben zu können und die Angst, keine Liebe zu empfangen. Vieles in unserem Leben dreht sich in der einen oder anderen Weise um eine der beiden Grundängste.

Die Gesellschaft geht nicht gerade zimperlich mit unseren Ängsten um. Man lehrt uns, sie zu verleugnen oder uns einfach über sie hinweg zu setzen. Wir möchten um jeden Preis ein Image der Angstfreiheit erzeugen – und machen damit den anderen und uns selbst etwas vor. In Wirklichkeit schämen und verurteilen wir uns für unsere Ängste, setzen uns selbst unter Druck. Wenn wir aber unseren Ängsten keine Akzeptanz entgegen bringen, können wir auch unsere Empfindsamkeit nicht annehmen. Und wenn wir nicht angemessen mit unseren Ängsten umgehen können, entwickeln wir auch kein gesundes Verhältnis zu unserer Macht. Wir halten Macht für die Abwesenheit von Angst, und nicht für das Resultat ihrer natürlichen Akzeptanz. Wegen unserer von negativen Konditionierung geprägten Einstellung zu unseren Ängste schämen wir uns für unsere Empfindsamkeit und Verletzlichkeit, anstatt die Schönheit dieser Qualitäten zu erkennen. Unsere Macht wird zu etwas Aggressivem, nicht zu Zentriertheit.

In meiner Studienzeit verlies mein Zimmernachbar für eine Weile das *College,* um sich in psychiatrische Behandlung zu begeben. Ich interpretierte seine Entscheidung sofort als Schwäche – so effektiv hatte ich meine eigenen Ängste kompensiert. Erst sehr viele Jahre später erkannte ich die Spaltung, die ich in mir erzeugt hatte. On der Oberfläche hatte ich sehr kreative Masken entworfen, um mich zu verstellen und ›alles zusammen zu halten‹. Unter der Maskerade verbarg sich jedoch ein zutiefst verängstigtes Kind, das sich nur in Momenten großer Anspannung meldete: in Liebesbeziehungen, Examenssituationen oder bei Sportwettkämpfen. Im *College* fragte ich einmal ein besonders attraktives Mädchen, ob sie mit mir ausgehen wolle. Zu meiner großen Überraschung sagte sie auch noch ja. Als ich sie dann zuhause abholte, war ich dermaßen nervös, dass ich nicht einmal wusste, worüber ich mit ihr sprechen sollte; keine Thema erschien mir cool genug. Im Verlauf des Abends verspannte ich mich immer mehr, bis wir endlich auf eine Party von Freunden gingen. Dort trank ich weit mehr Alkohol als ich vertrage (und das ist sowieso nicht sehr viel). Schließlich entschuldigte ich mich, weil ich an die frische Luft gehen wollte. Meine hübsche Begleiterin bestand jedoch darauf, zusammen mit mir nach draußen zu gehen. Im Garten angekommen, sammelte ich meinen ganzen Mut, und küsste sie. Unmittelbar darauf musste ich mich übergeben.

Vermutlich können viele von uns Horrorgeschichten wie diese erzählen. Wenn wir gewohnt sind, unsere empfindsame Seite zu unterdrücken, meldet sie sich irgendwann in unerwarteter und überraschender Weise. Manchmal projizieren wir unsere sensitive Seite auch auf unsere Liebespartner – so wie ich es bei meiner ersten Liebe erlebte. Sie war eine außergewöhnlich empfindsame Frau, die Jahre an Therapie gebraucht hatte, nur um die Stärke und Zuversicht aufzubringen, die man für das tägliche Leben braucht. Schon der normale Alltag stellte für sie eine konstante Herausforderung dar. Zu dieser Zeit begriff ich eigentlich nie, warum meine Freundin solche Probleme hatte; denn ich war der festen Überzeugung, dass man seiner Furcht am besten durch schlichtes Wegdrücken derselben begegnet. Ich glaubte indes, dass sie sich ihren Ängsten nur unnötig hingab. Unsere empfindsame Seite fängt an, sich zu verstecken, wenn sie von dem harten ›Kompensator‹ in uns wegen ihrer Ängstlichkeit verurteilt wird. Bisweilen rächt sie sich auch mit subtilen Sabotageakten. Es kommt zu einem inneren Kampf.

Abgesehen von der Angst, die uns in Momenten akuter Gefahr befällt, resultieren alle Ängste aus Erfahrungen, die wir in der Vergangenheit gemacht haben. Sie basieren auf den Erfahrungen und Konditionierungen, die im Verstand unseres verletzten Kindes weiterleben – eingeprägt durch negative Erlebnisse, Traumen und die ängstlichen Gedankenformen unserer Eltern, Lehrer sowie der Gesellschaft, in der wir leben. Wenn ich meine Ängste unvoreingenommen und genau betrachte, komme ich zu der Einsicht, dass sie in der Realität keine wirkliche Grundlage haben. Oft lassen sie sich bis zu einem oder beiden Elternteilen zurückverfolgen, von denen ausgehend sich bestimmte Befürchtungen in mein eigenes Denken geschlichen haben. Zum Beispiel plagten mich in meiner Jugend immer wieder Ängste, die sich um Geld und mein materielles Überleben drehten. Noch heute fühle ich mich unsicher, wenn ich mir einen Pullover für über fünfzig Dollar kaufe. Langsam erkenne ich, dass mich diese Ängste immer dann beschleichen, wenn das emotionale Kind mein Bewusstsein übernimmt.

Wenn ich gereizt bin oder mich (noch mehr als sonst) beeile, ist das ebenfalls ein Zeichen dafür, dass mein emotionales Kind die Regie übernehmen will. In solchen Augenblicken steigt Angst in mir auf – möglicherweise, weil ich von jemandem nicht bekommen habe, was ich wollte, oder weil irgendetwas meine Furcht vor Zurückweisung, Versagen oder Kritik ausgelöst hat. Die Angst zuzugeben, ist der erste Schritt. Zu erkennen, dass das emotionale Kind unser Bewusstsein übernommen hat, ist der zweite Schritt.

»Du empfindest Angst. Die Angst ist jetzt eine existentielle Realität, eine erfahrbare Realität; sie ist da. Du kannst sie zurückweisen; indem du sie zurückweist, wirst du sie unterdrücken. Indem du sie unterdrückst, erzeugst du eine Wunde in deinem Wesen.« Osho

Übungen

1. Vergegenwärtige dir zunächst deine tiefsten Ängste in Bezug auf
a) die Nähe zu anderen Menschen,
b) den Ausdruck deiner Kreativität,
c) deine finanzielle Absicherung.
Frage dich, wie diese Ängste mit der von dir erlernten Denkweise zusammenhängen. Welche Verbindung besteht zwischen deinen Ängsten und traumatischen Erfahrungen der Vergangenheit?

2. Notiere die Ängste mit deiner nicht-dominanten Hand (und stelle dir dabei vor, dass dein inneres Kind sagt, was du schreibst).

3. Wie geht es dir mit diesen Ängsten? Verurteilst du sie? Falls ja, wie sehen deine Urteile aus?

4. Was hat man dir über den Umgang mit Ängsten beigebracht? Welche Botschaften hast du diesbezüglich (ausdrücklich oder non-verbal) erhalten? Sollst du deine Ängste verharmlosen? Sollst du sie wegdrücken? Ihnen nicht nachgeben? Oder doch nachgeben?

5. Gibt es eine Spaltung zwischen einer Seite in deinem Innern, die dich verurteilt und antreibt und einer anderen Seite, die Angst hat? Beschreibe diese Spaltung in einem Bild. Wie gehst du mit der Gespaltenheit um?

Schlüssel

1. Das emotionale Kind in unserem Innern befindet sich in einem tief verwurzelten Angstzustand. Wenn wir in den Gemütszustand des Kindes geraten, werden wir auch von seinen Ängsten eingenommen. Es fürchtet sich, nicht die Liebe und Nahrung zu bekommen, die es zum Überleben braucht. Jedesmal, wenn diese Ängste provoziert werden, denkt das Kind in uns, es ginge um Leben oder Tod.

2. Die Quelle unserer Ängste sind schmerzhafte Erfahrungen und Traumen unserer Vergangenheit. Ängste entstehen auch durch Übernahme der Denkmuster von Menschen in unserer näheren Umgebung – Eltern, Lehrer und andere. Weil wir unsere Furcht normalerweise mit den erlernten Ersatzhandlungen eines Erwachsenen tarnen, entwickeln wir nur wenig Verständnis dafür, wie und warum sich diese Ängste in uns entwickelt haben.

3. Normalerweise pflegen wir keine besonders freundschaftliche Beziehung mit unseren Ängsten. Wir verurteilen sie, verleugnen sie, versuchen uns über sie hinwegzusetzen oder flüchten vor ihnen. Wir akzeptieren unsere Ängste nicht; stattdessen schneiden wir uns von unserer empfindsamen und verletzlichen Seite ab. Es gibt eine viel gesündere Art, mit der Furcht umzugehen: Wir akzeptieren unsere Ängste und lernen zu verstehen, dass sie von unserem emotionalen Kind ausgehen.

4. Die einzig wirkliche Angst ist diejenige, die wir in Momenten akuter Gefahr erfahren. Alle anderen Ängste basieren auf vergangenen Erfahrungen und gehören zum Gemütszustand des emotionalen Kindes. Dieses Verständnis ermöglicht es uns, die Angst zu beobachten, wenn sie aufkommt, und wahrzunehmen, wie sie aus unserer Konditionierung und alten Denkmustern entsteht.

~

KAPITEL 11

DIE INFEKTION

Vor einigen Jahren nahm ich an einer intensiven Therapiegruppe teil, bei der es um die Aufarbeitung von Kindheitstraumen ging. Die wichtigste Entdeckung, die ich während dieses Workshops machte, war, dass viele meiner Ängste in Wirklichkeit die Ängste meiner Mutter waren. Intellektuell war mir das schon klar gewesen, nie aber hatte ich es mit solcher Klarheit wahrgenommen. Ich hatte mich immer sehr mit meiner Mutter verbunden gefühlt und sah die Welt deshalb durch ihre Augen. In unserer therapeutischen Arbeit bezeichnen wir das Phänomen der Übernahme von Emotionen und Gedankenformen unserer frühen Bezugspersonen als ›die Infektion‹. Die Infektion symbolisiert sämtliche negativen Einflüsse, die unsere Konditionierung auf uns gehabt hat. Sie steht für all die unterdrückenden Glaubenssätze und Ängste, die man uns, ohne dass wir uns dessen bewusst waren, vererbte, und für die schlechten Erwartungen und einengenden Gefühle, welche wir in der Kindheit übernommen haben. Als Kinder waren wir den Ängsten und der Negativität der repressiven Gesellschaft, in der wir aufwuchsen, hilflos ausgesetzt. Den Begriff ›Infektion‹ wählten wir, da uns diese Gedankenformen unterschwellig befallen und sich auf jeden Aspekt unserer Lebensenergie auswirken – auf unser Selbstwertgefühl und unsere Intelligenz, auf Beziehungen, Sexualität und unsere Kreativität.

Die Infektion erklärt einen großen Teil der inneren Erfahrung des emotionalen Kindes. Anders wäre es schwer zu verstehen, warum wir so viel Angst, Scham, Unterdrückung und Selbstzweifel in uns tragen. Die Infektion verdeutlicht auch, warum wir uns in sich ständig wiederholenden Mustern wiederfinden und oft ein Leben im Stil unserer Eltern führen. Natürlich war nicht alles, mit dem wir infiziert wurden, negativ. Auch viele unserer positiven Eigenschaften wurden uns auf mysteriöse Weise vererbt. Hier konzentriere ich mich aber darauf, wie unser emotionales Kind seine Ängste, seine Scham und sein Misstrauen entwickelte. Ein anderer Begriff, der für das Phänomen der Infektion verwendet wird, heißt ›negative Verschmelzung‹. In ihrer Unschuld und Hilflosigkeit verschmelzen kleine Kinder ganz natürlich mit den Menschen, die sich um sie kümmern. Stehen die Bezugspersonen unter dem Einfluss von Negativität und Ängsten, ist auch die Verschmelzung negativ.

Wenn wir eine bestimmte Angst oder ein spezielles Verhaltensmuster erforschen, können wir es häufig auf die furchtbesetzte Einstellung einer der an unserer Erziehung beteiligten Personen zurückführen. Die Art, in der wir als Erwachsene unsere Angst ausdrücken, spiegelt oft die Weise wieder, auf die unsere Eltern (oder zumindest ein Elternteil) ihre Ängste zum Ausdruck brachten. Unsere negative oder verurteilende Haltung anderen und dem Leben gegenüber spiegelt häufig vergleichbare Standpunkte unserer Eltern wieder. Unsere Einstellung zu Geld, Sexualität, Erfolg und Lebensfreude wurzelt in unserer Konditionierung – dem, was wir von unseren Eltern, Lehrern, Priestern und anderen Identifikationsfiguren übernommen haben. Vor der Erforschung unseres inneren Kindes ist es uns vielleicht noch nie in den Sinn gekommen, dass diese Glaubenssätze gar nicht zu uns passen. Die Ursachen unserer Infektion gehen weit über die Einflüsse unserer frühen Bezugspersonen hinaus. Ihre Erreger schweben sozusagen in der Atemluft. Die Unterdrückungen, negativen Überzeugungen, das Abwehr- und Konkurrenzverhalten, der ständige Druck von außen, all das ist tief in unserer Kultur verankert – Einflüsse, denen wir uns nicht entziehen können.

Die Infektion kann auch so verstanden werden, dass wir alle in eine Schablone gepreßt wurden, gemäß den Sichtweisen, Unterdrückungen, Glaubenssätzen und Verhaltensmustern, die man an uns weitergab. Wir wurden genau so, wie man uns haben wollte. Entsprechend denken wir über uns selbst und nehmen wir uns selbst wahr. Wie Automaten handeln wir nach einem Drehbuch, das man für uns geschrieben hat. Die Infektion ist für alle Konzepte, die wir über uns selbst haben, verantwortlich. Anders zu denken oder zu handeln erscheint uns unvorstellbar. Wir glauben einfach, dass wir so sind.

Vor einiger Zeit übernachteten Amana und ich auf der Reise von einem Workshop zum anderen in einer großen Villa außerhalb von Florenz. Ein Freund von uns kümmerte sich um dieses Anwesen, während die amerikanische Familie, die dort lebt, auf Reisen war. Der Herr des Hauses ist ein viel beschäftigter Manager, der nur selten zuhause ist, so dass seine Frau die meiste Zeit mit den zwei Kindern allein in dem weitläufigen Gebäude wohnt. Sie beschwerte sich häufig bei unserem Freund, wie verärgert sie wegen dieser Situation war. An der Schlafzimmerwand hing ein personalisiertes Dokument, mit dem der Papst der Ehe des Paares persönlich seinen Segen erteilt hatte. Die ganze Situation war offensichtlich das vorhersagbare Ergebnis der Infektion dieser Leute – eine auf Unbewusstheit basierende Ehe, eine Familie, die ohne wirkliche Liebe oder Verbundenheit ›zusammenlebte‹. Beide kamen aus religiösen Familien, in denen schon die Eltern ohne Bewusstheit und Verbundenheit gelebt hatten. Sie schienen das Leben ihrer Eltern nachzumachen.

Um unserer Infektion auf die Spur zu kommen, geschweige denn, uns von ihr zu befreien, brauchen wir jede Menge Mut. Diese Befreiung wäre der mit Abstand mutigste Schritt in unserem Leben. Unsere Konditionierung – die Religion, Kultur, die Gesellschaftsschicht, in der wir aufwuchsen – verleiht uns eine Identität. Und solange wir uns davon nicht lösen, begreifen wir normalerweise nicht, wie sehr uns dieses gesellschaftliche Korsett beengt. Wir erkennen nicht einmal, dass es eine andere als die gewohnte Lebensart gibt. Die Verurteilungen und der Druck, den die Infektion mit sich bringt, gehen tief und sind sehr heimtückisch. Unser ganzes Leben glaubten wir, dass die Stimmen unserer inneren und äußeren Kritiker Recht haben. Wir waren fest davon überzeugt, dass es unsere Unzulänglichkeiten sind, die uns im Innersten ausmachen. Unsere Infektion erfolgte so früh und ging so tief, dass wir uns erst gar nicht auf andere Weise kennenlernen konnten. Mit nichts identifizieren wir uns mehr als mit unserem infizierten Selbst.

Sich vom Vertrauten zu lösen, kann sehr beängstigend sein. Amana und ich leiten zusammen mit elf anderen Lehrern, die alle seit langem spirituelle Sucher sind, eine Therapeutenausbildung in Dänemark. Das Training ist eine radikale Erfahrung für die Teilnehmer, die fast alle aus Norwegen, Schweden und Dänemark kommen. Die meisten von ihnen haben traditionelle Berufe und eine Familie, und werden in dem Training mit einer ganz neuen Lebensweise bekannt gemacht. In den anderthalb Jahren der Ausbildung lernen die Teilnehmer, ein meditatives Leben ohne Kompromisse und in Kontakt mit ihren Gefühlen und ihrer Lebensenergie zu führen. Viele von ihnen durchlaufen während dieser Zeit tiefgreifende Veränderungen. Oft werden Jobs aufgegeben, die schon lange nicht mehr zu ertragen sind. Beziehungen, die auf überholten Lebensweisen basieren, werden beendet. Die Prioritäten bewegen sich weg vom Tun und hin zum Sein. Eine Veränderung, die Zeit und Geduld erfordert. Für unsere sensible und verletzliche Seite ist es schrecklich, sich von dem zu lösen, was uns beigebracht worden ist. Unser emotionales Kind glaubt, dass ein Loslassen Verlassenheit und Strafe, vielleicht sogar die ewige Verdammnis nach sich zieht. Für das Kind in uns scheint das Festhalten an Glaubensätzen und Verhaltensmustern gleichbedeutend mit dem Leben selbst zu sein und als Garantie für sein Überleben und ein Gefühl der Zugehörigkeit zu fungieren. Die Loslösung von den Konditionierungen hingegen hätte Isolation und Hungern zur Folge.

Es gibt Muster in unserem Verhalten, die sich auf mysteriöse Weise entwickelt haben und vielleicht nie ganz erklärt werden können. Manchmal können wir einfach nicht herausfinden, warum wir gerade so handeln und nicht anders. Die Gründe können sich hinter Familiengeheimnissen verbergen, oder hinter Neigungen, mit denen wir auf rätselhafte Weise infiziert wurden. Zum Beispiel können Kinder von Alkoholikern in Stresssituationen starke Suchttendenzen entwickeln. Jemand, dessen Eltern religiös und auf verletzende Weise verurteilend und unterdrückend waren, mag selbst ähnliche Starrheiten an den Tag legen. Der Sohn oder die Tochter eines Hypochonders ist ebenfalls anfällig für Krankheitsängste und Kinder von Suizidgefährdeten denken vergleichsweise häufiger daran, sich das Leben zu nehmen. Die Liste ließe sich noch lange fortsetzen. Manchmal können solche Verhaltensweisen und Neigungen bis zu den Großeltern oder in noch frühere Generationen zurück verfolgt werden. Oft kann man sich ein Verhalten erst erklären, wenn das zu Grunde liegende Familiengeheimnis gelüftet worden ist.

Erforschen der Infektion

1. Untersuche jede *Überzeugung* und jedes *Verhalten* bezüglich Sex, Spiritualität, Macht, Individualität, Gefühle, Geld, Geben und Nehmen, Beziehung und Ehe, Verantwortung und Freiheit, Familie, Essen und den Körper, Arbeit und Entspannung
2. Frage dich:

a) Von wem habe ich diese Überzeugung oder dieses Verhalten übernommen?

b) Wie wäre es, wenn ich nicht auf diese Überzeugung hörte oder mich nicht so verhielte, wie ich glaube, mich verhalten zu müssen?

Je tiefer wir unsere Infektion erforschen, desto deutlicher erkennen wir, wie sehr unsere Einstellungen, unser Verhalten und unsere Energie beeinträchtigt wurden. Wir müssen jeden einzelnen Glaubenssatz, jeden unserer Standpunkte genau unter die Lupe nehmen. Nur so können wir herausfinden, ob er wirklich uns gehört oder auf die Infektion zurückzuführen ist. Dies setzt voraus, dass wir nach und nach unserer Haltung zu Sexualität, Gefühlen, Macht, Wildheit, Verantwortung, Spiritualität, Beziehungen, Ehe, Körperpflege, Essen, Lernen, Geld und Arbeit auf den Grund gehen. Wenn wir anfangen, all diese Bereiche genauestens zu erforschen, beginnt unsere ›Desinfektion‹. Haben wir ein gutes ›Gefühl im Bauch‹, ist der Standpunkt unser eigener – falls nicht, ist die betreffende Haltung eine Folge der Infektion. Anfangs ist es vielleicht noch nicht so einfach, seine Bauchgefühle richtig zu interpretieren. Diese Bewusstheit entwickelt sich mit der Zeit.

Es war hilfreich, in regelmäßigen Abständen zu meinen Wurzeln zurückzukehren, um zu sehen, welches Verhalten mein eigenes ist und welche Muster ich lediglich übernommen hatte. Wann immer ich Familienmitglieder besuchte, ergaben sich neue Möglichkeiten, meine Infektion zu untersuchen. Zunächst einmal musste ich mich aber so weit wie möglich entfernen, bis ich stark genug war, wieder an meinen Ausgangspunkt zurückzukehren. Die Abtrennung von meiner Konditionierung begann vor fast dreißig Jahren, als ich mein Medizinstudium abbrach. In vielerlei Hinsicht war das die folgenreichste und mutigste Entscheidung, die ich je getroffen habe. Auslöser war die Einsicht, dass ich nicht mein eigenes Leben lebte. Ein Prozess der Selbstfindung begann, der bis heute andauert. Seit jenem Tag, an dem ich die *Medical School* verließ, ist nicht mehr das Streben nach Erfolg meine erste Priorität, sondern die Suche nach meiner inneren Wahrheit. Schließlich kehrte ich doch noch an die medizinische Fakultät zurück und absolvierte meine Facharztausbildung in Familienmedizin und Psychiatrie. Meine Lebenssicht hatte sich indes total verändert. Ich hatte den Zug verlassen und wollte nie wieder einsteigen. Wenn ich jetzt in mein Elternhaus zurückkehre, vermag ich drei oder vier Tage lang auf Distanz zu bleiben und zu sehen, was mir entspricht und was nicht mehr zu meiner Welt gehört. Wenn ich mich dort länger aufhalte, fange ich an zu regredieren und verliere bald meine Klarheit und Distanz. Und wenn ich noch länger bleibe, bekomme ich Suizidgedanken.

Sich durch die Infektion zu arbeiten, ähnelt dem Kampf mit einem Drachen. Unsere Konditionierung ist wie ein großes, feuerspeiendes Monster, dass uns mit seinen Flammen zu vernichten droht, wenn wir vom rechten Weg abkommen. Unser emotionales Kind hat nicht die Courage, mit diesem Drachen zu kämpfen. Aber ein anderer Teil unseres Wesens ist mutiger – der Wahrheitssucher in uns ist ein wahrer Herkules. In einem späteren Kapitel werden wir uns ausführlicher mit diesem Aspekt unseres Seins beschäftigen. Egal, wie stark der Wahrheitssucher in uns ist – wenn wir mit unserer Empfindsamkeit verbunden sein möchten, müssen wir auch den Kontakt zu den Ängsten unseres emotionalen Kindes behalten. Wenn unsere Intention, uns selbst zu finden, aufrichtig ist, fallen meiner Erfahrung nach ganz allmählich alle Überzeugungen und Verhaltensmuster von uns ab, die uns nicht entsprechen. Trotz aller Ängste wird sich die uns innewohnende Lebenskraft ganz natürlich behaupten. Es ist eine sensible Angelegenheit, wenn wir uns darüber bewusst werden, wie stark wir konditioniert und von lebensverneinenden Einstellungen und Verhaltensweisen beeinflusst worden sind. Leicht verlieren wir uns dann in Ärger, Entrüstung und Beschuldigungen. Wir *müssen* uns darüber bewusst werden, wie unsere Energie und unsere Gefühle durch die Konditionierung blockiert worden sind, es nützt uns aber nicht, wenn wir Empörung und Schuldzuweisungen in uns tragen. Ich selbst musste zunächst eine Wutperiode durchleben, in der ich meinem ganzen Ärger über alle, die an meiner Erziehung beteiligt gewesen waren, Luft machte. Danach kam eine Zeit des Loslassens, eine Phase der Wertschätzung für meine Eltern und meine Wuzeln, die mir soviele Geschenke, soviel Schönheit und Liebe zuteil werden ließen.

»Jede Generation gibt ihre Krankheiten an die neue Generation weiter, und natürlich wird die neue Generation dadurch mehr und mehr belastet. Du bist der Erbe all der repressiven Auffassungen der gesamten Menschheitsgeschichte.« Osho

Übungen

1. Untersuche deine Einstellung zum Geld und bringe sie zu Papier. Schreibe dann auf, welche Haltung deine Mutter und dein Vater in Geldfragen eingenommen haben. Vergleiche die beiden Listen. Sieh dir deine Liste nocheinmal an und überdenke, ob die jeweiligen Einstellungen wirklich deine eigenen sind, oder ob sie von der Infektion herrühren.

2. Finde als nächstes heraus, wie es sich für dich anfühlt, Überzeugungen loszulassen, die dir nicht entsprechen. Welche spezifischen Ängste kommen auf?

3. Du kannst Einstellungen in anderen Lebensbereichen auf dieselbe Weise erforschen. Gibt es Standpunkte, die nicht zu dir passen? Glaubenssätze, die auf die Infektion zurückzuführen sind, sind an charakteristischen Empfindungen zu erkennen, welche sie automatisch begleiten.

4. Überdenke die Überzeugungen über wichtige Lebensaspekte, die du von der Kultur, Religion oder Gesellschaftsschicht übernommen hast, in der du erzogen wurdest. Schaue dir wieder an, welche Einstellungen dir entsprechen und welche nicht.

Schlüssel

1. Solange wir unsere Infektion nicht verstehen, können wir nicht herausfinden, wer wir sind. Unser Selbstbild und unsere Handlungen werden von Überzeugungen und Verhaltensweisen bestimmt, die uns überhaupt nicht entsprechen. Wir haben diese Muster unbewusst von den Personen übernommen, die uns erzogen. Alle Bereiche unseres Lebens sind von der Infektion betroffen.

2. Wir können unsere Infektion besser verstehen, wenn wir uns darüber bewusst werden, wie tiefgreifend und subtil sie unseren Verstand durch-

setzt hat und wie sehr sie unser Leben beschränkt. Beschäftigen wir uns systematisch mit den verschiedenen Aspekten unseres Daseins, sehen wir immer deutlicher, wie automatisch und gewohnheitsmäßig unser Denken und Handeln ist. Wir erkennen, dass sich vieles in unserem Leben nicht mehr richtig anfühlt, nicht mehr zu uns passt.

3. Es ist jedoch auch wichtig, sich mit der schrecklichen Angst auseinanderzusetzen, die entsteht, wenn wir uns von unserer Konditionierung lossagen. Während der ›Sucher‹ in uns in Richtung Selbsterkenntnis strebt, kämpft das emotionale Kind mit der Angst, vom ›rechten Weg‹ abzukommen. Viel Mut, Geduld und Bewusstheit sind vonnöten, um die Folgen der Infektion zu heilen – es ist ein langwieriger Prozess.

~

Kapitel 12

Scham und Schuld

Scham und Schuld gehören zu den lähmendsten Erfahrungen unseres emotionalen Kindes. Der Scham liegt ein tiefgehendes Gefühl der Unzulänglichkeit zu Grunde. Wahrscheinlich kann jeder von uns diese innere Empfindung auf seine Weise beschreiben. Aber wie wir sie auch in Worte fassen, Schuld fühlt sich nicht gut an. Wenn meine Scham von mir Besitz ergreift, kann ich mich selbst nicht mehr fühlen. Nicht nur, dass ich mich selbst nicht mehr positiv erfahre, ich erfahre mich gar nicht mehr. Meine Energie sackt ab, nichts scheint mehr der Mühe wert zu sein. In solchen Momenten kann ich mir nicht vorstellen, für irgendetwas kompetent zu sein, oder dass mich jemand lieben und respektieren könnte. Und zu allem Überfluss fange ich auch noch an, dieses Selbstbild durch mein Verhalten zu verstärken. Ich rede Unsinn, mache alle möglichen Fehler, bringe meine Aufgaben nicht zu Ende oder hinterlasse ein Durcheinander, laufe vielleicht sogar wie benommen durch die Gegend. Dann fühle ich mich dafür schuldig, dass ich so blöd bin und falle noch tiefer in das Loch. Aus dieser Perspektive sehe ich eine Welt, in der jeder Erfolg hat und ich der totale Versager bin. Wenn ich mich in diesem Zustand befinde, kann ich mir normalerweise nicht vorstellen, dass es jemals anders sein könnte und denke: »Ich bin eben so. So läuft das im Leben. Daran wird sich nie etwas ändern.«

Vor kurzem saß ich in einem Friseursalon in unserem Wohnort Sedona und wartete darauf, meine Haare geschnitten zu bekommen. Dabei beobachtete ich eine andere Kundin, deren Frisur gerade fertig geworden war. Sie stand von ihrem Stuhl auf, bezahlte und betrachtete sich noch kurz in einem Spiegel, bevor sie ging. Die Frau verließ den Salon in einer

Weise, die vermuten ließ, dass sie von niemandem gesehen werden wollte. Sie war eigentlich eine attraktive Frau, aber ihre Körperhaltung legte den Schluss nahe, dass sie selbst nicht dieser Meinung war. Wenn wir uns in einem Spiegel betrachten, sind wir als erstes mit unserer Scham konfrontiert. Wir haben immer etwas an unserem Äußeren auszusetzen. Es gibt immer etwas, das verbessert werden könnte. Erinnerst du dich daran, wie du das letzte Mal ausgegrenzt wurdest oder das Gefühl hattest, nicht dazu zu gehören? Erinnerst du dich an deine letzte Zurückweisung oder daran, wie du bei etwas Wichtigem versagtest? Vielleicht sagtest du etwas Unpassendes zu jemandem, zu dem du aufschaust? Oder du konntest dich in Gegenwart einer Person, die du respektierst, selbst nicht mehr richtig wahrnehmen? Solche Vorkommnisse provozieren unsere Scham. Wenn sie von uns Besitz ergreift, fühlen wir uns so, wie wir sind, nicht mehr in Ordnung. Manchmal erleben wir akute ›Schamanfälle‹, grundsätzlich begleitet uns die Scham aber ständig. Manche von uns sind durch ihre Scham geradezu verkrüppelt.

Stimmen aus unserem Innern verstärken die Scham. Sie bewerten uns und erinnern uns andauernd daran, dass wir fehlerhaft sind und uns zum Besseren hin verändern müssen, um es zu schaffen, Erfolg zu haben, ein Winner zu sein. Das bezeichnen wir als den ›Antreibe-Richter‹, auf den ich im nächsten Kapitel noch ausführlicher eingehen werde. Ohne unsere Scham gäbe es den Antreibe-Richter gar nicht. Die Scham lässt uns glauben, dass alles richtig ist, was der Antreibe-Richter sagt. Der lähmendste Aspekt der Scham ist, dass sie uns von unserer Selbstwahrnehmung abschneidet – sie trennt uns von unserer Mitte. Scham verhindert, dass wir uns in uns selbst zuhause fühlen. Viele von uns fühlen sich schon so lange beschämt, dass sie sich gar kein anderes Lebensgefühl mehr vorstellen können. Wir identifizieren uns zutiefst mit unserer Scham.

Bei einem meiner letzten Familienbesuche erwischte mich die Scham nach fünf Tagen (was für mich einen echten Rekord bedeutet). Ich wusste, dass ich einen Schamanfall hatte, dennoch ergriff die Scham total Besitz von mir. Erst als ich wieder zuhause war, in meiner eigenen Umgebung und mit der Unterstützung meiner Freunde und der Gemeinschaft, in der ich lebe, kam ich wieder zu mir.

Wir alle tragen Scham in uns, aber jeder geht anders damit um. Für manche von uns, die ständig von Gefühlen der Unzulänglichkeit geplagt werden, liegt die Scham ganz an der Oberfläche. Sie sind vollkommen mit ihrer Loser-Rolle identifiziert. Andere wiederum wechseln zwischen Gefühlen der Wertlosigkeit und des Selbstbewusstseins hin und her, je nachdem was ihnen widerfährt. Erfolge ziehen sie hoch; Misserfolge lassen sie abstürzen – ein ständiges Hin und Her zwischen Unterlegenheit und Überlegenheit, Gewinner und Verlierer sein, je nachdem, welches Feedback die Umgebung gibt. Ich bin zum Beispiel so. Wieder andere haben ihre Scham so gut mit ›Erfolgen‹ kompensiert, dass sie die anderen als Loser sehen, während wir ihnen ihre Winner-Rolle auch noch abkaufen. Menschen mit derart effektiven Verdrängungsmechanismen entdecken die hinter ihren Masken verborgene Scham erst, wenn sie ein ernsthaftes Trauma erleben – einen Verlust oder Unfall, eine Zurückweisung oder Krankheit – oder wenn sie ausgebrannt sind.

Ich war immer davon überzeugt, dass ich nicht nachgeben darf, wenn mich Minderwertigkeitsgefühle oder Versagensängste plagen, sondern mich noch mehr anstrengen muss. Meine Scham war immer vorhanden, aber ich glaubte, dass es ein Zeichen der Schwäche und Trägheit gewesen wäre, wenn ich ihr nachgegeben hätte. Davon abgesehen glaubte ich, dass ich mich nicht in die Scham hineinfallen lassen konnte, da ich sonst nie wieder aus ihr heraus gekommen wäre. Ich erkannte einfach keinen Wert darin, mir zu erlauben, die Scham zu fühlen. Erst später fand ich heraus, dass wir nie zu uns selbst finden, wenn wir uns nicht erlauben, unsere Scham zu erforschen. Ob wir unter ihren Auswirkungen zusammenbrechen oder sie durch Kompensation bewältigen, in unserem Innenleben bleibt Scham eine treibende Kraft. »Ich bin unzulänglich. Ich bin ein Versager, und deshalb muss ich meine Schwächen verbergen. Andernfalls erfahren die anderen die Wahrheit über mich«, sagt dieses mächtige Gefühl in uns. Und irgendwie müssen wir Kontakt zu dieser Empfindung herstellen. Mich hat die Arbeit mit meiner Scham menschlicher gemacht. Wenn ich sie mit Ersatzhandlungen überdecke, merke ich, dass ich vor mir selbst davon laufe. Trotz aller Überwältigungsversuche lauert dann eine allgegenwärtige Furcht unter der Oberfläche. Bis wir uns der Angst und Unsicherheit annehmen, welche der Scham zu Grunde liegen, wird sie uns – wie in einem nicht enden wollenden Kampf – immer weiter verfolgen.

Viele unserer automatischen Verhaltensweisen basieren auf Scham. Mit einer beschämten Identität vertrauen wir uns selbst nicht und fühlen uns abhängig von der Wertschätzung, der Liebe und der Aufmerksamkeit anderer. Wir werden zu Schleimern, Machern, Rettern, welche Rolle auch immer nötig ist, um die beängstigende Leere zu füllen, die unsere Scham mit sich bringt. Ich habe immer geglaubt, dass mein Selbstwert und mein Genährtsein davon abhingen, was ich tat – ohne meine Erfolge wäre ich ein Niemand. (Frauen machen ihren Wert oft davon abhängig, wie liebevoll und gebend sie sind, während Männer sich anhand ihrer Leistungen bewerten. Beides sind Folgen eines beschämten Selbstbildes.) Die Wunde unserer Beschämung versetzt uns in Schamblasen, von denen aus wir die Welt als einen bedrohlichen, konkurrenzorientierten Dschungel sehen, in der es nur Kampf, aber keine Liebe gibt. Aus der Blasenperspektive scheinen wir nur überleben zu können, wenn wir kämpfen und uns mit anderen messen. Die anderen sehen schließlich alle besser, liebenswerter, erfolgreicher, kompetenter, intelligenter, attraktiver, stärker, empfindsamer, spiritueller, herzlicher, mutiger und bewusster aus als wir. Natürlich haben wir alle unser eigenes Bild (mit einer für uns charakteristischen Zusammenstellung aus den oben genannten Attributen), das wir auf die Mitmenschen projizieren. Unsere Scham beeinflusst auch die Art, wie andere sich auf uns beziehen. Grundsätzlich strahlen wir aus unserer Blase die Botschaft aus: »Ich bin es nicht wert, geliebt oder respektiert zu werden. Du kannst mich deshalb zurückweisen, missbrauchen oder ausnutzen, wie und wann immer es dir beliebt.«

Darüberhinaus hält sich die Scham selbst in Gang. Aus unserem beschämten Selbstbild heraus suchen wir Bestätigung bei anderen. Wir leben in Kompromissen und begründen unsere Beziehungen auf Kompromissen. Indem wir uns wiederholt als jemand erleben, der Kompromisse schließt, verankert sich das Selbstbild des Beschämten immer mehr. So ein Verhalten lädt Zurückweisungen geradezu ein, die unser Selbstwertgefühl noch mehr belasten. Da sich durch das beschädigte Selbstbild immer mehr Spannung aufbaut, verfallen wir leicht in zwanghafte Verhaltensweisen und Süchte, die wiederum das ihrige zu unserer Scham beitragen.

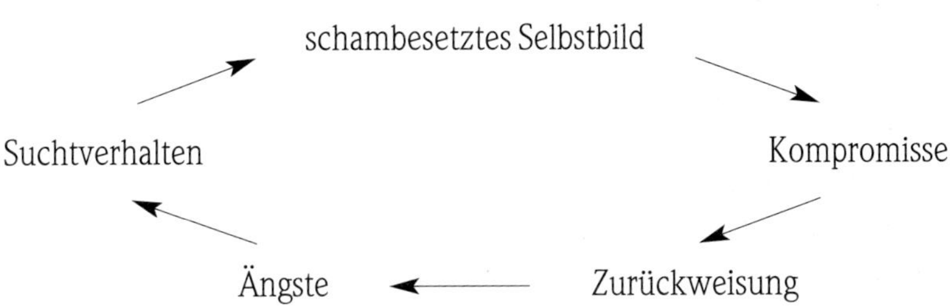

Obwohl es sich bei Scham um ein Phänomen handelt, das unsere gesamte Persönlichkeit betrifft, wirkt sie sich in einigen Lebensbereichen stärker aus als in anderen. Aufgrund seiner Vergangenheit empfindet mancher tiefe Scham und Unsicherheit in Bezug auf seinen Körper, seine Sexualität oder Kreativität, seinen Mut oder Selbstausdruck. Unsere Emotionen, Empfindlichkeiten und elterlichen Gefühle können genauso schambesetzt sein. Die Scham beeinflusst unser Beziehungsleben und hält uns oftmals davon ab, uns überhaupt zu öffnen. Sie fühlt sich wie eine Narbe an, die sich tief durch unser Wesen zieht, ohne jede Hoffnung, sie jemals wieder loszuwerden. Aus unser Scham resultiert ein fortwährendes Schuldgefühl, gerade so, als würden wir ständig etwas falsch machen. Ich bemerke beispielsweise, dass ich mich sofort verantwortlich fühle, wenn Amana traurig oder mürrisch ist. Eine schambesetzte innere Stimme sagt mir dann: »Du gibst ihr nicht genug Liebe, Unterstützung und Aufmerksamkeit.« Ich schäme mich dafür, nicht empfindsam genug zu sein, und bekomme immer wieder Schuldgefühle, weil ich etwas Falsches gesagt habe oder zu sehr von mir selbst eingenommen war. Wenn ich Schamgefühle bekomme, deren Ursache in verantwortungslosem Verhalten zu suchen ist, fühle ich mich schuldig dafür, mich nicht genug engagiert zu haben. Diese Liste ließe sich noch beliebig lange fortsetzen.

Auf einer bestimmten Ebene scheint das, was wir aufgrund der Scham über uns denken, wahr zu sein. Die Stimme der Scham scheint durch die Erfahrungen des Lebens bestätigt zu werden. Wir fühlen uns nicht liebenswert und wir werden zurückgewiesen. Wir fühlen uns wie Feiglinge und schrecken vor Risiken zurück. Wir kommen uns fett vor und haben Übergewicht. Wir denken, dass wir nichts Wertvolles zu geben haben und machen die Erfahrung, dass wir verurteilt und kritisiert werden. Wenn sich alle Befürchtungen wie von selbst erfüllen, wie können wir dem Ganzen dann entfliehen? Wie können wir die Lüge der Scham aufdecken? Eine grundlegende Frage, die sich mir immer wieder gestellt hat. Die Erfahrung zeigt, dass man die Scham am besten durch allmähliches Verstehen entlarvt. Ich weiß, dass Scham ein Produkt meines Verstandes ist, der in einer repressiven, materialistischen, auf Wettbewerb ausgelegten und lebensfeindlichen Gesellschaft konditioniert wurde. Er ist das Produkt eines Kindes, das in einer Umgebung aufwuchs, die sein Wesen nicht anerkannte. Mir wurde beigebracht, in einer fremden Welt zurechtzukommen, die grundsätzlich keine Sensibilität besitzt. Als Ergebnis dieser Konditionierung, kam mir der Kontakt zu meinen ureigenen Eigenschaften und Energien abhanden und ich verlor die Verbindung zu meiner Mitte.

Scham verschwindet nicht ganz aus unserem Leben, aber durch Verstehen gewinnen wir mehr Abstand zu ihr. Ich habe etwas innere Distanz gewonnen, indem ich lernte, wie es sich anfühlt, wenn mich die Scham überwältigt und indem ich verstand, woher die Scham kommt, wie sie hervorgerufen wird und wie ich versuche, sie zu kompensieren.

Die Scham fühlen. Scham ist keine angenehme Empfindung. Sie macht uns negativ, trübe, schläfrig und depressiv. Sie überzieht unsere Lebensenergie mit einer schweren Decke, unter der wir den Kontakt zu unserer Lebensenergie verlieren. Unter dem Einfluss der Scham trauen wir unseren Wahrnehmungen nicht, oft wissen wir nicht einmal, was wir fühlen, denken, sagen oder brauchen. Unser Verstand füllt sich mit Stimmen der Scham – den Gedanken des Antreibe-Richters, die uns verdammen und kritisieren. Die Stimmen der Scham verdammen nicht nur uns, sondern auch alle Menschen und Dinge um uns herum. Die Welt erscheint uns als ein feindlicher und dunkler Ort. Wenn soetwas auf dem Menu steht, warum sollte es sich irgendjemand antun, das zu fühlen? Solche Empfindungen, denken wir, vermeiden wir besser um jeden Preis. Heilung geschieht, wenn wir innere Distanz gewinnen und unsere Scham fühlen, ihr Auftreten einfach beobachten – ein Prozess, der Tiefe und Einfühlungsvermögen mit sich bringt. Wir entwickeln nach und nach die Sensitivität, das beschämte Kind in uns und allen anderen zu fühlen und zu beobachten. Einfach, indem wir der Schamerfahrung mit innerer Präsenz begegnen, ohne etwas daran ändern zu wollen, setzen wir einen alchemistischen Heilprozess in Gang.

Die Auslöser identifizieren. Wenn wir erst einmal an den Punkt gekommen sind, uns selbst gegenüber zuzugeben, wie beschämt wir sind und die Scham mit einer inneren Distanz beobachten können, wenn sie aufkommt, können wir auch anfangen, ihre Auslöser zu identifizieren. Oft handelt es sich dabei um offensichtliche Ereignisse, eine Zurückweisung, die Art, wie jemand mit uns spricht oder uns ansieht. Manchmal wird die Scham aber auch durch verborgene Impulse aktiviert. Auslöser sind vor allem Situationen, in denen wir uns minderwertig oder erniedrigt vorkommen, oder wenn wir jemandes Erwartungen nicht erfüllen. Schamimpulse gibt es zu Hauf, unsere individuellen Auslöser hängen jedoch mit der Geschichte unserer eigenen Beschämung zusammen.

Die Ursprünge unserer Scham erforschen. Wir zeigen tiefes Mitgefühl für uns selbst, wenn wir ein Verständnis dafür entwickeln können, *wie* wir beschämt wurden. Dann begreifen wir langsam, dass nichts Falsches an uns ist und unsere Gefühle der Unzulänglichkeit durch Scham ausgelöst werden. Wenn wir als Kind von unserer natürlichen Spontaneität, Selbstliebe und Lebendigkeit abgeschnitten und grundlegende Bedürfnisse nicht befriedigt werden, entsteht Scham. Sie ist die Folge von Missbrauch, Verurteilung, Vergleichen und Erwartungen, die an uns gestellt werden. Scham entsteht auch, wenn das Kind mit den Unterdrückungen, Ängsten und lebensfeindlichen Einstellungen seiner Eltern und der Gesellschaft, in der es erzogen wird, infiziert wird. Jeder von uns machte auf seine eigene, einzigartige Weise Bekanntschaft mit der Scham, und nur selten gelingt es jemandem, der Beschämung zu entgehen. Unsere Eltern erzogen uns mit den besten Absichten und so liebevoll wie möglich. Doch sie litten an ihrer eigenen Beschämung und gaben sie unwissentlich an uns weiter.

Unsere Kompensationen erkennen. Wir gelangen zu einem tieferen Verständnis der Scham, wenn wir die Ersatzhandlungen durchschauen, mit denen wir ihr zu entkommen versuchen. Jeder kennt seine eigenen Methoden, mit denen er beschämende Gefühle verdrängt. Grundsätzlich überdecken wir unsere Scham auf zwei verschiedene Arten: wir blähen uns auf oder sinken in uns zusammen. In dem aufgeblähten Zustand strengen wir uns an, effektiver zu handeln, besser zu sein, härter zu arbeiten, einen besseren Eindruck zu machen, den Job zu kriegen, die Karrierleiter hinauf zu steigen, in Bewegung zu bleiben. Wenn wir uns aufblähen, forcieren wir unsere Energie, um sicher zu stellen, dass unsere Scham nicht die Oberhand gewinnt. Irgendwo fürchten selbst die versiertesten Aufbläher die allgegenwärtige Bedrohung, dass ihre Scham durchbrechen könnte. Deshalb können sie sich nie entspannen. In sich zusammenzusinken ist die Kehrseite der Aufblähung – wir geben auf und kollabieren. Lieber werfen wir das Handtuch als den Kampf der Aufblähung auf uns zu nehmen. Viele von uns haben schon vor langer Zeit aufgegeben, weil es zu schockierend und schmerzhaft gewesen wäre, den Kampf aufrecht zu erhalten. Es kommt auch vor, dass wir in mancher Hinsicht aufgeben und uns in anderen Belangen aufblähen.

Aus der Blase herauskommen. Das beschämte Kind in uns wird immer das Gefühl haben, dass mit ihm etwas nicht in Ordnung ist. Wenn wir aber den verschiedenen Aspekten der Scham – wie sie sich anfühlt, wie sie ausgelöst wird, wo ihre Ursachen liegen und wie wir vor ihr davonlaufen – mit größerer Bewusstheit begegnen, hören wir mit der Zeit auf, uns so stark mit ihr zu identifizieren. Nach und nach begreifen wir, dass wir nicht nur aus Scham bestehen. Wir erwachen aus der Trance und verstehen, dass wir nicht mit dem Kind in uns gleichzusetzen sind, das sich so unzulänglich fühlt und den Anforderungen der Menschen, von denen es anerkannt und geliebt werden will, nie Genüge tut. Es gab Zeiten, in denen ich mich selbst als Mensch mit Würde und innerer Zentriertheit überhaupt nicht vorstellen konnte. Ich fand trotzdem zu mir. Auch heute gibt es noch Momente, in denen mich die Scham überwältigt und ich innerlich den Kontakt zu mir verliere. Doch gewinne ich meine Bewusstheit jetzt erheblich schneller zurück. Mein Meister wurde einmal gefragt, wie man am besten zu dem »Ja!« im Innern zurückfände. Er antwortete, dass das innere Gefühl des Ja unsere eigentliche Natur sei. Dieses natürliche Ja entstünde von selbst, sobald wir lernten, unseren negativen Verstand zu beobachten, ohne zu urteilen oder etwas daran verändern zu wollen.

»Das Kind – jedes Kind auf der ganzen Erde, in allen Gesellschaften – wird gezwungen, sein Wesen zu verleugnen, wird gezwungen, die Meinungen anzunehmen, die andere über das Kind haben. Alle Kinder werden in einem Zustand absoluter Selbstannahme geboren. Jedes Kind wird mit großer Liebe für sich selbst geboren; es hat Selbstliebe, Selbstachtung, weil es noch nicht ein Verstand ist.« Osho

Übungen

1. Unsere Schambereiche herausfinden
Scham kann uns auf allen Ebenen unseres Wesens treffen. In dieser Übung kannst du Bewusstheit in bestimmte Bereiche der Scham bringen. Notiere deine Gefühle der Beschämung, Minderwertigkeit, Unsicherheit oder Unzulänglichkeit in allen Lebensbereichen.

a) Sexualität – Potenz, Orgasmus, Interesse, Ängste
b) Körper und Äußeres – Form, Attraktivität, Alter, Kleidungsstil
c) Überleben – die Fähigkeit, Geld zu verdienen, Sicherheit
d) Gefühle – die Fähigkeit, Trauer zu empfinden, Sensibilität
e) Macht – Entschlossenheit, die Fähigkeit, Wut zu fühlen und auszudrücken, das Vermögen, zu wissen und auszudrücken, was du willst, oder unverantwortlich, faul, kollabiert und von Ängsten kontrolliert sein
f) Lebensfreude – die Fähigkeit, spontan zu sein, das Gefühl, zu ernst und verantwortlich zu sein
g) Kreativität – seine Begabungen zu kennen und auszudrücken
h) Klarheit – sein Leben zu leben, wie man es möchte, seine Prioritäten im Leben zu kennen

2. Bewusstmachung der Kompensationen
Wie bist du in der Vergangenheit mit deiner Scham umgegangen, und wie tust du es heute? Wie gehst du mit Ängsten um?
a) Bei dir selbst: Tust du so, als hättest du gar keine Angst? Verurteilst du dich? Brichst du zusammen? Strengst du dich noch mehr an?
b) Bei anderen: Ziehst du dich in deine eigene Welt zurück? Kämpfst du, greifst du an? Versuchst du zu gefallen oder den Unterhalter zu spielen? Verteidigst du dich?

3. Aus der Blase herauskommen
Merkst du, wie es ist, wenn die Scham von dir Besitz ergreift? Wie fühlt es sich an? Wie sieht die Welt für dich aus, wenn du in einer Scham-Trance bist? Was glaubst du, denken die anderen in solchen Momenten

über dich? Wie denkst du über dich selbst? Je mehr du über den Schamzustand sagen kannst, desto leichter wird es dir fallen, die Identifikation mit der Scham aufzulösen.

Schlüssel

1. Die Konditionierung, die die meisten von uns durchgemacht haben, ist an sich schon beschämend. Ohne sich dessen bewusst zu sein, übertrugen unsere Eltern ihre Scham auf uns. Scham ist jedoch ein Zustand, den nur wenige von uns annehmen und spüren wollen. Viel lieber kompensieren wir diese Gefühle – entweder, indem wir uns aufblähen oder indem wir aufgeben. Allerdings erlaubt uns keine dieser Kompensationen, unsere Beschämung anzuerkennen und zu heilen. Wenn wir unsere Scham erst einmal verstehen – was sie ist, wie sie sich anfühlt, wie sie hervorgerufen wird und wie wir sie zu vermeiden versuchen – lässt ihr Einfluss auf unser Leben allmählich nach.

2. Wenn wir von unserer Scham überwältigt werden, kommen wir in einen Trancezustand – eine Blase. In dieser Trance fühlen, denken und handeln wir auf eine für uns charakteristische Weise. Wir sehen die Welt durch unsere ganz eigene Brille. Was wir als Schwächung der Lebenskraft empfinden, wird auf Verstandesebene von ›Stimmen der Scham‹ begleitet, welche uns verurteilen, kritisieren und negativen Vergleichen unterziehen. Unser Verhalten kann je nach Persönlichkeitsstruktur manisch werden oder depressiv, angreifend oder bettelnd. Wir sehen dann die Welt als feindlichen Ort, der aus Gewinnern und Verlierern besteht. (Meistens spielen wir die Rolle des Losers.)

3. Zwei Aspekte sind wichtig, um aus der Scham-Trance herauszukommen. Die Scham muss zunächst einmal nur als das gesehen, gefühlt und verstanden werden, was sie ist. Dies ist die passive, feminine Herangehensweise. Es geht darum, zu erkennen, dass wir nicht mit unserer Beschämung gleichzusetzen sind, sondern dass Scham lediglich ein Zu-

stand ist, der aufgrund unserer frühen Konditionierung ausgelöst wird. Wir müssen nichts weiter tun, als zu beobachten und die Scham zu fühlen, wenn sie aufkommt. Der zweite Aspekt bezieht sich auf die kleinen Risiken, die wir eingehen müssen, um unsere Ängste und Glaubenssätze herauszufordern. Damit erlauben wir der Existenz, uns zu zeigen, was real ist. Dies ist der aktive, maskuline Aspekt, der für das Verlassen der Scham-Trance ebenfalls von Bedeutung ist.

4. Die Erfahrung von Scham ist ein unverzichtbarer Teil unseres Wachstumsprozesses – eine Phase, die zutiefst zu unserer Menschlichkeit und Sensitivität beitragen kann. Es mag wichtig sein, zunächst durch eine Zeit zu gehen, in der wir jedem mit Wut und Beschuldigungen begegnen, den wir für unsere Beschämung verantwortlich machen. Wenn wir aber irgendwann merken, dass jede Erfahrung – so schmerzhaft sie auch gewesen sein mag – bedeutsam für uns ist, gelangen wir zu viel tieferen Ebenen des Verstehens. Wir können dem Missbrauch und der Beschämung, der wir ausgesetzt waren, sogar mit einem gewissen Wohlwollen begegnen. Ein lieber Freund von mir, der jetzt als Therapeut mit erfolgreicher Praxis in Oslo tätig ist, hatte zuvor elf Jahre lang als Manager in einer Schokoladenfabrik gearbeitet. Er fühlte sich so elend in seinem Job, dass er sich regelmäßig in seinem Büro einschloss und soviel Schokolade aß, dass er krank wurde. Aus dieser Geschichte ist ein Witz geworden, den wir gern als Sinnbild in unseren Seminaren verwenden: »Durch unsere Schamgefühle zu gehen, ist fast so, wie elf Jahre in einer Schokoladenfabrik zu überleben.«

~

KAPITEL 13

DER ANTREIBE-RICHTER

Einer der wichtigsten Faktoren, die unser von Ängstlichkeit und Schamgefühlen geprägtes Selbstbild aufrecht erhalten, ist unser innerer ›Antreibe-Richter‹. Er stellt die Kehrseite der Scham dar und stellt sicher, dass wir uns an die Regeln unserer Konditionierung halten. Entsprechen wir den Normen nicht, sorgt er dafür, dass wir es mit Angst und Schuld zu tun bekommen. Die antreibende Energie kommt durch innere Stimmen zum Ausdruck, die uns andauernd wörtlich oder energetisch zu Verstehen geben, dass wir mehr tun und mehr sein müssen, und dass wir uns anstrengen sollen. Gleichzeitig verurteilen uns diese Stimmen wie ein innerer Richter dafür, dass wir nicht smart, hübsch, spirituell, empfindsam, hingebungsvoll oder couragiert genug sind. Der Antreibe-Richter sagt uns fortwährend, was wir zu tun und zu lassen haben, bewertet und verurteilt ständig unser Handeln oder Nicht-Handeln, treibt uns an, verdammt und kritisiert uns.

Derartige Angriffe können aus unseren eigenen Gedanken oder von außen kommen. Das Kind in uns hörte die Stimmen unserer Eltern und Lehrer, der Kultur und Religion, in der wir erzogen wurden: »Du musst dich *so* verhalten! Das darfst du nicht! Halte dich zurück! Streng dich mehr an!« Wir verinnerlichten das alles und übersetzen es in: »Ich muss mich *so* verhalten! Das darf ich nicht! Ich muss mich zurückhalten! Ich muss mich mehr anstrengen!« Oftmals wurden uns die Ermahnungen, Urteile und Kritiken so früh und unterschwellig eingetrichtert, dass wir sie nicht als ›du‹, sondern immer nur als ›ich‹ wahrnehmen. Vielleicht merken wir gar nicht, wir sehr wir unter dem Einfluss des Antreibe-Richters stehen. »Das Leben ist nun einmal so«, denken wir. Oder wir glauben, dass Gott höchstpersönlich zu uns spricht. Kein Wunder, dass Gott in all den Jahren unserer moralistischen, mit Strafe drohenden Konditionierung einige Sympathiepunkte verloren hat.

Jeder von uns erlebt diesen energetischen Komplex als ganz individuelle Kombination von inneren Stimmen und äußeren Anteilen. Solange wir dem Antreibe-Richter in uns glauben, was er sagt, finden wir immer auch Menschen, die uns quälen und unsere negative Selbsteinschätzung bestätigen. In Momenten, in denen wir uns missachtet und verkannt fühlen, realisieren wir nicht, dass solche Situationen nur die äußeren Manifestationen unserer inneren Überzeugungen sind. Jeder Anfall des Antreibe-Richters löst eine innere Dynamik aus: entweder brechen wir zusammen und versinken in Scham und Schock oder wir rebellieren und zetteln einen Streit an. Daran hat sich seit unserer Kindheit nichts geändert. Ob wir vorwiegend mit Resignation und Kollaps reagieren oder einen Aufstand machen, hängt von unserer Persönlichkeit ab. In jedem Fall aber führt der Antreibe-Richter die Regie – und wir reagieren wie Marionetten.

Nita, eine Seminarteilnehmerin, kam zu jeder Gruppensitzung zu spät. Als wir sie fragten, warum sie nicht pünktlich war, erzählte sie uns von ihrer Mutter, die sie als Kind ständig angetrieben hatte. Das Ergebnis ist, dass sie sich heute bei jeder Verabredung verspätet. Wir schlugen ihr vor, sich zu pünktlichem Erscheinen zu verpflichten und zu beobachten, welche Gefühle dann in ihr aufsteigen. Nach dem zweiten Tag empfand sie starke Wut darüber, dass sie in ihrem Leben immer so gehetzt worden war. Es war wichtig für sie, diesen Zorn zu spüren, weil sie nur so genügend Feuer bekam, um sich aus ihrer Unterdrückung zu befreien. Zuvor konnte sie ihren Ärger nur durch ihre chronische Langsamkeit ausdrücken. Anna Lisa, eine junge Schwedin aus derselben Gruppe, lebt noch bei ihrer Mutter und befindet sich die meiste Zeit in Schock und Scham. Ihre Rebellion besteht darin, ständig Dinge zu vergessen, die sie für ihre Mutter erledigen soll. Nita entschied sich für die rebellische Art der Reaktion, Anna Lisa hingegen für Resignation. Hinter beiden Verhaltensmustern verbirgt sich aber die gleiche Hilflosigkeit, der gleiche Ärger, und für beide war es heilsam, wieder mit ihrer Wut in Kontakt zu kommen.

Beatrice, eine Deutsche in den frühen Dreißigern, hatte den größten Teil ihres Lebens mit Kämpfen verbracht. Ein Leben ohne Kampf konnte sie sich kaum vorstellen. Für sie wäre Zusammenbruch eine ziemlich ungewöhnliche Reaktion, da sie so sehr mit dem Rebellen in sich identifiziert ist. Ihre Verletzlichkeit zuzulassen und ihre Ängste zu spüren, fällt ihr schwer. Für jemanden wie Beatrice, die es gewohnt ist zu revoltieren, kann es die Tür zu ihrer Verletzlichkeit aufstoßen, wenn sie sich ihren Kollaps zugesteht. Für diejenigen, die stärker mit Scham und Schock identifiziert sind und zum Zusammenbrechen neigen, ist es hilfreicher, die Energie des Rebellen zu erforschen. Das erfordert viel Mut, weil Ungehorsam große Angst vor Strafe und Vernichtung mit sich bringt. Oft werden wir von Angst und Schuldgefühlen geradezu überwältigt, wenn wir anfangen, unsere rebellische Seite kennenzulernen – und flüchten uns so schnell wie möglich zurück in den kollabierten Zustand, der uns so vertraut ist. Erst wenn wir genügend Mut gesammelt haben, können wir wieder einen Schritt auf den Rebellen in uns zugehen.

Reaktion auf den Angriff des Antreibe-Richters:

»Du bist nicht gut genug.«
»Du musst besser sein und dich mehr anstrengen.«

↓

Das emotionale Kind

↙ ↘

Rebellion	Zusammenbruch
»Sag mir nicht, was ich tun soll!« »Du kannst mich mal!«	»Ich muss mir mehr Mühe geben, besser sein etc.«

Wir spüren den Einfluss des Antreibe-Richters, wenn wir uns selbst als Opfer fühlen oder wenn wir andere in die Opferrolle drängen. In manchen Beziehungen übernehmen wir den Part des Antreibe-Richters, in anderen die Rolle des hin und her geschubsten und verurteilten emotionalen Kindes. Wenn wir uns stark und wichtig fühlen, belasten wir andere durch Missbrauch, Ungeduld, Frustration, Kritik und Forderungen. Natürlich setzen wir uns selbst demselben Druck und derselben Kritik aus. Ich bemerke diese Muster zum Beispiel beim Tennisspielen. Verpasse ich ein paar Bälle, nehme ich aus meinem Innern schon eine Stimme wahr: »Krish, du musst die Bälle erwischen! Versuch es mit der Rückhand! Schlag' die Bälle nicht immer so spät! Beweg dich!« In solchen Momenten wird mir bewusst, dass der Antreibe-Richter immer in meinem Kopf aktiv ist und merke, wie mich meine ständige Selbstkritik zermürbt. Ich habe mir schon immer sehr hohe Maßstäbe gesetzt, die ich selbstverständlich nie erreichen konnte. Bevor mir das alles bewusst wurde, wendete ich dieselben Kriterien auf alle anderen an und setzte sie damit denselben Qualen aus wie mich selbst. Manchmal passiert mir das heute noch, aber ich merke es schneller, weil ich den Schmerz besser wahrnehmen kann, den mein Verhalten verursacht. Wenn wir uns selbst oder andere den Angriffen des Antreibe-Richters aussetzen, hat das tiefe Beschämung zur Folge. Der dabei ausgeübte Druck versetzt unser emotionales Kind in Schock.

Wenn wir den Antreibe-Richter für die Stimme Gottes halten, ist es schwer zu akzeptieren, dass die Ermahnungen und Verurteilungen nur das Ergebnis negativer Konditionierungen sind. Es war niederschmetternd, zu erkennen, dass der Antreibe-Richter in meinem Innern ein Lügner ist. In den vorgegebenen Maßstäben die Wahrheit zu sehen, war so viel einfacher. Das Leben ›sollte‹ nun mal einfach so sein. Den Antreibe-Richter einfach als Stimme der Wahrheit zu akzeptieren, gab mir ein gewisses Sicherheitsgefühl. Es gab nichts, das ich in Frage stellen musste. Im Grunde konnte ich die Anweisungen des inneren Richters befolgen und ein erfolgreiches Leben führen. Ich hatte mir sehr effektive Kompensationen zugelegt und war der Überzeugung, dass mein Leben

›funktionieren‹ würde, wenn ich mich daran hielt. In meinem Fall bedeutete das, mich als Arzt in den Dienst der Allgemeinheit zu stellen, nicht zu sehr in materiellen Genüssen zu schwelgen, mich ständig weiterzubilden und in jeder Hinsicht zu verbessern, auch was meinen Musik- und Kunstgeschmack angeht. Dass man dabei nicht arrogant, selbstsüchtig oder anmaßend sein darf, sondern freundlich und empfindsam mit seinen Menschen umzugehen hat, versteht sich von selbst. Wäre ich diesem Diktat gefolgt, hätte man mich mit Recht als ›Mensch‹ bezeichnen dürfen, was im Jiddischen soviel wie ›Mann mit Tiefgang und mit Seele‹ bedeutet. Wer könnte solche Wertvorstellungen in Frage stellen? Das Problem ist, dass mir diese Werte so vermittelt wurden, als repräsentierten sie die einzig wahre Lebensart. Wir müssen aber lernen, unsere Normen und Maßstäbe nach eigenen Vorstellungen zu setzen.

Den Teilnehmern unserer Workshops empfehlen wir das Buch *Der Stern der Cherokee* von FORREST CARTER, das die Geschichte des Indianerjungen Little Tree erzählt. Seine Erziehung ist ein Beispiel dafür, dass Kinder auch in einer Art aufwachsen können, in der sie ihre eigene, ganz individuelle Lebensart entwickeln. Little Tree erfährt seine Unterstützung und Anleitung, ja sogar Bestrafungen auf so liebevolle und tolerante Weise, dass in ihm ein Kern der Selbstliebe und des Vertrauens in die eigenen Wahrnehmungen und Begabungen entsteht. Ohne diese Liebe und dieses Vertrauen wachsen wir als Sklaven des Antreibe-Richters auf, die mit Ersatzhandlungen und Kompromissen die ihnen aufoktroyierten Normen zu erfüllen versuchen: Wir schauspielern, versuchen zu beeindrucken, Macht auszuüben oder zu kontrollieren. Statt auf uns selbst zu hören, lernen wir, uns nach anderen zu richten. Unser Selbstbewusstsein basiert auf den Rollen, mit denen wir uns indentifizieren – an denen wir uns festhalten, um die darunter verborgene Scham nicht zu empfinden. All die unbewussten Kompensationsmechanismen haben ihren Ursprung in unserer Kindheit, als wir Wege finden mussten, um mit dem Antreibe-Richter zurecht zu kommen. Bei dem Stress, den dieses angelernte Verhalten verursacht, verwundert es uns kaum, wenn wir schnell erschöpft sind, zu Süchten und zu Depressionen neigen.

Der Angriff des Antreibe-Richters

Antreibe-Richter (innerlich oder von außen) → Scham → Ersatzhandlungen
→ Suchtverhalten

Die Tyrannei des Antreibe-Richters endet erst, wenn wir uns unsere Maßstäbe selbst setzen und Vertrauen in unsere eigenen Regeln gewinnen. Seit frühester Kindheit wurden wir dazu gedrängt, fremde Standards anzunehmen und zu befolgen. Um die Macht des Antreibe-Richters zu brechen, müssen wir seine Normen ablehnen und unsere eigenen finden.

Der Prozess, der uns von den alten Dynamiken befreit, dauert so lange, bis wir genügend innere Stärke und Selbstvertrauen besitzen. Zunächst aber müssen wir erkennen, wie sehr wir gekämpft haben und wie weit wir uns von uns selbst entfernen mussten, um die Liebe und Anerkennung zu erhalten, die wir zum Überleben brauchten. Unsere wachsende Bewusstheit drängt die Bedeutung des Antreibe-Richters und seinen tiefgreifenden Einfluss auf unser Leben immer mehr zurück, so dass wir uns allmählich von seinen Angriffen distanzieren können. Er entpuppt sich als Lügner, der gar nicht wissen will, wer wir wirklich sind. Um den Antreibe-Richter als Träger unserer negativen Konditionierungen zu entlarven, müssen wir aber erst einmal erkennen, wann er uns attackiert, wie uns seine Angriffe beeinflussen und welche der uns anerzogenen Überzeugungen den Anfall ermöglichen:

1. Den Angriff erkennen. Hierbei geht es erst einmal darum, Anfälle des Antreibe-Richters zu bemerken und den jeweiligen Auslöser zu identifizieren – diejenigen Menschen, Situationen, Meinungsäußerungen oder Verhaltensweisen, welche die Ursache für den Angriff sind.

2. Den Angriff fühlen. Wir lernen, die Beeinflussungen durch den Antreibe-Richter wahrzunehmen – was wir während des Angriffs empfin-

den, wie sich der Anfall auf unsere Energie auswirkt und was wir über uns selbst denken, wenn wir angetrieben und verurteilt werden. Im Grunde geht es hier darum, unsere Scham zu spüren.

3. Die Ursachen des Angriffs identifizieren. Dieser Aspekt bezieht sich darauf, wie der Antreibe-Richter auf der Grundlage unserer Konditionierungen entstanden ist. Wir erkennen, wie sich das Gefühl, angegriffen zu werden, auf Erfahrungen unserer Kindheit zurückführen lässt. Zudem beginnen wir, die antreibenden und verurteilenden Stimmen in uns deutlicher wahrzunehmen.

»Die Leute haben dich verurteilt, und du hast ihre Meinungen übernommen, ohne genauer hin zu sehen. Du leidest unter allen möglichen Urteilen, die andere über dich gefällt haben, und du gibst diese Urteile an andere weiter. Wenn du da herauskommen willst, heißt es: Verurteile dich nicht selbst. Nimm deine Unvollkommenheit in aller Bescheidenheit an, dein Versagen, deine Fehler, deine Schwächen. Sie sind einfach menschlich.« Osho

Übungen

1. Beginne damit, Bewusstheit in diejenigen Momente zu bringen, in denen du dich selbst nicht magst. Nimm wahr, welcher Auslöser für diese Gefühle verantwortlich ist.
a) Gibt es bestimmte Menschen, die so einen Anfall auslösen? Und falls das so ist – welche Eigenschaften dieser Leute sind es, von denen du dich angegriffen fühlst? Vergleichst du dich in ungünstiger Weise mit ihnen? Welches Urteil oder welche Kritik spürst du dann?
b) In welchen speziellen Situationen kommt es zu einem Anfall? Wenn du dich unter Druck gesetzt fühlst oder jemand etwas bestimmtes von dir erwartet? Fühlst du dich dann überwältigt oder eingeschüchtert?
c) Kommt die Kritik, Beschuldigung oder Verurteilung von außen oder aus deinem eigenen Inneren?

d) Wie fühlst du dich, wenn du angegriffen wirst? Achte auf die spezifischen Körperempfindungen, die einen Anfall deines Antreibe-Richters begleiten.
e) Was sagen die Stimmen in dir, wenn dein inneres Kind angegriffen wird.

2. Steigen bestimmte Kindheitserinnerungen in dir auf, wenn dich dein innerer Antreibe-Richter attackiert?
a) An welche Begebenheiten in deinem Leben erinnerst du dich in solchen Momenten?
b) Wer war es, der dich antrieb oder verurteilte – dein Vater, deine Mutter, ein Lehrer oder jemand anders?
c) Welche ausgesprochene oder unterschwellige Botschaft erreichte dich in solchen Situationen?
d) Wie wirkten sich diese Angriffe auf deine Selbsteinschätzung aus?

3. Wie reagierst du, wenn du vom Antreibe-Richter angegriffen wirst? Nimm wahr, wann und wie du kollabierst. Nimm wahr, wann und wie du kompensierst.

4. Male zwei Bilder: eines, das deinen Antreibe-Richter darstellt, und eines, das dein verletztes Kind während eines Angriffs repräsentiert. Schreibe dazu, was die beiden Bilder zueinander sagen. Stimmt es, was sie sagen? Während du beide Beteiligte betrachtest, denke daran, wie du dich mitunter völlig mit dem einen oder anderen Part identifizierst. Manchmal glaubst du, dass der Antreibe-Richter mit jedem Wort, das er sagt, Recht hat, und manchmal fühlst du dich von seinem Angriff völlig überwältigt. In anderen Momenten wiederum bleibst du relativ distanziert. Beobachte das Ganze, als beträfe es jemand anderen.

Schlüssel

1. Die ausdrücklichen und unterschwelligen Urteile sowie den Druck, dem wir während unserer Kindheit ausgesetzt waren, haben wir unbewusst in Form eines energetischen Komplexes in uns aufgenommen, den wir den ›Antreibe-Richter‹ nennen. Den Angriffen dieses Richters ist unser emotionales Kind fortwährend ausgesetzt. Manchmal werden wir von Stimmen in unserem eigenen Verstand angegriffen; in anderen Momenten wiederum projizieren wir den Angreifer nach außen und haben das Gefühl, dass der Angriff von Urteilen und der Kritik anderer ausgeht.

2. Wir bewältigen den Angriff durch Kompensationen und Süchte. Die Kompensationen sind Strategien und Rollen, die uns in den Augen des Antreibe-Richters als wertvoll erscheinen lassen. Als Suchtmittel verwenden wir alles, was uns von der Anspannung, die die Kritik und der Druck mit sich bringen, Erleichterung verschafft.

3. Unsere Reaktion auf den Antreibe-Richter ist entweder Zusammenbruch oder Rebellion. Er behält jedoch seine Kontrolle über uns, solange wir in Reaktionen verharren. Erst wenn wir unsere eigenen inneren Lebensgrundsätze entwickeln, befreien wir uns von seinem Einfluss.

4. Wenn wir gerade einen Angriff des Antreibe-Richters erleben, können wir uns kaum von unserem emotionalen Kind distanzieren – wir fühlen uns wie Versager. In solchen Momenten müssen wir uns vor Augen führen, dass wir uns mit unserem beschämten Selbst identifizieren, welches dem Angriff einer starken, missbrauchenden und überwältigenden Energie ausgesetzt ist.

~

Kapitel 14

Schock

In meiner Schulzeit spielte ich *Second Base* für das Softball-Team unserer *High School.* Ich war ein guter Feldspieler und ein hervorragender Schlagmann. In Turnierspielen jedoch vergab ich viele Bälle, die ich im Training problemlos erwischt hätte. Ganz ähnlich waren meine Leistungen im Tennis: bei Begegnungen mit Mannschaften anderer Schulen ließ mein Spiel stets sehr zu wünschen übrig. Je größer der Druck, desto sicherer mein Versagen. Irgendetwas in mir hörte einfach auf zu funktionieren, und ich vermochte nichts daran zu ändern. Auch in anderen Situationen, in denen ich mich unter Druck gesetzt fühlte, machte ich diese Erfahrung – bei Prüfungen und in der Liebe. Erst viel später fand ich zu meinem Erstaunen heraus, dass ich in diesen Momenten unter Schock gestanden hatte. Schock ist ein weiteres wichtiges Merkmal der Welt des emotionalen Kindes. Die dem Schock zu Grunde liegenden Ängste sind so lähmend, dass wir den Kontakt zu uns selbst verlieren. Unter ihrem Einfluss verlieren wir die Fähigkeit, klar zu denken und zu fühlen, wir können uns nicht mehr bewegen und oft nicht einmal mehr sprechen. Schockzustände entstehen plötzlich und ohne Vorankündigung. Schon die geringste Aggression, ein wenig Druck oder Schmerz aktivieren unsere frühkindlichen Traumen und lösen die beschriebenen Funktionsstörungen aus. Die lähmenden Auswirkungen von Schock können jeden Lebensaspekt betreffen und unseren normalen Handlungsspielraum enorm begrenzen.

Schockzustände werden durch wiederholte psychische Verletzungen verursacht. In seinem Buch *Trauma-Heilung, Das Erwachen des Tigers* geht Peter A. Levine ausführlich auf die Dynamiken von Schock ein. Levine sagt, dass man sich das Phänomen Schock am besten erklären kann, wenn man sich das Opfer eines Raubtiers vorstellt, das in der Falle sitzt – kein Versteck, kein Ausweg, keine Chance, sich zu verteidigen. Als Kind fühlen wir uns wie das Tierchen in der Falle. Unserem für Kampf und Flucht konzipierten Nervensystem bieten sich in solch ausweglosen Situationen ebenfalls keine Optionen: Wir sind wie eingefroren, abgeschnitten von unserer Energie. Als Kind machten wir immer wieder traumatische Erfahrungen, die uns das Gefühl gaben, in der Falle zu sitzen. Als Ergebnis entwickelte sich ein Lähmungszustand, der in uns lauert und jederzeit hervorgerufen werden kann – Schock. Selbst wenn wir uns bedrohlichen Situationen durch Dissoziation energetisch entzogen, ging unsere Physiologie in Schock und wir speicherten die schmerzvollen Erinnerungen in unserem Unbewussten.

Manchmal erlebten wir diese wiederholten Traumen so früh in unserem Leben, oder derart subtil, dass wir uns ihrer Existenz gar nicht bewusst sind. Als unschuldiges, offenes und enorm empfindsames Kleinkind nehmen wir in unserer Umgebung alles wahr. Schon der geringste Anflug von Distanzlosigkeit oder Gewalttätigkeit, eine Spur von Unbewusstheit oder Spannung in unserer Umgebung bedeuten eine Verletzung für uns. Wir wurden in eine Gesellschaft hineingeboren, deren unterdrückender und wettbewerbsorientierter Charakter allein uns schon in Schock versetzen kann. Wenn wir unsere Lebensumstände genauer betrachten, wird uns bald klar, wie oft wir traumatisiert worden sein müssen. Unter welchen Umständen wurden wir geboren? Wie verhielten sich unsere Eltern zueinander, was für ein Leben führten sie? Welche Art von Körperkontakt wurde uns zuteil? Wie erlebten wir unsere Schulzeit? Wenn wir darüber hinaus noch den Missbrauch, den Druck, die Kritik und all die Grenzverletzungen in Betracht ziehen, denen wir während unserer Kindheit ausgesetzt waren, verstehen wir langsam, warum wir so häufig unter Schock stehen. Wenn in unserem jetzigen Leben etwas geschieht, das an unsere Traumen erinnert, finden wir uns in Schockzuständen wieder.

Die folgende Anekdote eines Seminarteilnehmers ist ein gutes Beispiel dafür, wie sich Schock in unserem Leben auswirkt. Unser Klient hat eine sehr kontrollierende Ehefrau, die ihm unter anderem verboten hatte, in ihrem neuen Auto zu essen, damit die Sitze nicht schmutzig würden. Eines Tages – das Paar war gerade auf dem Lande unterwegs – kaufte sich der Mann eine Tüte frischer Kirschen, um diese auf der Weiterfahrt im Wagen zu essen. Als seine Frau anfing zu meckern, erwiderte unser Klient, dass die Sitzpolster nicht in Gefahr seien, da er ja sämtliche Kirschkerne im Mund behielte. Nach einer Weile lehnte sich der Mann zur Seite und spuckte alle Kerne aus dem Fenster der Beifahrertür. Das einzige Problem war, dass er vergessen hatte, vorher das Fenster zu öffnen. So etwas passiert uns, wenn wir unter Schock stehen. Wir sind so verängstigt, dass wir die dummsten Dinge anstellen.

Schockauslöser

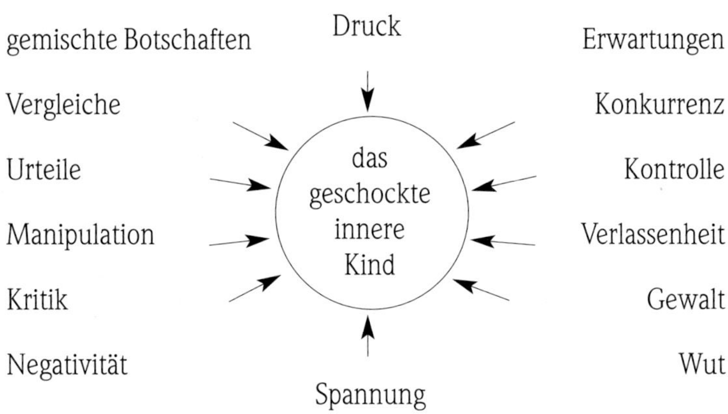

Jede Art von Wut oder Gewalt, Druck, Kritik und Verurteilung – egal ob diese direkt oder eher unterschwellig geäußert wird – kommt als Auslöser für Schockzustände in Frage. Auch das Gefühl, kontrolliert oder manipuliert zu werden, oder Erwartungen, die an uns gerichtet werden, können unsere Kindheitstraumen aktivieren. Oft reicht schon das Drohen eines solchen Auslösers aus, oder eine gewisse Spannung oder Negativität in der Atmosphäre. Die Art, wie jemand mit uns spricht, der Tonfall in der Stimme, ein bestimmter Ausdruck in den Augen des Gegenübers, die kleinsten Bemerkungen oder Gesten reichen aus, um uns in Schock zu versetzen. Die Schocksymptome unterscheiden sich von Person zu Person. Man bekommt Schweißausbrüche, Herzklopfen oder wird extrem verwirrt. Manche von uns befinden sich permanent in irgendwelchen Schockzuständen. Diese können sich mit Phobien, Panikanfällen, als andauernde Ruhelosigkeit, Lernschwäche oder chronische Krankheit bemerkbar machen. Einer meiner Freunde ist eine brilliante Persönlichkeit, hat aber die Handschrift eines Erstklässlers. Schon während seiner Kindheit litt er an einer Leseschwäche. Warum, begriff er jedoch erst, als er mehr über seine Schocksymptomatik erfuhr.

Wie Scham drückt sich auch Schock in ganz verschiedenen Lebensbereichen aus. Er kann Funktionsstörungen auslösen, die unsere Sexualität und Gefühle, den Ausdruck unserer Wut oder unserer Kreativität betreffen. Warum sich Schock auf diese wichtigen Lebensaspekte auswirkt, ist oftmals ungeklärt. Während wir die unserer Scham zu Grunde liegenden Urteile häufig noch identifizieren können, bleiben die Ursachen von Schock meist im Verborgenen. Ich habe selbst nie klar erkennen können, worauf meine Schocks beruhen; vielleicht auf Erinnerungen an Traumen, die tief in meinem Unbewussten liegen. Wir wissen nicht, warum wir beim Sex den Kontakt zu uns und unserem Körper verlieren. Wir verstehen auch nicht, warum es uns so schwer fällt, bestimmte Emotionen zu empfinden oder auszudrücken.

Früher war ich davon überzeugt, dass Schock und Funktionsstörungen nur von extremen und offensichtlichen Verletzungen herrühren. Heute weiß ich, dass Einflüsse, die uns als eher geringfügig erscheinen mögen, Kontrolle und Manipulation beispielsweise, für das emotionale Kind nicht weniger traumatisch und schockierend sind. Sie können ebenso tiefe Schockzustände hervorrufen wie offensichtliche Fälle sexuellen und körperlichen Missbrauchs. Diese Einsicht half mir dabei, ein wenig mehr Mitgefühl für mich selbst zu entwickeln. Die Identifikation mit unseren Schocks kann dazu führen, dass wir in zwischenmenschlichen Beziehungen und im Leben allgemein eine Opferhaltung einnehmen. Unbewusst sehen wir uns als jemand, der es verdient, missbraucht zu werden und setzen uns selbst dem Missbrauch anderer aus. Mit dieser Sichtweise ziehen wir Menschen an, die uns auf eine Weise misshandeln, die mehr oder weniger unserer ursprünglichen Verletzung entspricht. Dies hilft uns zu verstehen, warum wir immer wieder dieselben traumatischen Erfahrungen machen. In der Vergangenheit zog ich beispielsweise ständig Menschen an, die emotionaler und ausdrucksstärker waren als ich selbst – Menschen, deren Ausdruckskraft mich in Schock versetzte. Oder ich fand mich unter Leuten wieder, die durch ihre Kontrolle, Manipulation, Kritik oder durch den Druck, den sie auf mich ausübten, meine Traumen berührten. Ich ließ mir ziemlich kreative Strategien einfallen, um solche Schockereignisse zu vermeiden. Wenn ich dann einsehen musste, dass diese nicht funktionierten, war ich meist kurz davor, aus Frustration mit dem Kopf gegen die Wand zu rennen. Erst als meine Identifikation mit dem Schock nachließ, änderte sich auch mein Verhalten.

Auswirkungen von Schock

1. Sexuelle Probleme, Versagensängste
2. Angst vor Konfrontation, Wut, Strafe oder Kritik
3. Probleme mit Kreativität und Selbstausdruck
4. ›Eingefrorene‹ Gefühle

Wenn unser Schock provoziert wird, müssen wir nichts weiter tun als es zu erkennen, zu spüren und entsprechend zu würdigen. Normalerweise verurteilen wir uns für unsere Schockzustände, denn Angst und Lähmung stehen nicht sehr hoch auf unserer Prioritätenliste. Wir schämen uns dafür, unter Schock zu stehen und kreieren hierdurch einen Cocktail aus Scham und Schock. Unseren Ängsten und Schockzuständen Raum zu geben, ist einer der wichtigsten und mutigsten Schritte auf unserem Weg. Hingegen führen alle Versuche, aus dem Schock heraus zu kommen, nur noch tiefer hinein. Um innere Distanz zu unseren Schock- und Schamzuständen zu bekommen, reicht es aus, mehr Bewusstheit darüber zu erlangen, wie sie sich anfühlen, was sie auslöst und welche Ursachen sie haben. Dies versetzt uns in die Lage zu erkennen, dass eigentlich nicht wir es sind, die in Schock versetzt werden, sondern das Kind in unserem Innern, und dass es nicht nötig ist, uns dafür zu verurteilen.

»Dies ist das größte Verbrechen, das die Gesellschaft an jedem Kind verübt. Kein anderes Verbrechen kann schlimmer sein als dieses: Das Vertrauen eines Kindes zu zerstören, bedeutet sein ganzes Leben zu ruinieren, weil Vertrauen so wertvoll ist, dass du in dem Moment, in dem du dein Vertrauen verlierst, den Kontakt zu deinem eigenen Sein verlierst.« Osho

Übungen

Schock zu erforschen ist eine sensible Angelegenheit und bedarf normalerweise der Hilfe eines erfahrenen Therapeuten. Die folgenden Übungen sind lediglich als Anleitung zum besseren Verstehen deiner Schockzustände zu verstehen.

1. Die Schockerfahrung

a) Wie würdest du deine eigene Schockerfahrung beschreiben? Was passiert im Körper? Eile? Ruhelosigkeit? Schwitzen? Verwirrung? Lähmung? Bist du nicht mehr fähig zu fühlen, zu sprechen?

b) In welchen Lebensaspekten erfährst du Schock? Beim Sex? Im Gefühlsleben? Bei Wut und Konfrontation? In Bezug auf deine Kreativität? Auf welche Weise erfährst du Schock in diesen Bereichen?

2. Schockauslöser identifizieren

Erinnere dich daran, wie du die letzten Male in Schock versetzt worden bist. Was löst deine Schocks aus? Druck? Ärger? Aggression? Kritik? Zurückweisung und das Gefühl, verlassen worden zu sein? Gehst du in Schock, wenn du nicht die Aufmerksamkeit bekommst, die du zu brauchen glaubst? Gehören Menschen zu den Schockauslösern, deren Verhalten außer Kontrolle geraten ist – Leute, die hysterisch, unlogisch oder fordernd sind?

3. Ursachen von Schock

Mancher mag eine recht klare Vorstellung davon haben, wie er als Kind in Schock versetzt worden ist, andere wiederum können sich daran überhaupt nicht mehr erinnern. Welche Vorstellung hast du darüber, wie du in Schock versetzt worden bist? Was machte dir Angst, was erschütterte dich? Mache dir klar, dass auch die scheinbar belanglosesten Vorkommnisse Kinder in Schock versetzen können. Manchmal ist es hilfreich, sich ein Kind vorzustellen, das nicht mit dir identisch ist, aber in derselben Umgebung aufwächst, in der du erzogen worden bist. Was wären die Gefühle dieses Kindes? Würde es sich in dieser Umgebung gut aufgehoben fühlen? Wie wäre es für dieses Kind, Gefühle zu empfinden, seine Wut auszudrücken und der Wut anderer ausgesetzt zu sein. Würde es ihm leicht fallen, offen und direkt zu sein? In welcher Weise würde die Kreativität dieses Kindes unterstützt oder auch behindert? Auf welche Art würde man das Kind unter Druck setzen?

Schlüssel

1. Schock blockiert unsere Fähigkeit zu fühlen und veranlasst uns dazu, uns in uns selbst zurück zu ziehen oder uns energetisch von der jeweiligen Situation abzuspalten. Schockzustände sind daher nur schwer zu identifizieren. Indem wir uns unserer Schocks bewusst werden, beginnen wir einen Aspekt unserer emotionalen Natur und unseres Verhaltens zu verstehen, den wir früher wahrscheinlich verurteilt hätten.

2. Wir heilen unsere Schocks, indem wir sie mit Bewusstheit und Verständnis neu durchleben. Ohne uns dessen bewusst zu sein, ziehen wir Menschen an, die unsere Schocks auf die eine oder andere Weise provozieren. Wenn wir einmal verstanden haben, wie sich das Phänomen Schock anfühlt, wie es ausgelöst wird und woher es kommt, können wir unsere Schockzustände aushalten und aus einer inneren Distanz beobachten. Wir versuchen nicht, etwas an den Empfindungen zu ändern oder sie los zu werden.

3. Schock ist ein wichtiges Thema in Beziehungen. Wenn wir von unseren Schockzuständen nichts verstehen, führen sie unweigerlich zu Missverständnissen, Verstimmungen, Schmerz und Konflikten. Wir können viel einfühlsamer mit den Schocks anderer umgehen, wenn wir mit dem Phänomen besser vertraut sind. Der richtige Umgang mit Schock kann sich sogar als Weg zu größerer Nähe und Behutsamkeit erweisen.

4. Schock ermöglicht Einblicke in die verletztlichsten Bereiche unserer Persönlichkeit. Hinter unseren Schutzmechanismen und Kompensatio-

nen verbirgt sich ein unglaublich empfindsames Wesen. Wenn wir Zugang zu dieser Verwundbarkeit bekommen, verstehen wir auch, warum uns schon die unscheinbarsten Unbewusstheiten und Grenzverletzungen in Schock versetzen.

~

KAPITEL 15

VERNACHLÄSSIGUNG UND VERLASSENHEIT

Während der sieben Jahre, die Lisa mit ihrem Lover zusammen lebte, beschwerte sie sich immer wieder darüber, dass er sie mit seinen emotionalen Bedürfnissen überforderte, andererseits jedoch nicht genug ›in seiner Energie‹ war, um ihre Ansprüche – insbesondere in punkto Sex – zu befriedigen. Im Laufe der Jahre unternahm er den einen oder anderen Seitensprung, aber wohl hauptsächlich, um ihrem Gemecker zu entrinnen. Vor einiger Zeit verliebte sie sich dann auch in einen anderen, hatte ihrerseits eine Affäre und revengierte sich so bei ihrem Freund. Dadurch bekam die längere Beziehung den entscheidenden Knacks. Es gab immer wieder Streit zwischen den beiden, und schließlich gingen sie auseinander. Mit der Trennung begann für Lisa ein tiefgreifender Prozess, während dessen sie mehr Schmerz und Einsamkeit erlebte als jemals zuvor. Heute blickt sie mit Dankbarkeit auf diese Erfahrung und die sich anschließende Erholungszeit zurück. Eine tiefe Verletzung, deren Berührung sie ihr ganzes Leben lang mit viel Geschick vermieden hatte, war ans Licht gekommen. Nachdem sich der Trennungsschmerz allmählich gelegt hatte, erkannte sie, dass ihr jetzt eine ganz neue Welt der Empfindsamkeit und inneren Bewusstheit offen stand.

Wenn wir unserer eigenen Erfahrung von Vernachlässigung und Verlassenheit auf den Grund gehen, treffen wir auf ein verängstigtes und schutzloses kleines Kind in uns, das sich verzweifelt nach jemandem sehnt, der sich seiner annimmt und ihm Liebe gibt. Die Panik, die uns in diesem Zustand befällt, ist derart intensiv, dass wir den größten Teil unseres Lebens darauf verwenden können, sie zu vermeiden. Wenn uns jemand verlässt, wir uns isoliert oder einsam fühlen, kann es trotzdem passieren, dass uns unsere Ängste überwältigen. Die tiefe Unbewusstheit unseres emotionalen Kindes macht viele von uns glauben, dass nie jemand für uns da sein wird. Deutlich wird das durch die Art, wie wir uns in Beziehungen verhalten – durch unsere Eifersucht, die Vermeidung echter Nähe, unsere Angst, verlassen zu werden, und die Forderungen, die wir an unseren Partner richten. In Trennungssituationen spüren wir die Wunde der Verlassenheit am deutlichsten. Wird die Verletzung nur leicht berührt – wenn wir uns allein, ungeliebt, übergangen und respektlos behandelt fühlen – empfinden wir Vernachlässigung, eine geringer dosierte Form der Verlassenheit. Keine Verletzung beeinflusst unsere Beziehungen mehr als diese. Die Angst vor Verlassenheit ruft extreme Panik hervor, weil wir als Kind zahllose Erlebnisse hatten, die uns mit dem Gefühl zurückließen, allein nicht überleben zu können. Viele dieser Erfahrungen sind uns nicht bewusst, weil wir sie mit Ersatzhandlungen tarnen. Erleben wir dann in unserem jetzigen Leben eine Situation, die uns unbewusst an die Kindheitstraumen erinnert, erfahren wir die damit verbundene Verzweiflung erneut und haben beinahe das Gefühl, sterben zu müssen.

Oft wissen wir gar nichts von der Tiefe und Intensität unserer Furcht, bis wir das Gefühl der Verlassenheit einmal in seiner ganzen Tragweite erleben. Ich hatte keine Ahnung, dass es in mir überhaupt einen so erschreckenden Zustand geben könnte, bis die Beziehung zu meiner ersten großen Liebe in die Brüche ging. Mit ihr war ich während der letzten beiden Jahre an der Universität zusammen gewesen. Zuvor hatte ich mich, ohne mir groß Gedanken zu machen, meiner Karriere und dem Sport gewidmet. Die tieferen Aspekte des Lebens kümmerten mich damals wenig. Als wir uns getrennt hatten, versank ich aber so sehr in meinem Schmerz, dass ich nicht sicher war, ob ich es noch bis zum nächsten Tag aushalten würde. Und ein Zurück gab es nicht; denn wir beide wussten, dass die Beziehung vorüber war und jeder von uns seine eigenen Wege gehen musste. Ich hatte keine Ahnung, wo der ganze

Schmerz herkam. Ganze zwei Jahre brauchte ich, um alles zu verarbeiten. Dass ich eine frühkindliche Verletzung berührt hatte, war mir damals nicht bewusst. Mit dem Begriff ›frühkindlich‹ hätte ich ohnehin nicht viel anfangen können. Seither habe ich immer tiefere Schichten dieser Wunde aufgedeckt. In gewisser Weise brachten mich alle nachfolgenden Beziehungen der Akzeptanz dieser tiefen Einsamkeit in meinem Innern ein Stück näher.

Die Verletzung rührt von dem Gefühl her, als Kind nicht ausreichend genährt worden zu sein. Dabei geht es nicht um die Erinnerung an konkrete Vorkommnisse, sondern um die Empfindung einer negativen Leere in uns, die das emotionale Kind verzweifelt zu füllen versucht. Man muss nicht besonders tief gehen, um an den Schmerz der Verletzung zu gelangen. Solange wir uns nicht ganz bewusst dazu entscheiden, die Wunde anzunehmen, flüchten wir uns automatisch und zwanghaft in Ersatzhandlungen und Süchte, damit wir dem Schmerz entgehen. Der eine wird cool, distanziert und anti-abhängig, der andere auf schmerzhafte Weise abhängig. Ich habe beide Seiten kennengelernt. Fünf Jahre lang bin ich mit einer Frau verheiratet gewesen, die an schweren Depressionen litt. Ich konnte nicht verstehen, warum sie sich nicht einfach aus ihrem niedergeschlagenen Zustand heraus katapultierte, und fühlte mich auch nicht in der Lage, irgendetwas für sie zu tun. Ich konnte nicht nachvollziehen, was sie durchmachen musste, weil ich einfach noch nicht den selben Grad an Tiefe berührt hatte wie sie. Ich fühlte mich wohl in meiner Anti-Abhängigkeit. Es war sicherer, nicht bedürftig zu sein, den Schmerz und die Angst nicht fühlen zu müssen. Wie das Leben so spielt, verfiel ich Jahre später ins andere Extrem und verliebte mich in Frauen, die mich weniger brauchten und wollten als ich sie. So musste ich denn ein wenig von meiner eigenen Medizin schlucken – das Gefühl der Ablehnung und Bedürftigkeit kosten, anstelle der Selbstsicherheit und Aufgeräumtheit, an die ich mich so gewöhnt hatte. So oder ähnlich wirkt sich die Verlassenheitswunde in unseren Beziehungen aus, wenn wir sie nicht gründlich erforscht haben. Unsere Eifersuchtsdramen, die Vermeidung von Nähe, Forderungen und Erwartungen gegenüber unseren Liebespartnern und Freunden, das alles sind Verhaltensmuster, mit denen wir die unerträgliche Angst, allein gelassen zu werden, kompensieren. Unsere Kompensationen können sich zu einer schmerzhaften Abhängigkeit entwickeln.

Vor kurzem konsultierte mich eine Klientin wegen ihrer zerstörerischen Beziehung zu einem Mann. Sie kehrte immer wieder zu ihm zurück, obwohl er sie andauernd zurückwies. Je mehr er sie ablehnte, umso mehr bettelte sie um seine Aufmerksamkeit. Ich fragte, was sie dazu brächte, jedesmal zu ihm zurück zu kehren. Sie antwortete, dass sie schon nach zwei Wochen so ängstlich wäre, dass sie es ohne ihn nicht mehr aushalte. Sie wüsste, dass es keine Liebe wäre, aber allein der Gedanke, wieder mit ihm ins Bett zu gehen, reiche aus, um immer wieder zurück zu kommen. Wenn sich zwei Menschen begegnen, hoffen zwei ausgehungerte emotionale Kinder – hinter dem Feuerwerk der großen Gefühle – unbewusst darauf, dass ihre energetischen Löcher von dem Partner gefüllt werden. Selbst in eingefleischten Anti-Abhängigen lauert ein inneres Kind, das danach giert, seine unerfüllten Bedürfnisse endlich befriedigt zu bekommen. Im Hinterzimmer unseres Bewusstseins warten all unsere unerfüllten Erwartungen auf den passenden Menschen und die richtige Situation, um ans Tageslicht zu kommen. Unsere energetischen Löcher verschwinden nie, sie lassen sich höchstens verleugnen. Aber Intimität und Vertrautheit bringen alles zum Vorschein. Unsere Forderungen und Erwartungen können sich beim Sex zeigen, in unseren Gesprächen und darin, wieviel Zeit wir miteinander verbringen. Sie spielen eine Rolle, wenn wir uns verstanden fühlen, wenn man uns finanziell unterstützt oder wenn irgendein anderes Loch in unserem Innern gefüllt wird. Wir erwarten und fordern so viel, weil wir den Mangel in uns spüren. Aber die Folge der Erwartungen und Forderungen ist nur noch mehr Vernachlässigung. Wenn wir etwas erwarten, können wir nichts empfangen.

Weil niemand unsere Forderungen erfüllen kann, werden unsere Beziehungen zu einer Arena von Konflikten und Enttäuschungen. Anstatt die

Leere in unserem Innern zu fühlen, versuchen wir sie mit allen möglichen Strategien aufzufüllen. Beispielsweise spielen wir die Rolle eines guten Vaters, nur um jemanden von uns abhängig zu machen, und glauben dabei, dass wir uns einfach nur fürsorglich verhalten. Oder wir übernehmen die Rolle der aufmerksamen Mutter, überspielen in Wirklichkeit aber nur unsere eigene Verlassenheitsangst. Wir geben uns scharmant und verführerisch, lassen uns aber nie auf das Risiko einer wirklich verbindlichen Beziehung ein, weil wir Angst haben, zurückgewiesen zu werden. Wir gehen Beziehungen ein, halten uns aber immer (mehr oder weniger heimlich) eine Hintertür offen. Das alles sind Strategien, mit denen wir die Angst vor dem Verlassenwerden in Schach halten.

Wir fühlen uns einsam, wenn jemand nicht so ist, wie wir ihn haben wollen. Schon die kleinste Disharmonie im Zusammensein kann uns das Gefühl geben, dass unser Gegenüber nicht richtig für uns da ist. In einem kurzen Moment verfliegt dann jegliches Gefühl der Zusammengehörigkeit und Kameradschaft. Angst überflutet uns, und mit Lichtgeschwindigkeit flüchten wir uns in unser Reaktionsverhalten. Wir kämpfen, wenden uns ab, beschuldigen, greifen an, versuchen zu gefallen... Wir tun einfach alles, damit wir das unangenehme Gefühl wieder loswerden, das uns beschlichen hat. Die Panik der Einsamkeit ist so überwältigend, dass sie uns regelrecht zum Reagieren zwingt. Wir fliehen in einen gewohnheitsmäßigen, vollautomatischen und zwanghaften Verhaltensmodus. Und als wäre das alles noch nicht schlimm genug, fühlen wir uns ausgerechnet zu den Menschen hingezogen, die unsere ungeheilten Wunden der Verlassenheit und Vernachlässigung berühren. Scheinbar ist unser Dasein darauf ausgerichtet, uns unsere Wunden immer wieder vor Augen zu halten. Aus einer Gruppe von fünf Leuten, von denen vier uns alles geben würden, was wir zu brauchen glauben, scheinen wir immer *die eine* Person auszuwählen, die uns ›unsere Knöpfe drücken‹ wird.

Weil wir schon so oft betrogen worden sind, tragen wir einen tiefsitzenden Ärger in uns. Dieser repräsentiert die dunkle Seite der Verlassenheitswunde. Die meisten von uns sind wegen der Gefühle des Verrats, die wir mit unseren Müttern und Vätern verbinden, innerlich wütend auf die Vertreter des jeweils anderen Geschlechts. Im Allgemeinen ist uns das aber nicht bewusst und zeigt sich erst, wenn wir schon eine Weile mit jemandem zusammen sind. Während unser Innerstes eigentlich Liebe geben und empfangen möchten, zeigt sich an der Oberfläche unser Verlagen nach Rache. Die wichtigen und weniger wichtigen Anläße, bei denen wir uns von unseren Liebespartnern und Freunden im Stich gelassen fühlen, lassen unsere Wut langsam aber sicher wieder erwachen. Neulich berichtete mir ein Klient, dass seine Freundin mit seinem besten Freund geschlafen hatte. Als ich ihn fragte, wie die Beziehung bis dahin gewesen war, sagte er, dass er sich sexuell vernachlässigt gefühlt hatte. Er glaubte, dass seine Freundin zu ›vergeistigt‹ gewesen sei, und dass sie Phantasien von anderen Männern gehabt hätte. Als wir tiefer auf das Thema eingingen, kam heraus, dass er in seiner Beziehung jene Dynamik wieder aufleben ließ, die er mit seiner Mutter in Bezug auf Sex gehabt hatte. Sie hatte ihn dazu gebracht, ein ›netter‹ Mann zu werden und nicht in die Fußstapfen seines ›sexbesessenen‹ Vaters zu treten. Natürlich hatte sich unterbewusst eine Menge Wut in ihm aufgestaut, weil er seiner Mutter erlaubt hatte, ihn in dieser Art zu kastrieren. Langsam erkannte er, wie wütend er auch auf seine Freundin war.

Unsere unbewussten Wutreaktionen gegen einander sind nicht sehr hilfreich. Bevor wir in sinnvoller Weise an uns arbeiten können, müssen wir uns fest vornehmen, unseren Ärger nicht auf den Partner zu richten. Es hilft, wenn wir anfangen, unsere Wut und den Schmerz auszuhalten, ohne gleich automatisch zu reagieren. Andernfalls verlieren wir Energie und bestärken unser inneres Kind in seiner Abwehrhaltung. Davon abgesehen ist es ein Missverständnis, wenn wir glauben, dass es heilsam ist, wenn wir uns dem anderen mitteilen. Bevor wir kein tieferes Verständnis für unsere Verlassenheit entwickelt haben, ist dieses Mitteilen von dem Bedürfnis motiviert, Anerkennung, Liebe und Aufmerksamkeit zu erhalten. Das führt nur zu noch mehr Ablehnung und Konflikt. Anfangs teilen wir uns unserem Partner noch mit, doch kurze Zeit später geraten wir in Rage, weil wir die Schuld beim anderen suchen. Ohne es zu merken, hoffen wir auf die Gelegenheit, unseren Ärger und unser Misstrauen zu rechtfertigen, uns zu rächen und zu reagieren. Wenn etwas unsere Verlassenheitswunde berührt, brauchen wir nicht einmal eine Millisekunde, um vom Auslöser zur Reaktion zu kommen. Dieser Mechanismus läuft unmittelbar und total automatisch ab. Es empfiehlt sich deshalb zu versuchen, die Zeitspanne zwischen Auslöser und Reaktion so weit wie möglich in die Länge zu ziehen. Das gibt uns mehr Raum und Zeit, in die Verletztheit hineinzufühlen, wenn sie ausgelöst wird. Wir müssen den Abstand zwischen Auslöser und Reaktion vergrößern und unsere Empfindungen länger aushalten. Unser Trauma ist allgegenwärtig – normalerweise erlauben wir uns aber nicht, es lange genug wahrzunehmen, weil wir so überstürzt reagieren.

Zwischen Auslöser und Reaktion liegt die Wunde

Auslöser ——➤ (die Wunde) ——➤ Reaktion

(zum Beispiel: Ablehnung, Verlust, Nicht-Beachtung, unerfüllte Erwartungen, das Gefühl, nicht genügend Zeit mit dem Partner verbringen zu können)

(zum Beispiel: Wut, Beschuldigung, Manipulation, Kontrolle, Süchte, Resignation, Zusammenbruch, Rückzug)

Bevor wir verstanden haben, was es mit unserer Verlassenheit auf sich hat, ist es unmöglich *nicht* zu reagieren und uns *nicht* in Suchtverhalten zu flüchten. Alle Versuche, uns mit Willenskraft zu beherrschen, verspannen uns und bringen uns dazu, uns für unsere unvermeidlichen Rückfälle zu verurteilen. Die mit dem Verlassensein verbundenen Ängste sind weit mächtiger als unser Wille. Erst wenn wir anfangen, die Tiefe und Intensität unserer Verlassenheitspanik zu würdigen, können wir sehen wie sehr sie unsere Beziehungen beeinträchtigt. Diese Einsicht bringt uns allmählich die fehlende innere Distanz zu unseren zwanghaften mechanischen Reaktionen.

Wenn wir uns die Wunde unserer Verlassenheit und Vernachlässigung bewusster machen, besteht die eigentliche Aufgabe darin, den unübersehbaren Anlässen und auch den nicht so offensichtlichen Ereignissen, durch die sie ausgelöst wird, unsere Aufmerksamkeit zu widmen. Starke Auslöser, wie Ablehnung, Verlust oder das Ende einer Beziehung erzwingen normalerweise gleich unsere Beachtung, weil sie so schmerzhaft sind. Doch oft verlieren wir uns in unseren Ängsten, ohne dass es der Beobachter in uns richtig mitbekommt. Wir erschrecken zutiefst, und der Verlust oder die Zurückweisung verstärken unser Misstrauen und unsere Resignation noch. Indem wir unsere Verletzung mit mehr Verständnis wahrnehmen, erkennen wir immer besser, wenn die Wunde berührt wird, dass sie schon immer da war, und dass unser Kummer ein Prozess ist, der uns stärker macht. Weniger heftige Auslöser entgehen uns oft; manchmal nehmen wir nicht einmal wahr, dass die Verlassenheitswunde berührt worden ist. Dies sind die Momente, in denen wir gereizt und ärgerlich werden, weil uns etwas nicht passt – Zeiten, in denen man uns nicht die Liebe, Aufmerksamkeit und Berührung, den Respekt und die Empfindsamkeit entgegenbringt, die wir möchten. In solchen Momenten neigen wir zu schnellen Reaktionen (was häufig zu den entsprechenden Gegenreaktionen führt) oder ziehen uns in unser Suchtverhalten zurück.

Dreiecksbeziehungen sind ein wichtiges Thema, wenn über Vernachlässigung und Verlassenheit gesprochen wird. Lässt sich ein Beziehungspartner mit jemand anderem ein, führt dies zu einer ununterbrochenen Reizung der Wunde, so als erhielte man eine intravenöse Verlassenheits-Infusion. Dies soll nicht heissen, dass wir derartige Situationen vermeiden können. Manchmal ist es eben das, was das Leben uns bietet und was wir aus irgendeinem Grund erfahren müssen. Dennoch sollten wir uns darüber im Klaren sein, worauf wir uns einlassen.

Verlust und Enttäuschung sind Erfahrungen, die wir alle in unserem Leben durchmachen müssen. Können wir das Geschehen mit genügend innerer Distanz beobachten, sind wir auch in der Lage, uns den entsprechenden Lebensphasen zu stellen. Dann fühlen wir den Schmerz – egal wie stark er ist – und gehen weiter unseren Weg. Wenn es uns gelingt, die Erfahrung von Angst und Schmerz auszuhalten, wann immer sie hervorgerufen wird, heilen wir unsere Wunden. Wir entwickeln immer mehr Raum in uns für all die Auslöser, die uns später noch treffen werden. Unsere Reise durch Angst und Schmerz bewirkt zugleich, dass uns der kindliche Geisteszustand mit der Zeit nicht mehr so stark kontrolliert. Das emotionale Kind verliert seinen Einfluss auf unsere Sichtweise der Gegenwart, und unsere Wahrnehmungen werden weniger von vergangenen Traumen beeinflusst.

Um Liebe erleben zu können, ist die Arbeit an der Verlassenheitswunde ein Muss. Dabei ist das Wissen um die Verletzung schon ein wichtiger Aspekt; Liebespartner sollten aber auch bereit sein, die Wunde zu fühlen und etwas darüber zu erfahren, wie sie entstanden ist. Abgesehen davon gibt es einige Aspekte, die in diesem Zusammenhang essentiell sind: Menschen sind wie sie sind, und wir dürfen nicht erwarten, sie in unserem Sinne verändern zu können. Auch gibt es immer wieder Zeiten, in denen das emotionale Kind enttäuscht ist, weil jeder Partner Seiten hat, die wir nicht so gern mögen. Wenn wir (unser emotionales Kind) solche Eigenheiten entdecken, fühlen wir uns sehr allein, frustriert und verlieren unsere Illusionen. Und schließlich kommt einmal der Tag, an dem wir voneinander Abschied nehmen müssen, sei es, weil einer von uns stirbt oder uns wegen eines anderen verlässt. Wir müssen bereit sein, diesem Schmerz zu begegnen.

Oft habe ich meinen spirituellen Meister über den Unterschied zwischen Einsamkeit und Alleinsein sprechen hören. Einsamkeit, erklärte er, sei ein dunkles Loch, ein beängstigend negativer Zustand. Alleinsein jedoch sei unsere Natur, welche er als den *Everest* der Meditation beschreibt. Bis ich meine eigene Verlassenheitswunde erforschte, hatte ich keine Ahnung, was er damit meinte. Jetzt kann ich sehen, dass meine Gefühle der Vernachlässigung und Leere auf der Denkart meines emotionalen Kindes beruhen, einer Haltung, die jederzeit aufkommen kann.

Inzwischen habe ich jedoch genügend positive Erfahrungen des Alleinseins gemacht, um zu wissen, dass Einsamkeitsgefühle bald vorüber gehen. Alleinsein kann äußerst beglückend, aber auch süß und bitter zugleich sein, bringt aber keinesfalls die Panik und Verzweiflung mit sich, wie ich sie aus Momenten der Einsamkeit kenne.

Die Reise zur Wunde der Verlassenheit

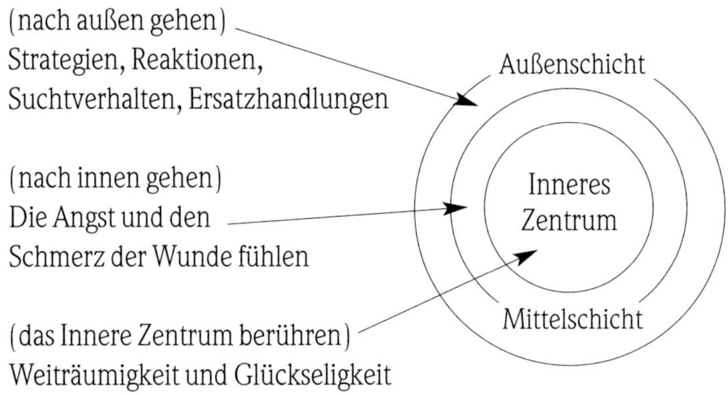

»Du musst deiner Leere begegnen. Du musst sie leben, du musst sie annehmen. Und in dem Annehmen verbirgt sich eine große Offenbarung. In dem Moment, in dem du dein Alleinsein, deine Leere akzeptierst, verändert sich dessen ganze Qualität. Es wandelt sich in das genaue Gegenteil – es wird zu einem Reichtum, einer Erfüllung, einem Überfließen von Liebe und Freude.« Osho

Übungen

1. Mache dir deine Vernachlässigungswunde bewusst und werde dir über folgendes klar:
a) »Ich fühle mich vernachlässigt (verletzt oder wütend), wenn…«
Welches bestimmte Verhalten gibt dir in deinen persönlichen Beziehungen das Gefühl, betrogen oder vernachlässigt worden zu sein? Was genau ist es, das der andere in solchen Situationen tut oder unterlässt, sagt oder verschweigt?
b) Welche Erwartungen hast du in solchen Fällen?
c) Welche Überzeugen hast du in Bezug auf diese Situationen?

2. Verfolge die Verletzung bis zu ihrem Ursprung.
a) In welcher (vergleichbaren) Weise hast du dich als Kind betrogen und vernachlässigt gefühlt. Hattest du den Eindruck, dass niemand für dich da war? Wurden deine Grenzen verletzt? Fühltest du dich missverstanden? Hattest du das Gefühl, dass dir niemand zuhört?

3. Verwende die Energie, die du bisher auf Reaktion verwendet hast, dafür, bei deiner Verletzung zu bleiben. Übe dich darin, *nicht* zu reagieren, wenn dein Gefühl der Vernachlässigung das nächste Mal ausgelöst wird. Gehe statt dessen in dich und nimm wahr, was in deinem Innern geschieht. Was fühlst du in deinem Körper? Welche Gedanken kommen auf? Was sind deine Befürchtungen? Wohin fließt deine Energie?

Schlüssel

1. Die Verlassenheits- und Vernachlässigungswunde ist universell und die vielleicht tiefste und Angst einflößenste Verletzung überhaupt. Sie beruht auf der tiefen Empfindung, ungewollt, unverstanden, nicht unterstützt und im Stich gelassen worden zu sein. Jeder von uns erfährt die Wunde auf seine eigene Weise, aber in jedem erzeugt sie ein Gefühl, ausgehungert zu sein und ein Verlangen nach Liebe. Wir versuchen, unse-

ren Mangel auszugleichen, indem wir abhängig oder fordernd werden, von einander gerettet werden wollen oder uns in unsere eigene isolierte Welt zurückziehen und uns ein täuschendes Gefühl der Selbstgenügsamkeit einreden.

2. Die Verlassenheits- und Vernachlässigungswunde ist die Quelle der schmerzhaftesten Konflikte in unserem Beziehungsleben, weil wir von unserem Partner erwarten, dass er uns vor unserem Schmerz bewahrt. Dass es eigentlich das verlassene, vernachlässigte Kind in uns ist, das sich an den anderen wendet und genährt werden will, merken wir gar nicht. Dies führt zu Zurückweisungen, weil der andere diese Rolle nicht für uns spielen will. Unser Partner hat schon genug damit zu tun, sein eigenes emotionales Kind zu nähren. Dickköpfig und ausdauernd wie wir sind, versuchen wir es aber immer wieder – solange wir die Zusammenhänge zwischen unseren Erwartungen, Forderungen, Reaktionen und der Verletzung nicht verstehen.

3. Indem wir die Verbindung zwischen unserem Reaktionsverhalten und der Wunde erkennen, machen wir einen großen Schritt heraus aus der gewohnten Qual unserer Beziehungen. Wenn wir die Tiefe unserer Verlassenheitspanik begreifen, wird auch deutlich, warum wir uns so reaktiv verhalten.

4. Durch die Bewusstmachung der Wunde lernen wir, bei uns selbst zu bleiben und die existentielle Wahrheit unseres Alleinseins zu sehen. Kaum etwas macht uns mehr Angst als allein zu sein. Durch die Arbeit mit der Wunde lernen wir jedoch, dass diese Ängste auf alte Verletzungen zurückzuführen sind und nicht auf Situationen, die wir heute durchleben. Haben wir erst einmal genügend Mut gesammelt, durch die Einsamkeit hindurch zu gehen, berühren wir die Glückseligkeit unseres Alleinseins.

~

Kapitel 16

Vereinnahmung

Zu unseren Seminaren kommen fast immer mehr Frauen als Männer. Dies lässt sich einerseits wohl dadurch erklären, dass Frauen eher zu der Einsicht neigen, an Lebensthemen wie Vertrautheit und Co-Abhängigkeit arbeiten zu müssen. Ein anderer Grund ist, dass viele Männer eine tiefe Vereinnahmungswunde in sich tragen und äußerst vorsichtig sind, wenn es darum geht, dieses Trauma aufzudecken und sich in ungewohnten Situationen verletzlich zu zeigen. Wenn unser emotionales Kind vereinnahmt wurde, lassen wir andere nur mit großem Misstrauen an uns heran. Obwohl uns das nicht bewusst ist, verbinden wir frühe Erfahrungen von ›Liebe‹ mit Schmerz und Verrat.

Vereinnahmung ist die Zwillingswunde der Verlassenheit und genauso machtvoll. Je nachdem, wie wir als Kind konditioniert wurden, sind wir manchmal mehr mit der Angst vor Kontrolle, Manipulation und Festhalten verbunden als mit der Furcht, allein gelassen zu werden. Die Vereinnahmungsangst kann so stark sein, dass wir es fertig bringen, niemanden an uns heranzulassen. Und wenn es doch einmal jemandem gelingt, uns nahe zu kommen, leben wir mit der ständigen Furcht, überwältigt zu werden. Manchmal wird diese Befürchtung sogar von Hitzewallungen, Atemnot und Platzangst begleitet. Wie die anderen Ängste, die wir diskutiert haben, kann auch das Gefühl der Vereinnahmung schon durch unscheinbare und vermeintlich irrationale Auslöser aktiviert werden. Einmal in Gang gesetzt, breitet sich in der betreffenden Person der unwiderstehliche Drang aus, so schnell und weit wie möglich vor der Bedrohung zu fliehen.

Für die Stärke der von dieser Verletzung ausgehenden Reaktionen gibt es die verschiedensten psychologischen Erklärungen. Wir mögen zum Beispiel eine übermächtige und kontrollierende Bezugsperson gehabt haben – ein Einfluss, der meist von unserem gegengeschlechtlichen Elternteil ausgegangen ist. Oder wir mussten eine emotionale Ersatzrolle spielen, unserer Mutter oder unserem Vater die Liebe und Fürsorge geben, die er oder sie von seinem Ehepartner nicht bekam. Vielleicht war einer unserer Eltern auch nicht damit einverstanden, dass aus uns eine sexuelle, kraftvolle und unabhängige Persönlichkeit werden würde. Herkunft und Einfluss unserer Wunden können aber nicht allein durch Kindheitserlebnisse erklärt werden. Was auch immer der Grund für das Vereinnahmungstrauma sein mag, in jedem Fall glauben wir, der uns entgegen gebrachten Liebe nicht vertrauen zu können.

Vereinnahmung ist eine schwere Art von Missbrauch, weil sie verhindert, dass wir unsere Welt zu meistern lernen. Ohne diese Fähigkeit können wir kein Selbstwertgefühl entwickeln. Jemand, der an einer tiefen Vereinnahmungswunde leidet, ist daher fest davon überzeugt, seine Lebensenergie, Kreativität, Freiheit, Sexualität, sogar seine Spiritualität einzuschränken und zu verlieren, wenn er einen Menschen zu nah an sich heranlässt. Diese Angst erzeugt einen starken inneren Konflikt. Einerseits wissen wir, dass wir ohne Liebe nicht leben können, andererseits trauen wir der Liebe nicht. Immer wieder gehen wir auf andere zu, nur um sie schon bald wieder zurückzustoßen. Der Teil von uns, der sich nach Liebe sehnt, zieht einen Partner an und fängt vielleicht eine immer intimer werdende Beziehung an. Doch unser emotionales Kind, das durch Vereinnahmung verletzt worden ist, reagiert auf die leisesten Anzeichen von Kontrolle, Manipulation und Besitzergreifung. Diesen Reaktionen fehlt meist jeder Bezug zur Realität, und unser Partner fühlt sich ungerecht behandelt. Seine Versuche, dem an Vereinnahmung leidenden Gegenüber näher zu kommen, enden in ständiger Frustration und Enttäuschung. Oft bereut der zurückweisende Part sein Verhalten zutiefst, doch erweist es sich als sinnlos, die übermächtige Ablehnung in den Griff zu bekommen.

Erkennen wir an uns Verhaltensweisen, mit denen wir Menschen zurückstoßen und Nähe vermeiden, ist wahrscheinlich die Identifikation mit unserer Vereinnahmungswunde dafür verantwortlich. Möglicherweise können wir die Ursache dieser Verletzung auf Vorkommnisse in unserer Kindheit zurückführen – Situationen, in denen ›Liebe‹ mit erheblicher Kontrolle und Unterdrückung verbunden war und uns mit dem Gefühl zurückließ, verraten worden zu sein. Es kommt aber nicht so sehr darauf an, ob es uns gelingt, die in unserer Konditionierung liegenden Ursachen herauszufinden. Wir müssen vielmehr verstehen, dass wir nichts an unseren übermächtigen Gefühlen und irrationalen Reaktionen ändern können, solange wir uns mit der Vereinnahmung identifizieren. Eines sollten wir unbedingt beachten: Wenn wir uns in unseren heutigen Beziehungen vereinnahmt vorkommen, ist der andere nicht dafür verantwortlich. Sicherlich berühren Liebespartner unsere Wunde, die Wurzel des Übels sind sie aber nicht. Sie können nichts für unser Gefühl der Vereinnahmung, Kontrolle und Manipulation, sondern berühren nur eine Verletzung, die wir bereits in uns tragen und darauf wartet, aufgedeckt zu werden. Erliegen wir dem Irrtum, dass der andere das Problem ist, inszenieren wir wieder und wieder dieselben Dramen. Erst nähern wir uns an, und dann ziehen wir uns mit scheinbar berechtigter Empörung wieder zurück. Oder wir glauben, dass Liebe sowieso nur zu Kontrolle führt und leben ein Leben in Isolation.

In Beziehungen wird aus Menschen mit tiefen Vereinnahmungswunden normalerweise der anti-abhängige Partner. Er hat große Angst vor Intimität, da sie ihn mit der ursprünglichen Verletzung, welche er als schwerwiegenden Verrat seiner Liebe empfindet, konfrontiert. Wie ein Pendel schwingt der Anti-Abhängige zwischen den beiden Polen seiner Gefühlswelt hin und her. Mal betont er trotzig und rebellisch seine Freiheit und Unabhängigkeit, dann wieder zeigt er sich gefällig und entgegenkommend. Nachdem Schuldgefühle und Sehnsucht nach Liebe eine Weile im Vordergrund gestanden haben, lassen ihn Ärger und Einengungsgefühle bald wieder in seine Abwehr abtauchen. Diese Unstetigkeit ändert nichts, es sei denn, man macht sich bewusst, was dahinter steckt.

Fühlt sich unser emotionales Kind bedrängt, sehen wir in der Vermeidung von Nähe und dem Wegstoßen des Vereinnahmenden die einzige Möglichkeit, frei zu sein. Aber die Freiheit, die wir suchen, kann nie aus Reaktion gegen andere entstehen. Deren Verhalten zu uns ist nicht für das Gefühl des Gefangenseins verantwortlich. Wir können uns jederzeit selbst befreien. Was uns gefangen hält, ist unsere Neigung, unreflektiert zu reagieren. Meine eigene Vereinnahmungswunde kann es, was ihre Intensität betrifft, mit dem Trauma jedes anderen aufnehmen. Als ich erforschte, warum es mir so schwer fällt zu tun, was ich will, musste ich der Angst meines emotionalen Kindes vor Strafe und Zurückweisung ins Gesicht sehen. Jedesmal, wenn ich es mit den Erwartungen und Forderungen anderer aufnahm oder jemanden enttäuschte, den ich liebte, ging es darum, mich mit dieser Angst auseinandersetzen.

Ursache für das ambivalente Verhalten gegenüber Menschen, denen wir nahestehen, ist die Identifikation mit dem bedrängten Kind in uns. Oft haben wir nur eine vage Vorstellung von dem, was wir wirklich wollen. Erst toben wir uns in kleinen Rebellionen aus, nur um uns danach fürchterlich schuldig zu fühlen, weil wir den anderen verletzt oder betrogen haben. Wir suchen nach Liebe und nach Freiheit und verlieren uns hoffnungslos irgendwo dazwischen. Nehmen wir uns Raum, quälen uns Schuldgefühle, und wenn wir verzichten, werden wir sauer. Egal was wir tun, wir fühlen uns schlecht.

Meist ist Rebellion gegen jemanden der einzige Weg, auf dem wir mit unseren eigenen Bedürfnissen in Kontakt zu kommen glauben. Doch kann diese Einstellung leicht zu einem endlosen und automatischen Reaktionsmuster werden. Um aus dem unbewussten Reagieren heraus zu kommen, war es für mich in Augenblicken der Bedrängung sehr hilfreich, die in mir aufsteigenden Ängste auszuhalten, präsent zu bleiben und sogar mit meinem Gegenüber darüber zu sprechen. Normalerweise hätte ich mich zu unangmessenen Erwiderungen hinreißen lassen oder mich eine Zeit lang zurückgezogen, nur um meine Angst und Sorgen zu lindern. Durch den Ausstieg aus diesen Automatismen und dadurch, dass ich meine Angst vor Nähe aushielt, konnte ich mich wieder mit dem verletzten Vertrauen in mir verbinden. Jetzt lernte ich zu schätzen, dass das Kind in meinem Innern, das so offen gewesen gewesen war und erfahren musste, wie seine Offenheit missbraucht wurde, seine Verletzlichkeit verbirgt.

Gleichzeitig war ich sehr betrübt, weil ich anderen und mir selbst wegen meines Misstrauens weh getan hatte. Ich begriff, wie ich mit meinem aufsässigen und nachtragenden Verhalten Menschen verletzt hatte, die versuchten, mir nahe zu kommen. Ihnen hatte ich die Verantwortung für Wunden zugeschoben, die schon da waren, lange bevor diese Freunde in mein Leben traten. Unversehens sah ich die Momente verpasster Intimität mit Frauen, denen ich in meinem Leben begegnet war, mit Freunden und mit meiner Familie. Selbst beim Tod meines Vaters bin ich nicht in der Lage gewesen, meine Liebe und Dankbarkeit für ihn so auszudrücken, wie ich es gerne getan hätte. Dies ist der Schmerz der Vereinnahmung. Er kann unsere Emotionen so nachhaltig von uns abschneiden, dass es viel Vertrauen, Geduld und Selbstakzeptanz erfordert, um uns wieder öffnen können. Glücklicherweise kann ich mich gegenüber Amana in einer Weise offenbaren, die ich nie für möglich gehalten hätte, auch wenn es immer noch manchmal vorkommt, dass ich in alte Muster der Isolation und des Rückzugs verfalle.

Bei der Auflösung der Identifikation mit dem vereinnahmten Kind half mir die Bereitschaft, Risiken einzugehen. Es kam darauf an, zu tun, was *ich* wollte und die Angst zu fühlen, die dann in mir aufkam. Mir selbst wichtige Erfahrungen vorzuenthalten, weil jemand anders etwas dagegen haben könnte, wäre mein normales Verhalten gewesen. Entsprechende Situationen begegneten mir zum Beispiel, wenn ich etwas mit Freunden unternehmen wollte, anstatt mit meiner Partnerin zusammen zu sein, oder andere Interessen verfolgte, die mir weniger Zeit für die Beziehung ließen. Es klingt vielleicht absurd, aber ich glaubte tatsächlich, dass ich nicht das Recht hätte, frei über meine Zeit zu verfügen. Gefühle der Vereinnahmung scheinen mit dieser Schuld einher zu gehen.

Ich hatte stets das Gefühl, meine Partnerin zu betrügen, und diesbezüglich Risiken einzugehen fühlte sich bedrohlich an. Zwar ging ich meinen Interessen nach, aber aus einer rebellischen Haltung heraus, wütend, nachtragend und voller Schuldgefühle. Natürlich ließ die entsprechende Reaktion meines Gegenübers nicht lange auf sich warten, woraufhin ich mich in einer Man-gibt-mir-nicht-genug-Raum-Trance wiederfand. Meine Ängste waren das Problem, und nicht die Erwartungen des anderen. Als ich stark genug war, mit Klarheit und ohne Reaktion die nötigen Risiken einzugehen, wurde mir langsam klar, dass die Einstellung des anderen keine so große Rolle spielt. Sobald wir mehr Durchblick haben, ist das Spiel vorbei. Der Prozess dreht sich um uns selbst, unsere Befürchtungen und darum, unsere eigenen Bedürfnisse und Wünsche würdigen zu lernen. Wir brauchen Mut zum Risiko.

Falls wir als Kind vereinnahmt wurden, neigen wir später unbewusst dazu, auf Beziehungspartner zu reagieren wie damals auf den betreffenden Elternteil. Ich erinnere mich an einen Vorfall mit meiner Frau, kurz nachdem unsere Beziehung begonnen hatte. Wir waren auf Besuch in Dänemark, ihrem Heimatland, wo ich mich immer ein wenig unsicher fühle, weil wir dort meistens von Amanas alten Freunden umgeben sind und ich kein Dänisch verstehe. Wir hielten an, um Benzin nachzufüllen, wobei sie mir nebenbei erzählte, wie ich den Tankdeckel am besten auf bekäme. Amana ist sorgfältig und genau, aber nicht besonders kontrollierend. Trotzdem reagierte ich mit einem »Sag' mir nicht, was ich tun soll!«. In dem Moment realisierte ich, dass diese Worte überhaupt nicht an Amana gerichtet waren. Sie kamen aus der Vergangenheit. Jedesmal, wenn ich meine Mutter besuche, die der eigentliche Adressat solcher Bemerkungen ist, bieten sich Möglichkeiten, meine Vereinnahmung erneut zu durchleben. Sie ist eine liebevolle und nette, aber ziemlich zwanghafte alte Dame, die mit ihren Ratschlägen und Ermahnungen einen nicht enden wollenden Dialog aufrecht erhält. Nach ein paar Tagen verliere ich meistens die Geduld, ganz egal wie sehr ich mir vornehme, nicht zu reagieren. Das vereinnahmte Kind in mir, das wegen Mutters Verhalten schier verrückt wird, übernimmt die Regie. Den Unterschied zwischen Vergangenem und Gegenwärtigem zu sehen, macht einen Großteil der Loslösung von der Identifikation mit dem vereinnahmten Kind aus.

Die Arbeit an der Vereinnahmungswunde

1. Jedesmal, wenn wir vereinnahmt werden, die Ängste im Innern fühlen und würdigen.
2. Das automatische Muster des Zurückziehens oder Reagierens brechen, indem wir statt dessen unsere Ängste zur Sprache bringen.
3. Vergangenes von Gegenwärtigem unterscheiden.
4. Die Erwartung wahrnehmen, dass die Leute so sein sollen, wie wir sie haben wollen.
5. Das Risiko eingehen, trotz der Schuldgefühle und der Angst vor Zurückweisung, unsere eigenen Bedürfnisse und Neigungen zu würdigen und zu respektieren.

Es gibt noch einen weiteren Aspekt, der bei der Arbeit an der Vereinnahmungswunde bedeutsam ist. Derartige Traumen schüren die Erwartung, dass man uns einfühlsam, verständnisvoll, mit Respekt und Rücksicht zu behandeln hat. Die Welt soll unseren Idealen entsprechen. Enttäuscht man uns, sind wir empört und verärgert. Die Leute richten sich jedoch nicht nach unseren Vorstellungen – sie sind, wie sie sind. Weil wir das nicht verstehen, fühlen wir uns verraten und allein, sobald uns jemand als respektlos oder besitzergreifend erscheint. Statt den Schmerz auszuhalten, machen wir aus Menschen und Situationen, was sie gar nicht sein können. Erst wenn wir bereit sind, das Alleinsein zu akzeptieren, verändert sich unsere Sichtweise dramatisch – die Erwartungen fallen allmählich von uns ab. Sind wir enttäuscht, liegt das wahrscheinlich daran, dass wir die Menschen oder Umstände noch nicht so sehen wie sie sind.

»Es gibt nur eine grundlegende Angst. Die Angst, sich selbst zu verlieren. Es mag um den Tod gehen oder um die Liebe, aber die Angst ist dieselbe; du fürchtest, dich selbst zu verlieren. Und das Seltsamste daran ist, dass nur jene Menschen fürchten, sich selbst zu verlieren, die sich selbst nicht haben. Die sich selbst haben, fürchten sich nicht.«
Osho

Übungen

1. Vergegenwärtige dir Situationen, in denen du das Gefühl hast, dass jemand oder etwas von dir Besitz ergreift oder Forderungen an dich richtet, in denen dich jemand kontrolliert oder dich überwältigt. Mache dir Notizen dazu.

2. Welche Gefühle und körperlichen Wahrnehmungen verbindest du mit Vereinnahmung, Unterdrückung und Überwältigung? Hitzewallungen, Atemnot, Panik, den Drang zu flüchten und allein zu sein?

3. Wie glaubst du als Kind kontrolliert, unterdrückt und überfordert worden zu sein? Auf welche Weise hat man von dir Besitz ergriffen? Achte auf spezifische Situationen mit bestimmten Leuten – Vater, Mutter, Geschwister beispielsweise. Gibt es irgendeine Verbindung zwischen diesen Vorkomnissen und dem, was du heute erlebst?

4. Stelle dir eine Situation vor, in der du dich Forderungen, Erwartungen und Überwältigung ausgeliefert sahst oder siehst. Welche Ängste kommen hoch, wenn du erwägst, dir den Raum zu nehmen, den du brauchst oder zu tun, was du willst?

5. Welche Erwartungen richtest du an die Menschen, von denen du dich vereinnahmt, respektlos behandelt oder enttäuscht fühlst? Schreibe sie auf.

6. Wie wäre es für dich, die an eine bestimmte Person gerichteten Erwartungen loszulassen? Welche Ängste würde das hervorrufen?

Schlüssel

1. Die Vereinnahmungswunde ist ein Schatten des Verlassenheitstraumas. Anstatt uns betrogen zu fühlen, weil der andere nicht für uns da ist, sehen wir uns verraten, weil zu viel von uns gefordert und erwartet wird, oder weil jemand seine Interessen vor unsere Bedürfnisse stellt. Wir fühlen uns erstickt, kontrolliert, manipuliert und ungeliebt. Statt uns fest zu klammern, ziehen wir uns zurück, aber die Sehnsucht nach Liebe ist genauso groß.

2. In unseren Liebesbeziehungen und Freundschaften vollzieht sich normalerweise ein Drama zwischen Vereinnahmung und Verlassenheit. Wir tragen beide Wunden in uns, aber projizieren eine der beiden auf unser Gegenüber, das dann für uns die entsprechende Rolle spielt. Meist kommen gute Theaterstücke dabei heraus. Der vereinnahmte Part hat meist weniger Verbindung zu seinem Verlangen nach Liebe und Nähe, weil sein Überleben davon abhing, diese Sehnsüchte zu verleugnen. Der verlassene Partner hingegen kann sein Bedürfnis nach Weiträumigkeit und Freiheit nicht spüren, da er schon so lange zwanghaft nach Liebe sucht. Und es ist die Hölle, wenn Vereinnahmte und Verlassene in ihrer Unbewusstheit aufeinander treffen. Nur mit größerer Bewusstheit bietet sich uns die Gelegenheit, die Wunden kennenzulernen und herauszufinden, dass unser emotionalen Kindes beide Seiten in sich hat.

3. Der Vereinnahmte glaubt Erleichterung zu erfahren, wenn er zu seinem Partner auf Abstand geht. Dies ist ein Missverständnis. Der Freiraum, nach dem er sucht, liegt keineswegs in der Entfernung zum anderen, sondern in seinem eigenen Innern – darin, sich mit der Angst vor Vergeltung auseinanderzusetzen, die ihn befällt, wenn er tut, was *er* will. Weglaufen ist nicht die Lösung, wir müssen in uns hineinfühlen und uns

mit unserem Partner über die große Angst, einander zu verlieren, austauschen.

4. Das emotionale Kind antwortet auf Vereinnahmungsängste mit gewohnheitsmäßigen und automatischen Verhaltensmustern von Rebellion und Gehorsam. Indem wir riskieren, mit Klarheit unserem eigenen Willen zu folgen, finden wir wieder zu unserer Mitte zurück, von wo aus zentrierteres Handeln möglich ist.

~

Kapitel 17

Misstrauen und Ärger

Ein Samurai machte sich auf die Reise, um einen Zenmeister zu besuchen, der ihm den Unterschied zwischen Himmel und Hölle erklären könne. Der Meister musterte ihn nur kurz und sagte, dass er keine Zeit mit einem so dummen Mann zu verschwenden hätte. Daraufhin packte den Samurai die Wut. Er zog sein Schwert und drohte den Greis zu erschlagen. Der Zenmeister aber stoppte ihn mit den Worten: »Dies, mein Herr, ist die Hölle.« Tief beeindruckt von der Weisheit und Macht des alten Mannes senkte der Samurai sein Schwert und verbeugte sich vor Respekt. Daraufhin sagte der Meister: »Und dies, edler Krieger, ist der Himmel.« Das Misstrauen und der Ärger, die uns umgeben, sind das letzte Thema auf unserer Tour durch die Welt des emotionalen Kindes. Wenn wir von unserer Misstrauensblase umgeben sind, leben wir in einem tiefschwarzen Raum, eingesperrt durch unsere negativen Überzeugungen, Wahrnehmungen und Erwartungen. Misstrauen ist die Hölle für uns. Jegliche Fähigkeit, Liebe zu empfangen und uns an Schönheit zu erfreuen, geht verloren. Weil es jedes Risiko scheut, ist Misstrauen stets ein leichter Ausweg. Von der Umwelt Unterstützung für unsere negativen Meinungen und Glaubenssätze zu erhalten, scheint auch nie ein Problem zu sein. Die Welt selbst ist misstrauisch, und neues Vertrauen zu fassen erfordert eine Menge Mut.

Ich erinnere mich noch daran, wie ich meine Mutter einmal fragte, wer eigentlich ›Gott‹ ist. Sie antworte, dass das nur eine Einbildung sei. Meine Eltern wehrten sich beide gegen jede Art von Religion oder Spiritualität. Ich hielt diese Einstellung immer für sehr intelligent und, was mich betrifft, für sehr befreiend, da ich nie durch irgendwelche herkömmliche

Glaubensformen und -praktiken indoktriniert worden war. Aber es gab auch einen Hauch von Skepsis und Rationalismus in meiner Erziehung. Mir wurde vermittelt, dass es besser sei, zu zweifeln und zu misstrauen. Wertschätzung für Mysterien und für die Magie des Lebens lehrten mich meine Eltern nicht. Einer der Gründe, warum mich das Buch *Der Stern der Cherokee* so berührt, ist die Art wie *Little Tree* (der Junge, um den es in der Geschichte von FORREST CARTER geht) bei seinen Großeltern aufgewachsen ist. Von ihnen lernt er eine aus tief empfundener Herzlichkeit kommende Spiritualität voller Respekt und Vertrauen ins Leben. Sein so erworbenes Grundvertrauen lässt ihn auch bei äußerst traumatischen Erfahrungen nicht im Stich – dem Verrat, den Verlusten und körperlichen Misshandlungen, die er in seinem späteren Leben durchmachen muss.

Die meiste Zeit verbringen wir in Misstrauen. Wir müssen nur einmal darauf achten, wie leicht wir in diesen Zustand geraten. Sagt oder tut jemand etwas, durch das wir uns respektlos behandelt fühlen, wittern wir gleich Verrat und ziehen uns in die vertraute Welt unserer Resignation und Getrenntheit, der Verletztheit und des Ärgers zurück. Das kann auch passieren, wenn wir widrigen Lebensumständen begegnen. In manchen Momenten mögen wir vertrauen, aber tief im Innern lauert das Misstrauen. Besäßen wir einen Kern des Vertrauens, würden wir Grenzverletzungen und gegen uns gerichtete Ereignisse als schmerzhafte Erfahrungen erleben, die wir bald wieder loslassen. Stattdessen lagern wir alles an jenem unglaublich verletzten Ort in uns ab, an dem wir uns weder sicher, noch umsorgt fühlen. Das emotionale Kind blickt durch Augen der Vorsicht und Verdächtigung, weil seine naturgegebene Unschuld, sein Vertrauen in die Existenz beschädigt wurde.

Einmal ausgelöst, kommt jede Verletzung und jeder Übergriff, den wir je erfahren haben, aber nicht mit der nötigen Präsenz fühlen und verarbeiten konnten, wieder hoch. Jede Beleidigung unserer Würde und Integrität speichern wir in einem inneren Wutreservoir. Erfahren wir Schmerz in unserem Leben, erwachen gleichzeitig sämtliche Verletzungen, die uns jemals zugefügt worden sind. Das ist unsere Misstrauensblase. Unser emotionales Kind schützt sich und ist immer auf der Hut. Die negativen und misstrauischen Gedanken unserer frühen Bezugspersonen und ein Leben voller Schmerz haben uns geprägt. Und wir halten das, was wir sehen, für die reine Wahrheit. Ständig quält uns die Angst, jeden Augenblick verletzt und betrogen werden zu können. Aus dem Blickwinkel der Blase erwarten wir das Schlimmste. Wir glauben, niemals zu bekommen, was wir brauchen, und dass man uns nie verstehen oder respektieren, sondern immer nur überrollen wird.

Kürzlich beriet ich ein Paar, in dessen Beziehung es seit einiger Zeit Probleme gab. Die beiden hatten zwei Kinder, von denen das eine vier Jahre, das andere erst sechs Monate alt war. Sie wollten um der Familie willen zusammen bleiben, verbrachten aber ihre meiste Zeit mit Streitereien und ihr Leben war zu einem Albtraum geworden. Es dauerte nicht lange, bis klar wurde, dass es zwischen den Partnern keinerlei Vertrauen gab. Jeder hatte mit Erfolg die Verletzungen des anderen zum Leben erweckt. Sie fühlte sich ungeliebt und zu wenig beachtet, während er Angst hatte, vereinnahmt zu werden. Sie hatten auch schon den einen oder anderen Seitensprung hinter sich, was wahrscheinlich besser geeignet ist, Misstrauen zu erzeugen, als irgendetwas anderes. Er war so misstrauisch, dass er nicht einmal zu der Beratung kommen wollte, aber hatte an sich ein Muster erkannt, das sich ständig wiederholte. Beide erkannten, dass ihr Misstrauen bereits begonnen hatte, lange bevor sie einander zum ersten Mal begegnet waren.

Aufgrund des Betrugs und der Übergriffe, die wir in der Kindheit erlitten, ist die Brücke zwischen uns und den anderen seit langem zerbrochen. Deshalb befinden wir uns schon längst in der Misstrauensblase, wenn wir in unserem heutigen Leben eine Beziehung beginnen, obwohl wir voller Hoffnung und Zuversicht sein mögen. In den meisten Fällen erweist sich das anfangs empfundene Vertrauen als Selbsttäuschung, eine Phantasie unseres im magischen Denken gefangenen emotionalen Kindes. Sobald der Partner etwas macht, das uns respektlos vorkommt oder wie ein Übergriff erscheint, verfallen wir wieder in unser gewohntes Misstrauen und sehen unsere Bedenken bestätigt. In solchen Situationen scheint sich unsere Befürchtung zu bewahrheiten, dass es viel zu riskant ist, jemandem zu vertrauen und sich zu öffnen. Und die Schuld suchen wir natürlich immer nur bei unserem Gegenüber. Wäre der andere nur ein bisschen empfindsamer und ehrlicher, müssten wir uns ja nicht verschließen. In Wirklichkeit vertrauen wir dem Partner nur, wenn er uns so behandelt, wie wir es erwarten.

Eine meiner Klientinnen beschwerte sich darüber, dass ihr Freund nicht ›rücksichtsvoll genug mit ihren Gefühlen‹ umgeht – keine ganz neue Erfahrung, wie sich im weiteren Gespräch herausstellte. Auch frühere Beziehungspartner hatten es nicht geschafft, ihren hohen Ansprüchen zu genügen. Ich bat sie, sich einmal in die Lage ihres Ex-Freundes zu versetzen und zu spüren, wie die Beziehung auf ihn wirkte. Ihre Augen füllten sich sofort mit Tränen. Sie konnte fühlen, wie sehr der Mann sie geliebt hatte und wie hilflos er war, weil er ihre Erwartungen nicht erfüllen konnte. Allmählich wurde ihr bewusst, dass ihre Ansprüche eine Barriere darstellten. Auf diese Weise hielt sie jeden, der ihr nah sein wollte, auf sicherer Distanz, damit sie nicht zu verletzlich sein musste.

Betrachten wir einmal ganz genau, wie Misstrauen das Denken unseres emotionalen Kindes prägt:
a) Unser Grundvertrauen in das Leben und die anderen Menschen wurde beschädigt, und unterbewusst zogen wir uns in uns selbst zurück.
b) Übergriffe, Verrat und andere Erfahrungen aus der Vergangenheit trüben jetzt unsere Sicht der Dinge, und wir befürchten, dass sich diese Situationen wiederholen werden.
c) Trotzdem sehnen wir uns nach Liebe. Irgendwie merken wir tief innen, wie ungesund es ist, uns in unserer sicheren, geschützten und isolierten Welt zu verstecken. Wir versuchen, uns für jemanden zu öffnen.
d) Aber unsere unerforschten Wunden sorgen dafür, dass sich die Geschichte der Grenzverletzungen und des Betrugs wiederholt. Aus Misstrauen machen wir unsere Öffnung von bestimmten Bedingungen ab-

hängig. Eigentlich öffnen wir uns gar nicht, sondern präsentieren dem anderen nur Regeln, an die er sich halten muss. Wir erwarten, niemals enttäuscht oder verletzt zu werden.

e) Es gibt eine gewisse Gnadenzeit, in der wir den Partner im Licht unserer Idealisierung sehen. Aber bei der ersten Gelegenheit, in der wir uns hintergangen oder ausgenutzt fühlen, ziehen wir uns wieder in unser Schneckenhaus zurück und glauben, dass unsere negativen Erwartungen bestätigt worden sind. Dann sind wir wieder da, wo wir angefangen haben.

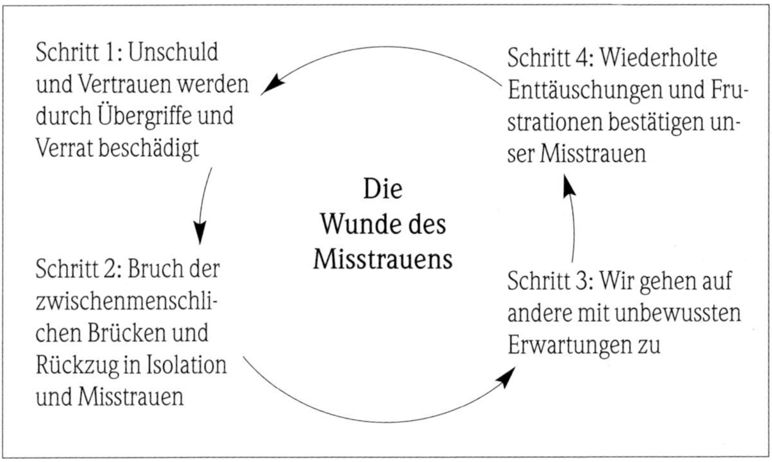

Wie kommen wir aus unserer Misstrauensblase heraus? Wie bei allen anderen Blasen – Scham, Verlassenheit, Schock oder Vereinnahmung – müssen wir uns erst einmal darüber bewusst werden, dass wir uns tatsächlich in diesem Zustand befinden. Mein Schlüssel ist, mich daran zu erinnern, dass Misstrauen erregende Ereignisse lediglich Auslöser für das viel größere Misstrauen sind, welches ich schon lange in mir trage. Ohne die alten Verletzungen, die mit ins Spiel kommen, kann ich das betreffende Vorkommnis vorurteilsfreier bewerten und mich der jeweiligen Person gegenüber angemessener verhalten. Meine innere Reaktion und mein Verhalten nach außen werden nicht mehr so stark von längst vergangenen Enttäuschungen beeinflusst. Geeignete Gelegenheiten, Ursache und Auslöser von einander zu trennen, bieten sich im täglichen Leben zur Genüge. Schon kleinste Begebenheiten führen uns die ganze Tragweite des im Innern lauernden Misstrauens vor Augen. Nur wenn wir mehr Bewusstheit in diese Momente bringen, lernen wir Vergangenes vom Hier und Jetzt zu unterscheiden; und nur so verlieren die Auslöser ihre Wirkung.

Darüberhinaus lohnt es sich, mehr über die Ursachen unseres Misstrauens in Erfahrung zu bringen. Warum reagieren wir in manchen Alltagssituationen so heftig? Und warum erleben wir diese Momente so oft? Die Antwort finden wir in unserer eigenen Misstrauensgeschichte, die sich ständig wiederholt. Die Leute scheinen uns mit ihren Übergriffen und Gemeinheiten herauszufordern, ganz so, wie es schon immer war. Indem wir uns mit den Erlebnissen unserer Kindheit befassen, lernen wir zu verstehen, was heute in uns vorgeht. *Energie und Aufmerksamkeit von der Quelle zu lösen und dem Auslöser zuzuwenden, die Verletzung mit innerer Präsenz zu spüren, ist der Schlüssel.* Dies setzt voraus, dass wir etwas über unsere Begegnungen mit Verrat und Übergriffen erfahren, über die Herkunft unseres emotionalen Kindes. Gelingt uns das, reagieren wir allmählich immer weniger auf entsprechende Ereignisse und Menschen in der Gegenwart.

»Menschen, die sich selbst vertrauen, vertrauen anderen. Menschen, die sich selbst misstrauen, können auch niemand anderem vertrauen. Aus Selbst-Vertrauen erwächst Vertrauen.« Osho

Übungen

1. Was würdest du sagen, wenn du deine Gefühle des Misstrauens in Worte fasst? Erlaube dir, alle Stimmen des Misstrauens in dir zum Ausdruck zu bringen. Nimm dir Zeit, alles aufzuschreiben, während du dir dessen bewusst wirst. Es geht um Glaubenssätze, die du über deine Mitmenschen und das Leben hast.

2. Wie haben diese Überzeugungen deine Lebensweise beeinflusst, insbesondere deine Liebesbeziehungen, aber auch die Beziehungen zu Menschen im Allgemeinen?

3. Welche Erfahrungen in der Vergangenheit haben zu dieser misstrauischen Lebenseinstellung beigetragen – zum Beispiel Grenzverletzungen und Verrat?

4. Sieh dir eine Liste misstrauischer Verhaltensweisen an. Welche Reaktionsweisen treffen auf dich zu? Wie hilft dir dein Benehmen, den Kontakt mit deiner tief im Innern verborgenen Misstrauenswunde zu vermeiden?

5. Auf welche Weise wird die Misstrauenswunde in deinem heutigen Leben berührt? Nenne konkrete Verhaltensweisen anderer, die geeignet sind, dein Misstrauen zu erregen.

6. Wähle drei von den Menschen, die dir am nächsten stehen und betrachte sie durch die Augen des misstrauischen verletzten Kindes. Notiere dir, was du siehst. Schließe nun deine Augen und stelle dir vor, wie du jeden von ihnen mit den Augen des Meditierenden in dir wahrnimmst. Notiere wieder deine Eindrücke. Macht es einen Unterschied, wenn du diese Menschen so siehst, wie sie sind, ohne Erwartungen an sie zu richten?

Schlüssel

1. Unschuld und Vertrauen machen unseren natürlichen Zustand aus, der unter einer Schicht tiefsitzenden Misstrauens gegenüber dem Leben und anderen Menschen verschüttet ist. Wir haben uns an dieses Misstrauen gewöhnt, das regelmäßig hochkommt, wenn wir uns ungeliebt oder respektlos behandelt fühlen.

2. Unser Misstrauen ist eine Blase, ein Trancezustand, in dem wir unsere Realität durch einen von früheren Erfahrungen gefärbten Schleier wahrnehmen. Wenn wir in unserer Blase sitzen, befinden wir uns wieder in der Vergangenheit. In dem Trancezustand nähern wir uns unbewusst Situationen an, die wir mit bestimmten Erwartungen verknüpfen. Wir ziehen ein Verhalten an, das bereits bestehende Traumen berührt, die wir dann wieder durchleben. Hierdurch fühlen wir uns in unserem Misstrauen bestätigt und geraten in einen schmerzhaften Teufelskreis.

3. Die Hoffnung, dass wir einmal jemanden finden werden, der uns so behandelt, wie wir es möchten, oder den jetzigen Partner unseren Vorstellungen entsprechend verändern können, verschlimmert das Misstrauen noch weiter. Das ist die Co-Abhängigkeit des Misstrauens.

4. Haben wir erst einmal verstanden, dass Misstrauen eine auf früheren Erlebnissen basierende Blase ist, beginnt eine gravierende Veränderung in unserem Leben. Wenn unser Misstrauen hervorgerufen wird, verfangen wir uns zwar noch in den damit verbundenen Überzeugungen und Verhaltensmustern. Nach und nach erkennen wir aber immer früher, dass wir uns in der Trance der Misstrauensblase befinden.

~

TEIL 4

SELBST-MEISTERSCHAFT

DIE ÜBERWINDUNG DES AUTOMATISCHEN VERHALTENS

Kapitel 18

Auflösung des Wiederholungszwangs

Michael, einer unserer Seminarteilnehmer, hatte sich gerade von seiner Freundin getrennt. Zudem war er noch nicht darüber hinweg, dass ihn seine Frau verlassen hatte, mit der er dreizehn Jahre lang zusammengelebt hatte. Ich fragte ihn, ob er wisse, warum er so wenig Glück in der Liebe habe. Seine Abhängigkeit von Frauen sei ihm schon lange klar, gestand er, dennoch verhielte er sich in seinen Beziehungen immer noch wie ein Bettler. Er glaubte, dass Frauen, die auf ihn zugingen, schon bald genug davon hätten, für ihn die Mutter zu spielen. »Ich verstehe mein Verhaltensmuster und habe den Schmerz des Verlassenseins durch meine Mutter gefühlt, aber es verändert sich nichts«, sagte er. Es stellte sich heraus, dass Michael sich tief mit seiner kindlichen Rolle indentifiziert, wenn er sich einer Frau nähert. Er war sich seines Musters tatsächlich bewusst, hatte seine frühkindliche Wunde erforscht und seinen Schmerz erfahren, doch seine Abhängigkeit löste sich dadurch nicht auf. Die Identifikation mit dem kindlichen Gemütszustand war einfach zu stark, um Frauen auf eine andere Weise zu begegnen. Michael saß in einer Blase, in der er sich selbst als hilfloses Kind wahrnahm, das sich verzweifelt nach der Mutter sehnt. Obwohl er das wusste, war er noch nicht bereit, aus diesem Zustand herauszukommen und endlich erwachsen zu werden. Es blieb ihm nichts anderes übrig, als seine Lage zu akzeptieren. Früher oder später würde er sich seiner Angst vor dem Alleinsein stellen und aus seiner Identifikation herauskommen.

Mein eigener Wachstumsprozess führte mich zu der Einsicht, dass mein Leid im Wesentlichen darauf beruhte, dass ich an meinem verletzten

Selbstbild festhielt. Seit der Kindheit schätzte ich mich selbst als Versager ein, da ich mich stets mit meinem älteren Bruder verglichen hatte. Dieses Selbstbild verfolgte mich mein ganzes Leben. Am stärksten bekam ich das bei meiner Arbeit zu spüren. Situationen, die Kreativität von mir verlangten, konfrontierten mich mit einem schrecklichen Gefühl der Unsicherheit. Dasselbe empfand ich in der Begegnung mit ›starken‹ Männern, die das Trauma mit meinem Bruder wieder aufleben ließen. Inzwischen ist mir klar geworden, dass ich in Wirklichkeit nicht der beschämte kleine Junge bin. Ich hatte diese Rolle nur angenommen, weil mich die Erfahrungen meiner Kindheit dazu verleiteten. Die hiermit verbundene Scham spüre ich aber manchmal auch heute noch; und gelegentlich falle ich in alte Muster zurück. Allerdings hat sich im Innern etwas gewandelt: Mein Leben als ganzes wird nicht mehr durch Minderwertigkeitsgefühle bestimmt. Ganz allmählich ist eine Veränderung eingetreten – warum und wie genau, kann ich jedoch nicht sagen.

Für unsere Wiederholungszwänge ist die Identifikation mit dem emotionalen Kind verantwortlich. Sie zu enttarnen, ist der erste Schritt zur Befreiung von diesen Mustern. Bis uns das gelingt, agieren wir wie Schauspieler, die nichts weiter tun, als sich an ein festgelegtes Drehbuch zu halten. Solange wir das Skript der Identifikation nicht durchschauen, bleibt alles beim Alten. Verletzungen geben uns das Gefühl, nicht in Ordnung zu sein. Kinder glauben, dass sie verdienen, was ihnen geschieht. Missbrauch und Demütigung nehmen sie als Bestätigungen ihrer eigenen Wertlosigkeit. Aufgrund dieser Identität gehen wir davon aus, dass sich unsere Traumen wiederholen werden. Eine negative Erwartungshaltung entsteht. So *ist* nun mal das Leben, davon sind wir überzeugt. Um mit den Wunden überhaupt existieren zu können, lässt der kindliche Verstand schließlich Verhaltensmuster wie Kampf, Abwehr, Anpassung und Rückzug sowie alle möglichen Süchte entstehen.

Wie sich die negativen Glaubenssätze, Erwartungen und Verhaltensweisen auswirken, sehen wir an uns selbst. Wir meinen, dass niemand wirklich für uns da ist, dass wir nie die Liebe bekommen, die wir brauchen, und dass wir niemandem trauen können. Wir halten uns – tief innen – nicht für liebenswert und warten unbewusst darauf, wieder zurückgewiesen und beschämt zu werden. Anders haben wir es ja nie erlebt. Unsere Vorstellungen von ›Liebe‹ leiten wir aus der Rollenverteilung der frühen Kindheit ab, aus dem Verhältnis unserer Eltern zueinander und daraus, wie wir selbst gesehen und behandelt wurden. Im späteren Leben gründet sich unsere Anziehung zu Menschen auf genau dieses Konzept der ›Liebe‹. Wurden wir als Kind missbraucht, fühlen wir uns auch als Erwachsene von Missbrauch angezogen; wurden wir vernachlässigt, kreieren wir Situationen, in denen unsere Bedürfnisse wieder nicht erfüllt werden. Unsere Traumen sind auch die Ursache für jenes Benehmen, das es anderen erschwert, auf uns zuzugehen. Aus gutem Grund haben wir alle – jeder auf seine ganz eigene Art – eine Wand um uns herum errichtet, die kaum jemand zu durchdringen vermag und die auch wir nicht ohne weiteres wieder abreißen können. Identifizieren wir uns sehr mit dem verlassenen, beschämten Kind in uns, welches um sein Überleben fürchtet, flüchten wir instinktiv in dieses Schutzverhalten.

Der Wiederholungszwang

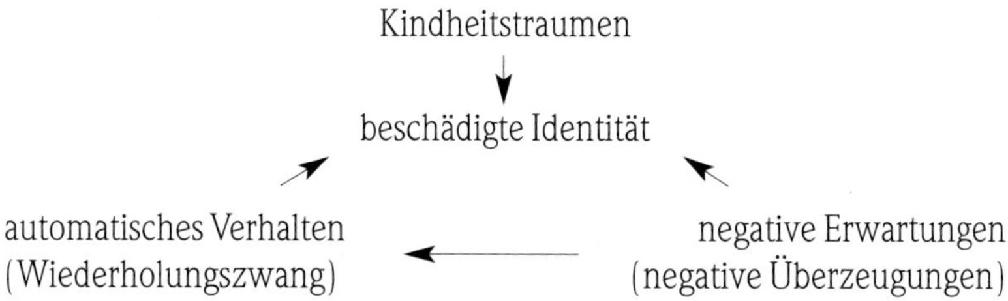

Per, zum Beispiel, der norwegische Naturbursche aus einem vorangegangen Kapitel, identifiziert sich mit einem Kind in seinem Innern, das Leute wegstoßen muss, um sich zu spüren und sicher zu fühlen. Kommt ihm jemand zu nah, befällt ihn eine unerklärliche Panik. Weg zu laufen, scheint der einzige Ausweg zu sein. Folglich lebt er ein Leben der Isolation, fühlt sich extrem schnell vereinnahmt und ist sehr misstrauisch. Per hat keine Ahnung, dass das Leben auch ganz anders sein kann, weil er die Identifikation nicht sieht. Bei der Erforschung seiner Kindheitsgeschichte stellte sich heraus, dass er durch seine streng ›religiöse‹ Mutter ständig bedrängt und unterdrückt worden war. Jetzt argwöhnt er, dass ihn die anderen Menschen auch nur kontrollieren und manipulieren wollen. Mit dem Muster, niemanden zu nah an sich heran zu lassen, kompensiert er diese Ängste. Dabei fühlt er sich gerade zu ›bedürftigen‹ Leuten hingezogen, die er als eifersüchtig, Besitz ergreifend, emotional kontrollierend und hysterisch empfindet; sie beschuldigt er dann, seinen Wunsch nach Alleinsein nicht zu respektieren, wobei er sich auf deren Benehmen konzentriert, anstatt auf seine Identifikation.

Wenn wir uns stark mit einem Kind identifizieren, das beschämt und missbraucht worden ist, wissen wir meist nicht, was wir eigentlich wollen oder brauchen. Wir geben uns mit jeder Art von Aufmerksamkeit, speziell negativer Aufmerksamkeit, als Ausdruck von ›Liebe‹ zufrieden, weil wir ohnehin nichts anderes kennengelernt haben. Unser Schock ließ uns einfrieren – in Kollaps und Verwirrung, unfähig, uns selbst richtig wahrzunehmen. Auf einer tieferen Ebene kommt noch hinzu, dass wir aufgrund der Identifikation mit dem geschockten Kind den Drang empfinden, uns zu rächen. Die negativen Erfahrungen der Vergangenheit haben uns unbewusst eine Menge Wut aufstauen lassen, und wir ersehnen eine Zeit, in der wir stark genug sind, diesem Ärger Luft zu machen. Dieses Bedürfnis ist oft so mächtig, dass wir jemanden anziehen, bei dem wir all unseren unterdrückten Zorn ausagieren können. Das Verlangen nach Rache hält unsere Identifikation stabil; und weil das emotionale Kind den Unterschied zwischen früher und jetzt nicht kennt, ist es ihm egal, wenn es sich an einem Beziehungspartner oder Mitarbeiter rächt, und nicht an den Eltern oder anderen Personen, die den Missbrauch damals verübt haben.

Christina und Alberto, ein weiter oben bereits erwähntes Paar, erleben miteinander ein Drama nach dem anderen. Beide indentifizieren sich zutiefst mit dem misstrauischen Kind in ihrem Innern und sehen gar nicht, wie stark ihre Rachsucht ist. Sobald einer von ihnen das Misstrauen des anderen erregt, reagiert dieser mit Wut und Verletztheit und ist einmal mehr davon überzeugt, dass es besser ist, geschützt und verschlossen zu bleiben. Die beiden scheinen sich jeglicher Einsicht über die Verwicklungen und Herausforderungen des Beziehungslebens zu entziehen. Stattdessen prägen Misstrauen und die damit verbundenen Überzeugungen, Erwartungen und Verhaltensmuster das Zusammensein. Kein Wunder, dass sich die Spielchen und Strategien hierbei dauernd wiederholen.

Die große Frage, die in fast allen unseren Workshops fällt, ist: Wie kann man dem Wiederholungszwang ein Ende bereiten? Wie schaffen wir es, nicht immer und immer wieder die gleichen schmerzhaften Muster zu wiederholen? Wahrscheinlich habe ich mehr Zeit auf diese Frage verwendet als jeder andere. Folgende drei Aspekte sind von Bedeutung:

1. Wir müssen unsere Identifikation sowie die Glaubenssätze und Erwartungen, die von ihr ausgehen, verstehen. (Erkennung)
2. Wir müssen bereit sein, den Schmerz und die Angst auszuhalten, die die Identifikation begleiten. (Eintauchen)
3. Wir müssen die Bereitschaft haben, Risiken einzugehen, die uns aus der Identifikation herausführen. (Risiko)

Der erste Schritt zur Auflösung von Wiederholungszwängen ist die Entwirrung der betreffenden Verhaltensmuster in der Erkennungsphase. Voraussetzung ist, dass man sich die Verletzungen des emotionalen Kindes bewusst macht, die diesen Mustern zu Grunde liegen, und die Kindheitserfahrungen herausfindet, die das ganze ausgelöst haben. Dies setzt voraus, dass wir uns unsere Überzeugungen und Erwartungen, unser Benehmen und das dahinter stehende negative Selbstbild vor Augen führen. Angenommen, du hast ein Muster, aufgrund dessen du dich in Liebesbeziehungen emotional missbraucht fühlst. Du erkennst die negative Erwartung in dir, dass sich diese Erfahrung immer wiederholen wird.

Vielleicht glaubst du, es gehöre einfach dazu, emotional missbraucht zu werden. Du weißt, dass du, wann immer das geschieht, in Schock versinkst und zu einem zwanghaften Schmeichler wirst. Auf einer tieferen Ebene erfährst du dich sogar als jemand, der überhaupt nichts anderes verdient hat, als Misshandlung und Zurückweisung. Wenn du dann in deine Kindheit zurückblickst, erinnerst du dich, dass dich dein Vater und deine Mutter auf ganz ähnliche Weise misshandelt haben, wie du es heute erlebst.

Der zweite Schritt, die Phase des Eintauchens, ist anspruchsvoller. Jetzt müssen wir uns erlauben, die Erfahrungen unserer Kindheit erneut zu durchleben, ohne irgendetwas auszulassen. Dabei dürfen wir nicht versuchen, etwas an unserem Erleben zu verändern, und nicht erwarten, dass sich das Trauma gleich in Luft auflöst. Natürlich sind wir ungeduldig und wollen so schnell wie möglich von den Mustern loskommen. Doch das Hoffen auf schnelle Veränderung trägt nichts dazu bei, sondern erweist sich eher als Ablenkung. Vielmehr müssen wir die aufkommende Angst und den Schmerz aushalten, was einem alleine oft nicht so gut gelingt. Ich selbst brauchte einiges an Anleitung, um in die Erfahrung einzutauchen. Meine Angewohnheit, über die Angst und den Schmerz hinweg zu gehen und alles vom Kopf her zu analysieren, stand mir im Weg. Im Rahmen unseres mehrwöchigen Trainings legen wir Wert darauf, die Teilnehmer durch ihre Muster zu führen, solange wir direkt für sie erreichbar sind. Aber auch zwischen den Trainingsabschnitten bleiben wir mit ihnen in Kontakt. Auf diese Weise verbinden wir das schützende Umfeld der Gruppenräume, welches für die Erforschung psychischer Wunden von großem Nutzen ist, mit der Möglichkeit, den in Gang gebrachten Wachstumsprozess zu begleiten und zu unterstützen. Hierbei liegt unser Augenmerk wiederum auf der bewussten und vorurteilsfreien Wahrnehmung der aufsteigenden Emotionen.

Nachdem wir ein Stück der Reise hinter uns haben, besitzen wir genügend Bewusstheit, was die negativen Überzeugungen, Erwartungen und Verhaltensweisen angeht, um ihnen nicht mehr soviel Energie zu geben.

Allmählich können wir riskieren, aus unseren automatischen Reaktionen herauszugehen. Cynthia beispielsweise, die eine Beziehung zu einem Mann hat, der sie ständig tyrannisiert, glaubt, dass etwas Schreckliches passiert, wenn sie zu sich selbst steht und anfängt, Grenzen zu setzen. Geht sie das Risiko dennoch ein, stellt sie fest, dass sich ihre Befürchtungen nicht bewahrheiten. Selbst wenn Alex, ihr Freund, wütend wird, kommt sie ohne weiteres damit zurecht. Per aus Norwegen glaubt, dass er überrollt wird, wenn er jemandem nahe kommt. Riskiert er es trotzdem, stellt er verwundert fest, wie leicht es ihm fällt, bei sich zu bleiben. Allerdings ist es unmöglich, vorherzusagen, wann wir genug Klarheit haben, um mit unserem alten Benehmen aufzuhören. Offenbar ändert sich unser Verhalten, sobald wir genügend Zeit darauf verwandt haben, die Traumen zu erkennen und in sie einzutauchen.

Wenn wir das Risiko eingehen können, mit Situation in unserem Leben anders umzugehen als wir es bisher taten, begreifen wir bald, dass unsere gewohnte Selbsteinschätzung nicht der Realität entspricht. Michael, den ich zu Beginn dieses Kapitels erwähnt habe, glaubt, er sei ein verlassenes Kind auf der Suche nach einer Mutter. Und wann immer er auf eine Frau zugehe, stünden kindliche Motive im Vordergrund. Identifizieren wir uns derart mit einer schamerfüllten Persönlichkeit, die wir selbst nicht für liebenswert halten, bringen wir diese Selbsteinschätzung in Beziehungen mit ein. Die Reaktionen, die wir dann ernten, sind vorhersagbar. Befreien wir uns hingegen von dem negativem Selbstbild, zeigen wir uns von einer ganz neuen Seite. Plötzlich treffen wir ganz andere Entscheidungen und erhalten das, was wir uns immer schon gewünscht hatten. Ich selbst habe mich aus einem Muster befreit, das mich in Beziehungen stets die Rolle des Retters spielen ließ. Wie es zu der Änderung meines Benehmens gekommen ist, weiß ich nicht genau zu erklären; doch verstehe ich jetzt, dass mein Verlassenheitstrauma der Grund für dieses Muster gewesen ist. Ohne es damals zu realisieren, war ich den oben beschrieben Schritten gefolgt, und das Muster löste sich auf.

Auflösung des Wiederholungszwangs

1. Erkennung:

Sich des Musters bewusst werden – die mit dem Muster verbundenen negativen Glaubenssätze, Erwartungen und Verhaltensweisen erkennen, das negative Selbstbild durchschauen, welches sich hinter dem Muster verbirgt, und die zu Grunde liegenden Kindheitserfahrungen aufdecken.

2. Eintauchen:

Die Energie des Musters erforschen – die verschütteten Gefühle des Ärgers, der Trauer und der Angst im Innern aushalten (die Emotionen des emotionalen Kindes fühlen).

3. Risiko:

Andere Entscheidungen treffen – die Handlungen gehen nicht länger von der mit dem alten Muster identifizierten Persönlichkeit aus, sondern basieren auf einem neuen, positiveren Selbstbild.

»In der Welt der Gewohnheiten ist alles nur Wiederholung. In der Welt des Bewusstseins gibt es keine Wiederholung.« Osho

Übungen

1. Bewusstmachung der Verhaltensmuster
Was sind die hervorstechenden Muster in deinen bedeutsamsten Beziehungen? Beachte folgende Aspekte, während du den Mustern deine Aufmerksamkeit gibst:
a) deine negativen Erwartungen
b) deine negativen Überzeugungen
c) dein automatisches Verhalten

Beispiel: »Ich habe das Muster, mich von Menschen angezogen zu fühlen, die nicht richtig für mich da sind. Anfangs bringt mir mein Partner noch Aufmerksamkeit entgegen, wendet sich aber nach einiger Zeit anderen Dingen in seinem Leben zu, die er für wichtiger hält. Ich erwarte, dass mein Partner mehr Zeit mit mir verbringt und mir mehr Aufmerksamkeit widmet, bin aber tief innen davon überzeugt, zurück gewiesen zu werden. Wenn ich nicht erreiche, was ich erwarte, versinke ich in Resignation und habe das Gefühl, nie die Liebe zu bekommen, die ich brauche.«

2. Das Verhaltensmuster mit der Wunde in Verbindung bringen
a) In welcher Weise ähnelt das Muster Ereignissen und Umständen in früheren Beziehungen und in deiner Kindheit? Was genau war die Kindheitserfahrung, die deinen heutigen Erfahrungen gleicht.
b) Welches Selbstbild entwickeltest du aufgrund dieser Erfahrungen? Beispiele: »Ich bin ein Loser.« »Ich bin jemand, der gar keine Liebe verdient.« »Ich bin unattraktiv.«

3. Das Verhaltensmuster erforschen
a) Welche Gefühle ruft dieses Muster in dir hervor? Wut, Hoffnungslosigkeit, Hilflosigkeit, Traurigkeit, Panik?
b) Wit welchen Worten würdest du das zu Grunde liegende Trauma beschreiben? Stelle dir vor, dass dein inneres Kind spricht. Beispiele: »Ich fühle mich ganz und gar ungewollt und wertlos, wenn mein Partner

ignoriert, dass ich mit ihm spreche«, oder »Ich fühle mich manipuliert und kontrolliert, wenn mein Partner etwas von mir fordert. Und es macht mir Angst.«

4. Risiken eingehen
Welche Risiken, die du in so einer Situation eingehen könntest, würden die Überzeugungen des verletzten Kindes auf die Probe stellen?

5. Die Identifikation mit dem Muster auflösen
Stelle dir vor, dass ein kleines Kind vor dir sitzt. Während du das Kind ansiehst, werde dir bewusst, dass es dieselbe Kindheitsgeschichte hat wie du. Es ist genauso tief verängstigt, misstrauisch und unsicher wie du. Erlaube dir, das Kind zu spüren. Du hast dieses Kind in deinem Innern und fühlst dennoch einen gewissen Abstand zu ihm. Du beobachtest, wie die Ängste, die Unsicherheit und das Misstrauen sich in ihm ausbreiten und erlaubst diesen Gefühlen, einfach da zu sein. Du weißt, dass es das verwundete Kind in deinem Innern ist, das von deinem Bewusstsein Besitz ergriffen hat.

Schlüssel

1. Unsere schmerzhaften Verhaltensmuster halten sich in unserem Bewusstsein, weil wir uns zutiefst mit dem Selbstbild identifizieren, auf dem sie beruhen. Lösen wir diese Identifikation auf, fallen auch die Muster von uns ab. Um uns von den Mustern zu befreien, müssen wir sie erfahren, ohne sie verändern zu wollen. Voraussetzung hierfür ist, dass wir die Muster erkennen und ein tieferes Verständnis für die negativen Erwartungen, Überzeugungen und Verhaltensweisen entwickeln, die mit ihnen verbunden sind. Wir müssen eine Verbindung zwischen den Mustern und dem traumatisierten Kind in uns herstellen und tief in die innere Erfahrung der Wunden hineintauchen. Indem wir Risiken eingehen, finden wir heraus, ob sich die Glaubenssätze des verletzten Kindes tatsächlich bewahrheiten.

2. Durch das zurückhaltungslose Eintauchen und Verstehen beginnt sich unsere Identifikation von selbst aufzulösen, und irgendwann stellen wir fest, dass auch die Verhaltensmuster nicht mehr bestehen.

~

KAPITEL 19

GRENZEN

Den meisten Menschen fällt es ziemlich schwer, nein zu sagen. Nur selten begegne ich Leuten, für die das kein Problem ist, und die haben normalerweise starke psychopathische Züge. Wenn es uns an Sensibilität für die Ängste des emotionalen Kindes fehlt, mag es leicht für uns sein, nein zu sagen und Grenzen zu setzen. Wenn wir aber nur ein bisschen mit unserer Scham und unseren Schocks verbunden sind, lässt das tiefe, frühkindliche Ängste in uns aufsteigen. Ich habe jahrelang mit diesem Thema gearbeitet, es fällt mir aber immer noch schwer, Grenzen zu setzen. Ich scheue davor zurück, irgendetwas zu tun oder zu sagen, das jemanden gegen mich aufbringen könnte. Inzwischen akzeptiere ich, dass ich einfach so bin – oder besser gesagt, dass mein emotionales Kind so ist. Ich (mein emotionales Kind) hasse es, wenn andere mich nicht mögen. Es bringt mich völlig durcheinander, wenn mich jemand ablehnt. Ich glaube dann, dass die Welt untergeht und fühle mich schrecklich schuldig. Andererseits fühle ich mich noch viel schlechter, wenn ich nicht auf meinem Standpunkt bestehe und Kompromisse eingehe. Es ist immer am besten, wenn ich klar und direkt bin.

Mit einem Leben der Kompromisse aufzuhören, ist ein wichtiger Schritt. Zurückblickend kann ich erkennen, wie automatisch und unbewusst meine eigenen Kompromisse waren. Es war enorm bestärkend für mich, Grenzen zu verstehen und meine eigenen Bedürfnissen zu erkennen und ernst zu nehmen. Vor ein paar Jahren nahm Michael, einer meiner engsten Freunde, an einer Selbsterfahrungsgruppe für Männer in Marin County teil. Auf einem Blatt, das er vom Leiter der Gruppe erhalten hatte, standen alle möglichen Arten, auf die wir gegenseitig unsere Grenzen verletzen. Als ich mir den Text ansah, wurde mir klar, wie wenig ich von Grenzverletzungen verstand. Ich war überrascht, mit wievielen der aufgeführten Verhaltensweisen ich – ohne es zu wissen – andere behelligte. Es standen auch eine ganze Reihe von Grenzverletzungen auf der Liste, mit denen andere mich belästigt hatten. Jetzt begriff ich auch, was der Grund dafür war, dass ich mich wütend von diesen Leuten zurückgezogen hatte. Auf Basis der besagten Zusammenstellung haben Amana und ich unsere eigene ›Liste der Übergriffe‹ geschrieben.

Wir bitten unsere Seminarteilnehmer, darauf zu achten, wenn sie die Liste durchgehen, ob Ihnen die erwähnten Grenzüberschreitungen als Kind widerfahren sind und ob solche Übergriffe heute noch in ihrem Leben vorkommen. Dabei fällt ihnen natürlich auch auf, wie sie selbst die Grenzen anderer verletzen. Darauf konzentrieren wir uns bei unserer Arbeit aber nicht, weil Schuldgefühle hervorgerufen werden könnten, die unserem Wachstum nicht zuträglich sind. Davon abgesehen erhöht es unsere Empfindsamkeit, wenn uns klar wird, wie man unsere Grenzen verletzte und noch heute verletzt. Wir neigen dann weniger dazu, Übergriffe zuzulassen oder selbst zu begehen.

Die Liste der Übergriffe

Eine Grenzverletzung erleiden wir, wenn…
1. uns erzählt wird, was wir fühlen, wollen, denken oder tun sollen.
2. wir ›hängen gelassen‹ werden, indem jemand ein Versprechen bricht, zu spät kommt oder sich anders verhält als angekündigt.
3. unsere Gefühle nicht respektiert oder in Frage gestellt werden, zum Beispiel: »Du brauchst dich nicht so zu fühlen« oder »Warum hast du Angst? Es gibt nichts, wovor du Angst haben müsstest.«
4. wir gehänselt werden (wenn nicht ein besonders liebe- und vertrauensvolles Verhältnis zwischen zwei Menschen besteht, stellen Hänseleien meist eine Form von Missbrauch dar).
5. wir wie ein Kind bevormundet oder gönnerhaft behandelt werden

und man sich uns gegenüber in herablassender Weise verhält.
6. wir ignoriert werden, man uns nicht zuhört oder sich in unangemessener Weise von uns abwendet.
7. unser physischer Raum nicht respektiert wird, wenn sich beispielsweise jemand etwas von uns leiht, ohne uns vorher zu fragen oder etwas Geliehenes nicht zurück gibt.
8. jemand immer Recht haben oder das letzte Wort haben will.
9. unser »Nein!« nicht respektiert wird.
10. uns jemand mit Gewalttätigkeit oder Drohungen (uns zu verlassen, zu bestrafen oder zu verletzen) verbal, energetisch oder körperlich missbraucht.
11. Forderungen an uns gestellt werden.
12. wir durch Wut, Schuldgefühle, Erwartungen, Launenhaftigkeit, Hilflosigkeit, Krankheit oder Sex manipuliert werden.
13. wir als Kind oder Erwachsener unangemessener Sexualität ausgesetzt werden oder jemand beim Sex nicht einfühlsam mit uns umgeht.
14. wir unter Druck gesetzt, kritisiert, verurteilt, verniedlicht werden.
15. wir Ratschläge erhalten, um die wir nicht gebeten haben.

Als ich mir die auf dieser Liste genannten Grenzverletzungen bewusst machte, wurde mir erst richtig klar, wie traumatisiert ich war. Ganz wie in meiner Kindheit ließ ich Übergriffe zu und verletzte meinerseits die Grenzen anderer. Das war wirklich Besorgnis erregend, ich konnte plötzlich so gut verstehen, was Kinder durchmachen müssen. Ich erkannte, wie bedrohlich und schockierend scheinbar unwichtige Elemente unserer Erziehung sind, die wir für trivial halten. Mein Vater beispielsweise war der Überzeugung, dass es zu seinen Elternpflichten gehört, Kinder zum Erlernen eines Musikinstrumentes anzuhalten. Im Grunde ein edles Motiv; er wollte seine Leidenschaft für klassische Musik an seine Kinder weitergeben. Er ging jedoch so vor, dass er mich gegen meinen Willen zum Spielen seines Lieblingsinstrumentes, des Cellos, zwang. Ich hätte die Gitarre vorgezogen. Mein Vater war aber der Meinung, dass die klassische Musikliteratur für die Gitarre nicht umfangreich genug sei. Er glaubte auch nicht, dass ich solche Entscheidungen für mich selber treffen könnte. Wenn er mir die Wahl gelassen hätte, so dachte er, hätte ich nur noch die Beatles gehört und Bach oder Mozart nie zu schätzen gelernt. Ich scherzte immer darüber, wie schlecht mein Cello-Spiel war, konnte aber nicht erkennen, dass meine Grenzen verletzt worden waren. Ich wusste auch nicht, warum ich stets in einen Schockzustand kam, wenn ich bei meinem Cello-Lehrer war.

Im Umgang mit Menschen, die Macht über uns haben oder zu denen wir aufschauen, ist es meist besonders schwierig, bewusst zu bleiben und auf der Einhaltung unserer Grenzen zu bestehen. Am meisten trifft das für unsere Eltern, Arbeitgeber und Lehrer zu, spielt aber auch in den Beziehungen zu Liebespartnern und Freunden eine Rolle. Aus eigener Erfahrung weiß ich, dass mich solche Situationen tief in Schock versetzten (und manchmal heute noch versetzen) und ich meine Fähigkeit, Grenzen zu setzen und Grenzen anderer einzuhalten, verlor. Ich war dann wie eingefroren, wurde verwirrt und konnte mich selbst nicht mehr spüren. Es gelang mir auch nicht, mein Verhalten in solchen Momenten bewusst zu verändern. Wenn wir erforschen, was sich hinter Reaktionen dieser Art verbirgt, können wir mitfühlender mit uns umgehen. Mein emotionales Kind gelangt in einen Zustand der Hilflosigkeit, wenn ich mich von der Liebe oder Zustimmung anderer abhängig mache. Die Panik, die mein Kind dann fühlt, ist so stark, dass ich nichts anderes tun kann, als dieser Panik mit Liebe zu begegnen. Alle Versuche, anders sein zu wollen, produzieren nur Stress, Unaufrichtigkeit und Rückzug. Auf einer tiefen Ebene bin ich mir bewusst, dass sich das emotionale Kind eine liebevolle, angenehme, fürsorgliche und respektvolle Welt wünscht. Ich möchte, dass die Welt harmonisch ist, damit ich mich nicht so bedroht fühle.

Unseren Schock und Zusammenbruch zu überwinden, indem wir Grenzen besser setzen, ist so wichtig für uns, dass wir immer wieder Situationen kreieren werden, die diese Lektion provozieren. Ich weiß das aus eigener Erfahrung und durch die Arbeit mit zahllosen Klienten. Wir sind gezwungen, derartige Situationen zu wiederholen, bis wir schließlich das Risiko eingehen, unmissverständlich unseren Standpunkt zu vertreten. Eine Freundin von mir lebt mit einem Mann zusammen, der sie oft anbrüllt und ihr Vorwürfe macht; ganz so, wie ihr Vater sie früher behandelt hatte. Immer, wenn das passiert, fühlt sie sich schuldig, übernimmt die Verantwortung und bittet um Verzeihung. Sie misst dem ganzen sogar spirituelle Bedeutung bei und sagt, dass diese Vorfälle ihr helfen, mehr über sich zu erfahren und nicht so reaktiv zu sein. Doch ihr Schuldbewusstsein und die spirituellen Entschuldigungen halten sie nur in ihrer Opferhaltung gefangen. Ihre Herausforderung besteht vielmehr darin, den Mut zu finden, Grenzen zu setzen, wenn ihr Freund oder jemand anders sie attackiert. Dies wird ihr helfen, die Identifikation mit ihrem emotionalen Kind zu brechen, das seit ihrer Jugend in einer Opferhaltung verharrt.

Eine andere Freundin ist mit einem Mann zusammen, der dauernd mit anderen Frauen flirtet. Sie beschwert sich dann bei ihm oder sie wird traurig. Energetisch gesehen befreit sie keine dieser beiden Reaktionen aus ihrer Identifikation mit der Opferhaltung ihres emotionalen Kindes. Sie kann nicht glauben, dass ein Mann sie genug lieben könnte, um mit ihr zufrieden zu sein. Ihre Herausforderung besteht darin, den Zustand der Würde in sich zu entdecken, von dem aus betrachtet sein Verhalten unannehmbar erscheint, weil es ihre Integrität in Frage stellt. Unser emotionales Kind sehnt sich nach Liebe, egal wie seicht sie auch sein mag. Als Erwachsene können wir aber nicht ohne Würde existieren. Um die Identifikation mit dem emotionalen Kind zu brechen, müssen wir lernen, unsere Würde höher zu bewerten als ein paar Brotkrumen der Liebe – auch wenn das bedeutet, dass wir allein sein müssen.

Nicht alle von uns gehen in einen Schockzustand, wenn man unsere Grenzen verletzt. Manche reagieren eher mit einem Wutanfall. Meiner Erfahrung nach ähneln sich die zu Grunde liegenden Emotionen aber sehr stark. Als ich begann, mehr und mehr auf meinen Grenzen zu bestehen, stellte ich feste, dass ich statt mit Schock immer wütender reagierte. Früher konnte es eine ganze Weile dauern, bis ich feststellte, dass meine Grenzen verletzt worden waren – Tage oder sogar Wochen. Ich bemerkte nur, dass mir bestimmte Personen aus irgendeinem Grund unangenehm waren. Oder ich fällte in Gedanken Urteile über gewisse Leute, verurteilte sie manchmal sogar in Gegenwart anderer. Das war immer ein guter Hinweis dafür, dass ich Kompromisse eingegangen war, und etwas nicht zum Ausdruck gebracht hatte, das ich jemandem übel nahm. Nach und nach verkürzte sich die Reaktionszeit zwischen dem Übergriff und meiner Reaktion und die Wut brach immer schneller hervor. Meine zunehmende Bewusstheit darüber, wie ich Kompromisse einging und wie oft ich es in der Vergangenheit getan hatte, schien den so lange unterdrückten Ärger immer mehr anzufachen. Es war eine befreiende Phase für mich. Doch schon bald begriff ich, dass es nicht allein darum gehen konnte, die Grenzverletzung wahrzunehmen und zu reagieren. Die Wut ging immer noch von meinem emotionalen Kind aus, das den Zorn eines ganzen Lebens in sich trug. Aus Wut heraus zu reagieren bedeutet nicht dasselbe wie Grenzen zu setzen. Reaktion ist nichts wirklich Machtvolles. Das emotionale Kind wählt jetzt lediglich die Explosion als Ausdrucksmittel, so wie vorher den Zusammenbruch.

Ich fragte mich, weshalb ich zornig war. Und was wollte ich eigentlich mit meinen Wutausbrüchen bezwecken? Ein Teil des Ärgers beruhte auf der Überzeugung, dass ich nicht in Sicherheit wäre, wenn ich nicht unmittelbar regierte. Die Leute würden mich nur ausnutzen, wenn ich mich nicht wehrte. Teilweise beruhte die Wut auch auf der Hoffnung, die jeweilige Person oder Situation damit zu verändern. Das emotionale Kind, so scheint es, wird sich immer an der Hoffnung festklammern, dass die Welt (und insbesondere die Menschen, die darin wohnen) stets voller Liebe, Sorge und Rücksicht sein werden. Diese magischen Glaubenssätze setzten mir Scheuklappen auf. Entweder minimierte, leugnete oder ignorierte ich die Grenzverletzungen durch andere, oder ich entrüstete mich in meiner Rechtschaffenheit. Im ersteren Fall sagte ich mir: »Er/Sie dachte nur an etwas anderes.« »Es macht mir nichts aus, und es war ohnehin nicht so schlimm.« »Soetwas tut er/sie ständig.« »Ich muss lernen, toleranter zu sein.« »Ich sollte mich nicht so verspannen.« Diese Aussagen untermauerte ich dann mit allen möglichen spirituellen Überzeugungen. »Gute Menschen sind tolerant und anpassungsfähig.« »Ich bin ein besserer Mensch, wenn ich aus dieser Mücke keinen Elefanten mache.« Eigentlich luden diese Standpunkte die Leute geradezu ein, meine Grenzen zu verletzen, weil ich eine Botschaft ausstrahlte: »Du kannst mit mir tun und lassen, was du willst. Es macht mir nichts aus.«

An einem bestimmten Punkt ging ich ins andere Extrem: Beleidigung. »Wie konntest du mir das antun?« »Wie kannst du nur so rücksichtslos und egoistisch sein?« »Ich mache so etwas ja auch nicht mit dir!« Und dann wollte ich mit demjenigen nichts mehr zu tun haben, oder ich rächte mich in jeder nur erdenklichen Art und Weise. Da gibt es Leute, von denen ich mich vor fünfzehn oder mehr Jahren verletzt gefühlt habe, und an denen ich mich noch immer rächen möchte. Dieser Dualität von Verleugnung und Ärger liegt unsere Erfahrungen von Grenzverletzungen zu Grunde. Ich sah mich selbst dazu verdammt, fortwährend zwischen Hoffnung und Enttäuschung zu wechseln, bis ich begriff, dass unbewusste Erwartungen der Grund für dieses Hin und Her waren. Das Kind in uns hält an der Hoffnung fest, dass die Menschen so sein werden, wie wir sie haben möchten. Daher wechselt es permanent zwischen Zusammenbruch und Explosion. Wir müssen erkennen, dass sich das emotionale Kind immer gemäß dieser Dualität verhalten wird. Unsere Fähigkeit, Grenzen zu setzen, basiert letztendlich darauf, die Menschen so zu sehen wie sie sind und entsprechend zu reagieren.

Ich bin schon immer sehr reaktiv gewesen. Erst in letzter Zeit habe ich mehr Raum, um meine Reaktionen aus einer inneren Distanz heraus zu beobachten, anstatt sie zwanghaft der Person an den Kopf zu werfen, die mich provoziert hat. Vor kurzem hatte ich eine Auseinandersetzung mit einem Kollegen. Er hatte mir einen giftigen Brief geschrieben, der mit Attacken gespickt war, welche mit der Kontroverse, um die es ging, nichts zu tun hatten. Es war ganz offensichtlich eine unsensible Grenzverletzung. Als ich den Brief bekam, konnte ich schon die Wut spüren, die dieser Angriff in mir hervorrief. In der Vergangenheit hätte ich entweder versucht, Harmonie zu erzeugen oder im selben Stil zurück zu attackieren. Stattdessen wartete ich drei Tage und antwortete dann, indem ich klar meine Grenzen setzte, ohne den Streit eskalieren zu lassen. Ich konnte fühlen, wie sehr mich die Dissonanzen und der Ärger störten, hatte aber genügend innere Distanz, um beiden Gefühlen Raum zu geben. Wenn es um das Thema Grenzsetzung geht, kommen wir zu gegebener Zeit an einen Punkt, an dem wir nicht mehr das Bedürfnis haben, mit unseren Reaktionen auf andere zu schießen. Wir spüren die Reaktion zwar immer noch, belassen es aber bei der Wahrnehmung, geben uns Zeit, bis die Klarheit zurück kommt, und antworten dann entsprechend.

Endlich erkenne ich, dass ich meine Abgenzung nicht vom Verhalten des anderen abhängig machen darf. Allein meine Klarheit ist ausschlaggebend – die Klarheit zu erkennen, was ich brauche und die Menschen so zu sehen wie sie sind (und nicht so, wie ich sie gerne haben möchte). Jeder hat ein gewisses Maß an Unbewusstheit, die zu unsensiblem Verhalten, zu Übergriffen, Respektlosigkeit und Missbrauch führen kann. Mit zunehmendem Verständnis lasse ich mich immer seltener kränken, missbrauchen oder enttäuschen, weil ich die Dinge jetzt klarer einschätzen kann. Abgesehen davon bin ich nicht mehr so abhängig von der Aufmerksamkeit und Bestätigung anderer und kann daher viel besser nein sagen. Ich entwickle ein Gefühl dafür, ob sich etwas richtig für mich anfühlt oder nicht.

Diese Veränderung in meinem Verhalten setzt voraus, dass ich mich ständig meinen Ängsten vor Verlassenheit, Zurückweisung, Bestrafung und Missbilligung stelle. Wenn ich mich permanent durch jemanden gekränkt fühle, sehe ich ihn einfach nicht so, wie er ist. Indem ich meine Ideale und Erwartungen dieser Person gegenüber behalte, muss ich mich nicht dem erschreckenden Gefühl des Alleinseins aussetzen, das aufkommt, wenn ich aus meinem Traum erwache. Fange ich an, nein zu sagen, denkt der andere vielleicht, dass ich egoistisch bin. Oder, schlimmer noch, er könnte sich an mir rächen. Es ist einfach gewohnter und sicherer, Kompromisse zu schließen. So denkt und handelt unser emotionales Kind. Indem wir jedoch mehr Bewusstheit über Abgrenzung gewinnen, entstehen Wahlmöglichkeiten. Wir können Übergriffe besser wahrnehmen, fühlen die damit verbundenen Ängste und können trotzdem unsere Grenze setzen. Und manchmal machen wir einfach, ganz ohne zu reagieren, unseren Punkt. Mit bestimmten Menschen und in manchen Situationen fällt uns diese Klarheit relativ leicht, andere Personen hingegen schaffen es nach wie vor, uns in Schock und Rage zu versetzen.

Drei Stufen, in denen wir lernen, Grenzen zu setzen

Stufe 1: Spüren und Akzeptieren von Schock und Bewusstmachung von Grenzverletzungen

Stufe 2: Fühlen des inneren Feuers und als Folge dessen möglicherweise Reaktion

Stufe 3: Klarheit – aus Zentriertheit heraus antworten; Menschen sehen wie sie sind; Bereitschaft, unser Alleinsein zu akzeptieren; mit unseren Bedürfnissen verbunden sein

---

Übungen

Stufe 1: Die Bedeutung von Schock erkennen

a) Sieh dir die Liste der Übergriffe an und frage dich:
Geschieht soetwas in meinem heutigen Leben und wenn ja, mit wem? Geschah dasselbe mit mir in der Vergangenheit, und falls ja, mit wem? Welche der Grenzüberschreitungen auf dieser Liste betrifft mich am meisten? Verletze ich heute selbst in dieser Weise die Grenzen anderer?

b) Wie fühlt es sich an, wenn deine Grenzen verletzt werden? Schreibe auf, was dir dazu einfällt.

Stufe 2: Fühlen des Feuers und Beobachten der Reaktionen

a) Nimm dir Zeit, den Ärger zu beobachten, der in dir aufsteigt, wenn jemand deine Grenzen verletzt hat. Wie fühlt es sich an? Wo (in deinem Körper) spürst du die Wut?

b) Falls du auf den Übergriff reagierst, lasse deine Reaktion geschehen und beobachte sie.

c) Was passiert deiner Meinung nach, wenn jemand deine Grenzen verletzt und du darauf nicht reagierst.

Stufe 3: Klarheit

a) Wenn du spürst, wie deine Grenzen verletzt werden, halte inne und frage dich: »Was erwarte ich eigentlich von dieser Person?« Beantworte dann die Frage: »Ich bin nicht bereit, diese Erwartung loszulassen, weil...«

b) Stelle dir vor, dass Du eine Klarheitsbrille besitzt. Wenn du jemandem diese Brille bei aufsetzt, von dem du das Gefühl hast, dass er deine Grenzen verletzt oder dich hintergeht, was würdest du sehen?

c) Nimm den Unterschied wahr, wie es sich in deinem Innern anfühlt, wenn du Kompromisse schließt oder wenn du tust, was dir wirklich entspricht.

Schlüssel

1. Es ist ein Missverständnis, wenn wir glauben, dass wir uns verhärten müssen, um Grenzen setzen zu lernen. Sobald wir in der Lage sind, Leuten unsere Meinung zu sagen, machen wir unsere Grenzen geltend. Aber auf diese Weise ändert sich in unserem Innern nichts. Wir bewegen uns nur zwischen Vertrauen und Misstrauen hin und her, je nachdem, wie man uns behandelt oder was man zu uns sagt. In der Lektion des Grenzensetzens geht es auch darum, dass wir darauf vertrauen, was sich für uns richtig anfühlt und was nicht.

2. Grenzen zu setzen, bedeutet Angst und Schrecken für unser emotionales Kind, welches in dem magischen Glauben verharrt, dass jeder in seiner Welt fürsorglich und rücksichtsvoll sein sollte. Sich abzugrenzen setzt die Begegnung mit Ängsten vor Zurückweisung, Missbilligung, Disharmonie und, vor allem, Alleinsein voraus. Wenn wir uns dieser Ängste bewusst werden, finden wir wieder zu uns selbst und können leben, wie wir es als richtig empfinden – eine realistische Vision, auch wenn der Prozess seine Zeit dauert, die Ängste tief sind und die Konditionierung stark.

3. Wenn wir den Respekt für unsere eigenen Grenzen verloren haben, ziehen wir Menschen an, die sie verletzen. Beim Verändern dieses Musters und Lernen der Abgrenzungslektion durchlaufen die meisten von uns drei Phasen. Die erste besteht darin, die Bedeutung von Schock in unserem Leben anzuerkennen und seine Auswirkungen zu fühlen. In der zweiten Phase kommen wir mit unserer unterdrückten Wut in Kontakt. Oft zeigen wir das durch Reaktion. In der dritten Phase lernen wir, unsere magischen Glaubenssätze und Erwartungen loszulassen und beginnen, die Dinge und Menschen so zu sehen wie sie sind.

~

KAPITEL 20

VERDRÄNGUNG, AUSDRUCK UND ZURÜCKHALTUNG

EIJI YOSHIKAWAS Erzählung über den legendären *Samurai* Musashi ist eines der außergewöhnlichsten Bücher, die ich je gelesen habe. Auf über tausend Seiten erzählt der Autor den Aufstieg Musashis zu einem der angesehensten Krieger in der japanischen Geschichte. Auf seiner Reise, die ihn zu immer höheren Graden der Zentriertheit führt, lernt der Samurai, seinen Ärger zu überwinden, Traurigkeit und Kummer als Teil des Lebens zu akzeptieren und stets zu seiner inneren Ausrichtung zu stehen – unbeeinflusst von Emotionen, Gier und Ehrgeiz. Es ist nicht die Kampfkunst, aus der dieser Mann seine Kraft schöpft, sondern seine persönliche Entwicklung und die Fähigkeit, Energie bei sich zu behalten. Zu Beginn seines Werdegangs ist er noch ein wilder und undisziplinierter Mensch, der die Welt durch die Augen seines emotionalen Kindes sieht. Um seine ruhelose Natur zu zügeln, sperrt ihn sein Lehrer erst einmal für zwei Jahre in ein Zimmer (die japanische Herangehensweise). Dann führt er ihn durch eine Prüfung nach der anderen, von denen viele gar nichts mit Kämpfen zu tun haben. Musashis Geschichte hat mich immer inspiriert; denn an seinem Beispiel wird deutlich, wie wir dauernd unsere Kraft und Lebensenergie entweichen lassen.

Das Maß, in dem wir an Lebenskraft verlieren, wird dadurch bestimmt, wie wir mit Gefühlen der Trauer, Wut und Freude und mit unserer Sexualität umgehen. Unsere Kraft entweicht, wenn wir Emotionen unterdrücken oder sie auf die falsche Weise zum Ausdruck bringen. Indem wir lernen, uns zurückzuhalten, machen wir dem ständigen Energieabfluss ein Ende. Hierzu ist nichts weiter nötig, als mehr Bewusstheit in unser Gefühlsleben zu bringen. Das emotionale Kind kennt überhaupt keine Mäßigung, es verdrängt entweder oder neigt dazu, sich durch automatische und unbewusste Reaktionen auszudrücken. Zurückhaltung wird möglich, wenn wir das Kind in uns beobachten lernen und verstehen, wie es mit seinen Gefühlen und seiner Kraft umgeht. Das Verbundensein mit den Emotionen und unserem Energiefluss, die Freiheit, uns auszudrücken oder nicht, unterscheidet Zurückhaltung von Verdrängung. Unterdrücken wir unsere Energie, verlieren wir die Möglichkeit, unser Handeln frei zu bestimmen; dasselbe gilt, wenn wir dem emotionalen Kind die Kontrolle über unsere Emotionen überlassen.

Verdrängung

Um sich zurückhalten zu können, muss man zunächst verstehen, wie man mit seinen Gefühlen umgeht und umgegangen ist. Letzteres hängt vor allem davon ab, wie man als Kind mit seinen Emotionen und seiner Energie umzugehen lernte. Ich selbst wurde unterschwellig dazu konditioniert, meine Gefühle zu verleugnen, zu ignorieren, zu verurteilen, zu vermeiden oder zu verdrängen. Erst viel später fand ich heraus, dass der Grund für diese negative Art, mit Emotionen umzugehen, die Angst vor ihnen ist. Meine Eltern und die meisten anderen Erwachsenen, denen ich als Kind begegnete, lebten in Furcht vor ihren eigenen Gefühlen. Haben Menschen Angst vor etwas, versuchen sie es zu kontrollieren, besonders wenn es um Emotionen geht, die nicht leicht in den Griff zu bekommen sind. Besonders unwohl fühlte ich mich, wenn jemand einen Wutausbruch hatte oder ungehemmt seine Trauer ausdrückte. Dass meine Angst die Ursache für dieses Unwohlsein war, wusste ich damals noch nicht. Und Angst hatte ich nur deshalb, weil ich nicht an den freien Ausdruck von Gefühlen gewöhnt war. Die ganze Welt der Emotionen war für mich wie von einem Schleier umgeben.

Manche Gefühle mögen wir auch unterdrückt haben, weil es einfach zu schmerzhaft und beängstigend gewesen wäre, sie wahrzunehmen. Fast jeder von uns hat als Kind großen Schmerz erfahren. Doch um zu funktionieren und mit der unglaublichen Pein umgehen zu können, lernten wir, unsere Gefühle wegzudrücken oder uns einfach von ihnen abzuschneiden. Außerdem hätte es kaum zu der moralistischen Umgebung gepasst, in der die meisten von uns aufwuchsen, wären wir lebendig, empfindsam, sexuell, kraftvoll und voller Freude gewesen. Mittelmäßigkeit und Verdrängung passten besser zu unserem Umfeld. Wütend zu sein oder unsere Stärke zu zeigen, wäre für die häusliche Umgebung genauso bedrohlich gewesen wie für unsere Gesellschaft als Ganzes. Nur wenige von uns erhielten liebevolle Unterstützung dafür, ihre Verluste und Enttäuschungen zu fühlen und emotional auszudrücken. Die Botschaft, die uns vermittelt wurde, war, dass es ein Zeichen von Schwäche und Unterlegenheit sei, seine Gefühle zu zeigen.

Die Konditionierung unserer Gefühle und Energie

Verurteilung und Verleugnung

↓

Gefühle und Lebensenergie

↙ ↘

verzerrt kollabiert

Andere wiederum erlebten in ihrer Kindheit, wie Gefühle auf extreme Weise ausgedrückt wurden. Dies scheint besonders für Italien zu gelten, wo wir alljährlich einige Workshops abhalten. Sogenannte ›emotionale‹ Menschen haben deshalb aber nicht unbedingt ein gesunderes Verhältnis zu ihren Gefühlen. In Wirklichkeit sind solche Gefühlsausbrüche oftmals nur eine Form von Hysterie, die genauso von Ängsten gespeist wird. Wenn jemand vor Wut explodiert oder in einem Meer von Tränen versinkt, ist das noch lange kein Beweis für die bewusste Wahrnehmung seiner Emotionen. Viel wahrscheinlicher ist, dass die intensiven Erfahrungen der Kindheit einen gestörten und pervertierten Ausdruck zur Folge haben. Gefühlsäußerungen werden zur Sucht; wir sind hysterisch, ehrgeizig, gierig, politisch, streitlustig und unersättlich. Finden unsere natürlichen Gefühle und Energien keinen Rückhalt, werden sie entweder verschüttet und wir kollabieren, oder sie zeigen sich auf exzessive und verzerrte Art.

Als ich vor Jahren die Welt meiner Gefühle erforschte, ging ich den konzentrierten Weg eines Jogi. Ich lebte drei Jahre lang in einem Aschram, praktizierte täglich vier Stunden Joga und Meditation und studierte zwischendurch an der *Medical School.* Ich kleidete mich sogar ganz in weiß und trug – zum Leidwesen meiner Eltern – einen weißen Turban. Nachdem ich das Medizinstudium abgeschlossen hatte und nach Kalifornien gezogen war, um dort eine Spezialisierung in Familienmedizin zu beginnen, trug ich noch weiße Kleidung und den Turban, hatte aber mein Joga auf eine halbe Stunde täglich reduziert. Ich hatte den Eindruck gewonnen, dass mit meinem Wachstumsansatz etwas nicht stimmte, da meine Beziehung ein Desaster war und mir der von Disziplin bestimmte Alltag, gelinde gesagt, etwas trocken vorkam. Da erzählte mir ein Freund von einem Seminar mit dem vielversprechenden Motto ›Frühling des Lebens‹, bei dem es um die Arbeit mit Gefühlen ging. Ich zögerte nicht lange und meldete mich an.

Als ich mich am ersten Tag bei den Seminarleitern vorstellte, sagte man mir, dass ich unecht sei, keinerlei Verbindung zu mir selbst hätte und überhaupt nicht wüsste, wer ich eigentlich sei. Obwohl das Gespräch in dem etwas konfrontativen Stil der Siebzigerjahre ablief, begriff ich sofort, was gemeint war. Einige Stunden später setzten sich alle Seminarteilnehmer vor einen Stuhl auf dem Fußboden des völlig abgedunkelten Gruppenraums und wiederholten wieder und wieder das Wort »Hass!«, um zu beobachten, welche Gefühle dabei hochkämen. Nach etwa einer Stunde kam in mir etwas in Bewegung. Ich riss mir den Turban vom Kopf und flippte aus. Nachdem das Licht wieder eingeschaltet worden war, holte ich mir schnell meinen Turban zurück und setze ihn auf. Aber nicht für lange. Im weiteren Verlauf des Seminars gab es eine Übung, bei der wir den Kern unseres Wesen in einem Satz ausdrücken sollten. Immer, wenn jemand seinen Satz gefunden hatte und dieser sich ›richtig‹ anfühlte, belohnten das die anderen Teilnehmer mit ihrem Jubel. Ich ließ mir Sprüche einfallen wie »Ich bin ein ernsthafter spiritueller Sucher«, oder »Ich folge dem Pfad der Wahrheit«, und wurde jedesmal ausgebuht. Schließlich bat mich der Seminarleiter, nach Hause zu gehen, mich umzuziehen, meinen Bart abzuschneiden, Shorts und ein T-Shirt anzuziehen und den Turban abzunehmen. Andernfalls bräuchte ich mich gar nicht mehr in der Gruppe blicken zu lassen. Ich erfüllte seine Bedingungen und nahm weiter an dem Seminar teil. Mein nächstes Statement lautete: »Ich bin ein verspieltes und unschuldiges Kind.« Alle jubelten.

Das war nur der Anfang einer Reise, auf der ich meine Gefühle und meine Lebensenergie neu entdeckte. Nicht viel später reiste ich nach Indien und besuchte zum ersten Mal den Aschram, der für viele Jahre mein Zuhause werden sollte. Dort durchlief ich ein mehrjähriges Programm intensiver Selbsterfahrungs- und Meditationsgruppen. Die Workshops waren eine einzigartige Synthese aus westlichen Therapiemethoden und Meditationstechniken des Ostens. Bevor ich mich zu den Workshops anmeldete, wurde mir in dem obligatorischen Interview für Neuankömmlinge geraten, im ersten Monat nur an körperorientierten Gruppen teilzunehmen: »Deine Energie scheint vor allem im Kopf zu stecken«, sagte der Berater, »mit allen möglichen Vorstellungen über dich selbst und wie du sein solltest. Das ist alles Quatsch. Ich glaube, es wäre gut, wenn du erstmal loslässt und deine Zeit darauf verwendest, mit deinem Körper wieder in Kontakt zu kommen.«

Im Verlauf der nächsten Monate arbeitete ich intensiv an meiner aufgestauten Wut und an der Trauer, die ich in mir festgehalten hatte. Ich erforschte meine unterdrückte Sexualität und lernte einen neuen Zugang zur Meditation kennen, der nicht darauf basiert, seine Energie zu kontrollieren. Ich erkannte, wie sehr ich bis dahin meine Emotionen und meine Lebensenergie verleugnet, verurteilt und unterdrückt hatte. Wie ein Stein lagen die Gefühle auf meiner Lebendigkeit und Spontaneität und drückten sie nieder. Stimmen aus dem Innern verurteilten mich: »Du bist schlecht, wenn du das denkst/tust!« »Dafür wirst du bestraft werden!« »Es zeugt weder von Spiritualität, noch von Reife, wenn du das machst!« »Was werden die Leute von dir denken, wenn du das tust?« »Du bist schmutzig, ausfallend und pervers!« »Du bist ein feiger, erbärmlicher Loser!« »Du bist so unempfindsam!« »Du bist zu egoistisch!« »Du fühlst nichts.«

Die Verurteilungen wurden von machtvollen und repressiven Verleugnungsgedanken unterstützt. Ich erfuhr eine Seite meiner Persönlichkeit, die dazu tendiert, alles zu vergeistigen und genaue Vorstellungen darüber hat, wie ich mich zu verhalten habe. Diese ›spirituellen‹ Erwartungen wirken sich noch heute aus. Sie sagen mir, dass es besser ist, ›bei sich‹ zu bleiben und ›nicht zu reagieren‹, statt mich ausdrucksvoll und demonstrativ zu zeigen. Manchmal sagt mir eine innere Stimme: »Ich habe keinen Ärger und keine Traurigkeit in mir. Darüber bin ich schon lange hinweg. Wut und Kummer sind negative Emotionen, denen man sich besser nicht hingibt. Für meine Wahrheitssuche ist es nicht mehr wichtig, mich da hindurch zu arbeiten.« Ich habe viele Jahre gebraucht, um diese unterdrückenden Kräfte der Verurteilung und Verleugnung zu durchschauen.

Ausdruck

Wegen all der Verdrängung, Verleugnung und Urteile durchlaufen die meisten von uns eine Phase, in der wir die Ausdruckskraft unseres emotionalen Kindes entdecken. So erging es mir jedenfalls. Ich musste mir erst einmal erlauben, die ganze Energie frei und ungehemmt herauszulassen, damit ich mir meine so lange unterdrückten Gefühlen und meine Lebendigkeit wieder zu Eigen machen konnte. Ausdruck trat an die Stelle von Unterdrückung und mein Selbstbild begann sich zu verändern. Ich sah mich nicht mehr als verschlossene Person, die ihre Gefühle vermeidet, sondern als jemand, der Emotionen empfinden und zeigen kann. Scham, Geringschätzung und Selbstverurteilung halten manchen davon ab, sich in dieser Weise auszudrücken. Wir glauben, dass wir feige oder unsensibel, zu schwach oder zu heftig, zu verantwortungslos oder zu ernst, zu sexuell oder zu unterdrückt sind. Alle diese Selbsteinschätzungen sind dazu geeignet, unsere Gefühle und unsere Lebensenergie niederzuhalten. Als ich meine Energien befreite, musste ich meine Selbstverurteilung ständig im Auge behalten. Mal hatte ich das Gefühl, nicht genug aus mir heraus zu kommen, dann wieder verurteilte ich mich selbst dafür, zu weit gegangen zu sein. Und wenn ich es riskierte, mich in ungewohntes Terrain vorzuwagen, setzten mir meine inneren Stimmen besonders heftig zu. Unsere Urteile und Schuldgefühle machen sich bemerkbar, wenn wir gegen die Konditionierung gehen, auf der sie beruhen. Wir verurteilen an uns und anderen genau das, was wir zu verdammen gelernt haben. Gestatten wir uns die Wahrnehmung und Äußerung unserer Emotionen aber nicht, zeigen sie sich auf verzerrte Weise. Sexsucht, Kontrolle, Gier, Rache, Ehrgeiz und viele manipulative Strategien haben ihre Wurzeln in dem unnatürlichen Verhältnis zu unseren Gefühlen und in einem gestörten Energiefluss.

Irgendwann fasste ich den festen Entschluss, mich auszudrücken, anstatt zu unterdrücken. Ich gab mir selbst das Versprechen, herauszulassen, was ich zurückgehalten hatte, und das Risiko einzugehen, die Wildheit und Freiheit zu erleben, die ich mir bis dahin versagt hatte. Ich beschloss, mich an Formen des Selbstausdrucks heran zu wagen, die ich bisher noch nicht kennengelernt hatte, meinen Sex auszuleben, wann und wie ich wollte, offen auf das Leben zuzugehen und mich nicht mehr zu verstecken. Ich war bereit, mein gefälliges, höfliches und unechtes Benehmen hinter mir zu lassen und auf das Neue zuzugehen – meinen Ängsten zum Trotz.

Meine Gereiztheit ist schon immer ein guter Indikator dafür gewesen, dass ich etwas zurückhalte. Wir werden reizbar, wenn wir ein Bedürfnis verdrängen; etwa, weil wir uns anderen als ›netter Mensch‹ präsentieren und ›das Richtige‹ tun wollen, oder weil wir den Retter spielen und unsere eigenen Wünsche verleugnen. Tun wir hingegen, was wir wollen, riskieren wir, verurteilt und zurückgewiesen zu werden. Meist geben wir deshalb der Unterdrückung den Vorzug und sind entsprechend empfindlich. Nehmen wir unsere Gereiztheit wahr und fragen wir uns, was wir in dem betreffenden Moment möchten, kommt oft etwas Verdrängtes ans Licht. Genauso verhält es sich, wenn wir uns über etwas beschweren oder uns jemandem gegenüber unterwürfig verhalten.

Wenn wir mit unserer Lebensenergie nicht natürlich und spontan umgehen, können sich alle möglichen Schwierigkeiten für unser Leben entwickeln – zum Beispiel Gesundheitsstörungen oder Probleme mit Sex und Intimität. Leicht werden wir dann auffahrend, reaktiv, abwehrend und auf passive Weise aggressiv; wir vergleichen uns permanent mit anderen und werden zu geschickten Politikern. Es gibt viele therapeutische Verfahren, die uns von Unterdrückungen befreien wollen. Meiner Erfahrung nach kommen verdrängte Energien und Gefühle aber von selbst hoch, wenn wir unsere Angst und Scham aufdecken. Methoden, die Druck und Beschämung als Werkzeuge bei der Arbeit mit verdrängten Energien einsetzen, halte ich für destruktiv. Solche Vorgehensweisen mögen manches hervorholen, auf lange Sicht jedoch verstärken sie unsere Scham- und Schockwunden nur, nähren unser Misstrauen und sorgen dafür, dass wir tiefere Empfindungen noch tiefer ins Unterbewusste verschieben. Meines Erachtens sollte die Bewusstmachung verschütteter Gefühle sehr vorsichtig, geduldig und in entspannter Atmosphäre erfolgen.

Zurückhaltung

Als ich das Gefühl hatte, wieder richtig mit meinen Emotionen und meiner Energie in Kontakt gekommen zu sein, richtete sich meine Aufmerksamkeit auf den nächsten Schritt. Ich hatte gelernt, mich auszudrücken und wohl dabei zu fühlen. Doch nun bestand die Herausforderung darin, die Emotionen lediglich wahrzunehmen – ohne den Zwang, etwas tun zu müssen. Bei der Aufdeckung unterdrückter Energien hatte ich meinem emotionalen Kind freien Lauf gelassen. Jetzt ging es eher darum, das Kind in mir mit innerer Distanz zu beobachten. Im kindlichen Geisteszustand können wir Emotionen nicht zurückhalten, werden reaktiv und verlieren an Kraft. Schmerz, Angst, Wut und Schuldgefühle halten wir nur schwer aus; und meist unterliegen wir dem unwiderstehlichen Drang, solch unangenehme Empfindungen irgendwie loszuwerden. Mit zunehmender Bewusstheit schien sich in mir jedoch auch mehr Raum für Unbequemes zu entwickeln. Ich hatte mehr Liebe und Verständnis für mich selbst und eine größere Toleranz gegenüber Enttäuschungen. Werden heute meine Wunden berührt, kann ich die Gefühle – welche auch immer in mir aufsteigen – ertragen, ohne jedesmal automatisch zu reagieren. Jetzt entscheide ich selbst, wie ich mich verhalte. In seinem Buch *Begegnungen mit bemerkenswerten Menschen* erzählt Georg Iwanowitsch Gurdjieff, dass ihm sein Vater kurz vor seinem Tod einen Rat mit auf den Weg gegeben habe: Er solle stets erst vierundzwanzig Stunden warten, bevor er jemandem, der ihn wütend gemacht hat, eine Antwort gibt.

Zurückhaltung bedeutet nicht, dass wir nichts mehr ausdrücken; der Ausdruck wird aber nicht mehr von unserem emotionalen Kind bestimmt. Wir benehmen uns so, wie wir es für natürlich und angemessen halten. Das Augenmerk liegt auf dem Aushalten der Gefühle und darauf, dass man ein Empfinden für den spontanen Fluss der Emotionen entwickelt. Befreien wir uns von Urteilen und Verdrängung, können wir wieder das weite Spektrum unserer Gefühlswelt und Lebendigkeit erleben. Früher verurteilte ich mich, weil ich glaubte, nicht gefühlvoll und energetisch genug zu sein. Inzwischen weiß ich jedoch, dass es nicht um den Eindruck geht, den ich bei anderen hinterlasse, sondern um die aufmerksame Präsenz für das, was sich in meinem Innern abspielt; so lerne ich meine Energie kennen – meine eigene Art zu fühlen. Mir selbst auf diese Weise zu vertrauen, ist für mich schon immer eine beglückende Erfahrung von Entspannung und Stille gewesen. Meine Gefühle leben sehr zurückgezogen und verstecken sich in unzugänglichen Tiefen. Aber wenn ich sie nicht dränge oder verurteile, zeigen sie sich – wenn die Zeit reif ist – in ihrer ganzen Echtheit. Eine der wichtigsten Aufgaben unserer Seminararbeit ist es, Menschen geduldig und ohne Druck bei der Entdeckung ihrer Energien und Emotionen anzuleiten. Für diese Entdeckungsreise ist es unerheblich, ob wir mit unseren Gefühlen schon verbunden sind oder nicht, ob wir offen oder verschlossen sind, lebendig oder kollabiert. Wir richten unsere Aufmerksamkeit einfach auf das Geschehen in uns, egal ob es Schock, Zusammenbruch oder Verwirrung ist, was wir sehen, oder Gereiztheit, Wut und Traurigkeit. Wir beobachten nur und lassen alle Empfindungen zu, mit Offenheit, Liebe und Respekt für unsere emotionale Natur.

Von Verdrängung zu Zurückhaltung

Schritt 1: Sich der Verdrängung bewusst werden

a) deine Urteile über deine Gefühle und Energie beobachten
b) deine Gereiztheit beobachten
c) deine Beschwerden und deinen Zusammenbruch beobachten

Schritt 2: Lernen, seine Emotionen auszudrücken

a) einen geschützten Ort aufsuchen, an dem man sich ausdrücken und Katharsen erleben kann
b) das Risiko eingehen, sich verbal, sexuell und energetisch ohne Hemmungen auszudrücken
c) die Energie hochkommen lassen, ohne dabei Druck auszuüben

Schritt 3: Zurückhaltung

a) Gefühle und Energien ohne Verurteilung und Zwang aushalten lernen
b) Gefühle und Energien sind nicht mehr unter der zwanghaften Kontrolle des emotionalen Kindes – wir können wählen, ob wir sie ausdrücken wollen oder nicht
c) Rückkehr zur individuellen Natur unserer Emotionen, indem wir den spontanen Fluss der Gefühle und Energien mit innerer Präsenz beobachten

---

»Es ist vollkommen in Ordnung, tiefer in deine Gefühle zu gehen. Erinnere dich aber daran, dass derjenige, der tiefer geht, von den Gefühlen getrennt ist. Du bist der Zeuge; wenn du also tiefer gehst, wirst du vielen Dingen begegnen, die du verdrängt hast. Aber du bist so rein wie ein Spiegel.« Osho

Übungen

1. Bewusstmachen der Verdrängung

a) Nimm die Urteile, die du über das Fühlen und den Ausdruck von Traurigkeit und Wut hast, genau wahr. Auf welche Weise verurteilst du dich für deine Sexualität und die Dinge, die dir Spaß machen?

b) Welche Botschaften hast in Bezug auf das Fühlen und den Ausdruck deiner Empfindungen erhalten?

c) Nimm wahr, bei welchen Ereignissen du dich im Laufe des Tages am leichtesten gereizt fühlst? Frage dich in diesen Momenten: »Was will ich jetzt eigentlich?« und »Was tue ich, um dieses Bedürfnis zu verbergen?«

d) Stelle fest, in welchen Situationen du dich minderwertig fühlst. Was empfindest du gegenüber der Person, die dir in solchen Momenten überlegen erscheint?

e) Finde die Anlässe heraus, bei denen du dazu neigst, dich zu beschweren. Welche Ernergien könnten es sein, die du in solchen Momenten unterdrückst?

2. Ausdruck

a) Was befürchtest du, wenn du deine Wut oder Traurigkeit, deine Freude oder deinen Sex ausdrückst? Empfindest du Angst, oder glaubst du, dich lächerlich zu machen? Meinst du, den anderen zuviel zu werden oder zu versagen? Hast du Angst vor Bestrafung?

b) Möglicherweise bist du schon zu der Entscheidung bereit, das Risiko einzugehen, all jene Emotionen und Energien auszudrücken, die du bisher verdrängt hast.

3. Zurückhaltung

Fange an, deine Emotionen und Energien zu beobachten – Sex, Wut, Traurigkeit, Schuld, Angst, Gier oder andere Bedürfnisse. Stelle fest:

a) mit welchen körperlichen Empfindungen sich diese Gefühle bemerkbar machen,

b) wie es sich anfühlt, wenn diese Emotionen und Energien ohne Verurteilung und Druck ihrem natürlichen Fluss folgen.

Schlüssel

1. Bei vielen von uns lernte das emotionale Kind, seine Gefühle und Lebensenergie zu unterdrücken, weil es ihm an Unterstützung für die Erfahrung und den Ausdruck der Emotionen fehlte. Wut, Stärke, Freude, Sex, Trauer und das Gefühl innerer Leere wurden stattdessen verdrängt. Urteile und Verleugnung halten Unterdrückung aufrecht. Werden Gefühle und Energien unterdrückt, verstecken wir sie entweder, entwickeln Schuldgefühle, kollabieren oder die Emotionen machen sich auf verzerrte Weise bemerkbar. Solche Verzerrungen zeigen sich als Ehrgeiz, Gier, Süchte oder in Form anderer Perversionen.

2. Ein Weg, auf dem wir die Schattenseiten unseres Wesens ans Licht bringen können, besteht in der Bewusstmachung der Urteile, die wir über unsere Gefühle und Energien haben. Dies setzt zum Beispiel voraus, dass wir bemerken, wie wir unsere Gier nach Aufmerksamkeit, Sex, Macht und Geld beurteilen. Wir können uns darin üben, dieselben Lebensbereiche ohne Verurteilung zu betrachten.

3. Uns fest vorzunehmen, alles zum Ausdruck zu bringen, was wir zurückgehalten haben, ist ein anderer wichtiger Aspekt des Wachstumsprozesses. Auf diese Weise lernen wir, dass unsere Gefühle kein Grund sind, uns schuldig zu fühlen oder zusammenzubrechen, und dass es nicht unser Ende bedeutet, wenn wir das Risiko eingehen, Empfindungen auszudrücken. Indem wir aufhören zu verdrängen, geben wir unserem emotionalen Kind bewusst eine neue Richtung und unser Selbstbild verändert sich. Wir erleben eine Wandlung – weg von den gewohnten Hemmungen, hin zum freien und offenen Ausdruck unser Emotionen.

4. Ab einem bestimmten Punkt der Bewusstwerdung verschiebt sich unser Fokus vom Ausdruck der Emotionen zur Zurückhaltung. Jetzt beobachten wir unsere Empfindungen und Energien aus einer inneren Distanz und verspüren nicht mehr den Drang, immer alles heraus lassen zu müssen. Wir halten die Bauchgefühle aus, ohne uns über sie zu äußern.

Durch genaues Beobachten gewöhnen wir uns an die innere Erfahrung jedes einzelnen Gefühls und jeder Energie, die in uns aufsteigt. Selbst wenn wir von Trauer überwältigt sind, Wut und Verlangen uns zu verbrennen scheinen, bleibt es uns überlassen, ob wir unsere Emotionen bei uns behalten oder nicht. Wir sind den Gefühlen nicht länger ausgeliefert. In dieser Phase der Zurückhaltung kommt es auch nicht darauf an, ob wir zusammenbrechen oder unsere Energie ungehemmt ausdrücken. Was immer geschieht, wir bleiben in der unvoreingenommenen Position des Beobachters. So versetzen wir uns in die Lage zu unterscheiden, ob unser Selbstausdruck vom emotionalen Kind bestimmt wird oder dem spontanen Fluss unserer natürlichen Energie folgt.

~

KAPITEL 21

SEX UND DAS EMOTIONALE KIND

Wenn wir Liebe machen, werden wir verletzlich. Und wenn wir verletzlich sind, ergreift das emotionale Kind in uns Besitz von unserem Bewusstsein. Meistens ist uns nicht klar, wie sehr der kindliche Gemütszustand unsere Sexualität beeinflusst. In kaum einer anderen Situation liegen unsere Wunden so offen wie beim Sex. Solange wir die Ursachen dafür nicht durchschauen, verfallen wir leicht in automatische Verhaltensmuster, wenn wir mit unserem Partner ins Bett gehen. Dann bestimmen Reaktionen, Träume und Süchte unser Liebesleben. Wir gehen Kompromisse ein und haben große Erwartungen. Wollen wir die Verletztlichkeit, die wir beim Sex spüren, nicht zulassen, müssen wir etwas tun, um sie vor uns selbst oder unserem Partner zu verbergen. Damit wir die übermächtige Angst vor Verlassenheit, Erniedrigung, Vereinnahmung und Verletzung nicht fühlen oder zeigen müssen, setzen wir alle möglichen Ersatzhandlungen ein. Allerdings stehen unsere Befürchtungen und Schutzmechanismen der tiefen Verschmelzung, die wir miteinander erleben wollen, im Weg. Meiner Erfahrung nach ist es unmöglich, sich in der Liebe wirklich nahe zu kommen, bevor wir ein Verständnis dafür entwickelt haben, wie unsere Traumen beim Sex berührt werden und wie wir unsere Verletzlichkeit tarnen.

Vor kurzem beriet ich ein Paar wegen sexueller Probleme. Er fühlte sich zu einer anderen Frau hingezogen, die, wie er sagte, in Bezug auf Sex nicht so fordernd sei wie seine Partnerin, die ihn mit ihrem ständigen sexuellen Verlangen verrückt mache. Jedesmal, wenn er mit seiner Freundin Liebe mache, verliere er seine Erektion. Mit der neuen Geliebten hingegen passiere ihm das nicht. Er gab vor, nicht mit seiner Affäre weiter machen zu wollen, weil er seine Partnerin trotz allem sehr liebe. Wie er mit den sexuellen Schwierigkeiten zurecht kommen solle, wisse er allerdings nicht. Die Freundin sah ein, dass sie fordernd war, glaubte aber auch, dass sie sich bemühe, mehr Bewusstheit in das Ganze zu bringen. Ihre Forderungen würden zum großen Teil durch seine fehlende ›Standhaftigkeit‹ ausgelöst, wegen der sie sich immer wieder seiner Liebe versichern müsse.

Hat unser emotionales Kind große Furcht, verlassen oder von Liebe und Sicherheit abgeschnitten zu werden, zeigt sich das auch in unserem Liebesleben – entweder reagieren wir fordernd oder zurückhaltend. Beide Verhaltensweisen überdecken unsere Verlassenheitspanik. Die Innigkeit der körperlichen Liebe kann Schock und Scham genauso auslösen wie jede andere Lebenssituation. Jemand, der in irgendeiner Weise sexuell missbraucht worden ist, wird schreckliche Angst vor sexuellen Annäherungsversuchen haben. Oft wissen wir in solchen Momenten gar nicht, was los ist; doch unser Körper, der sich an alle bedrohlichen Ereignisse erinnert, sorgt für Reaktionen, die uns schützen sollen. Körperliche Funktionen versagen, oder wir stehen plötzlich neben uns. Um beim Sex mit ernsten Scham- und Schockzuständen konfrontiert zu werden, müssen wir als Kind jedoch nicht unbedingt missbraucht worden sein. Waren wir beispielsweise starker Unterdrückung und Verurteilungen in Bezug auf unsere Körperlichkeit ausgesetzt, kann das ebenso gut Funktionsstörungen nach sich ziehen.

Sexualität ist häufig der Bereich, in dem sich Traumen am stärksten auswirken. Impotenz, vorzeitige Ejakulation, Orgasmusprobleme, Verspannungen und Schmerzen in den Genitalien können allesamt die Folge von Schock, Scham oder anderen sexuellen und nicht-sexuellen Verletzungen sein. Beispielsweise trägt so mancher Mann die Angst in sich, durch die übermächtige und kontrollierende Art einer Frau ›kastriert‹ zu werden. Die aggressive und unempfindsame Art des Männlichen ist es wiederum, von der viele Frauen missbraucht zu werden fürchten.

Hinzu kommen noch Beschämungsängste und die Furcht, dass uns der andere verlassen könnte, weil wir schlechte Liebhaber sind und ihn nicht befriedigen.

Für viele von uns ist es schon zu erschreckend, sich selbst diese Ängste einzugestehen, geschweige denn, sie dem Partner mitzuteilen. Stattdessen versuchen wir, die Furcht zu kompensieren. Beim Überdecken unserer sexuellen Probleme entwickeln wir eine ungeahnte Kreativität. Und weil Sex so ein brisanter Bereich ist, bemerken wir nur selten, wie wir in eine Vermeidungshaltung geraten. Den anderen auf jede erdenkliche Art zu kontrollieren, ist eine der möglichen Strategien. Wir stellen Forderungen, haben Erwartungen, spielen den Lehrer, entziehen uns dem Partner oder überwältigen ihn. Im anderen Extrem ziehen wir uns in uns selbst zurück und brechen unter der Last unserer Selbstverurteilung zusammen. Die Angst ist zu übermächtig. Mit der Sexgymnastik einfach weiter zu machen, obwohl man mit seinen Gedanken längst woanders ist, scheint der einfachste Ausweg zu sein. In weniger als einer Sekunde gehen wir in Schock und verlieren den Kontakt zu uns. Danach wissen wir nicht mehr, was eigentlich passiert ist. Schon die leiseste Berührung mit unserer Verletztheit kann alte Traumen zum Leben erwecken – und weg sind wir. Nur ein Hauch von Beschämung, und wir lassen vor Erniedrigung unsere Energie zusammen schrumpfen. Auf einmal fühlen wir uns furchtbar, wollen nur noch weg, uns in unserer Scham verstecken. Doch irgendwie schaffen wir es, alles zu überdecken; wir geben uns alle Mühe, strengen uns immer mehr an. Wir werden zu einer Sexmaschine, machen mechanische Bewegungen, aber tief innen und ohne es zu merken, versinken wir in Scham.

Hat sich das innere Kind unserer Sexualität bemächtigt, werden nicht nur unsere Wunden berührt; wir traumatisieren uns gegenseitig. Während wir bisweilen vollständig kollabieren, verspüren wir bei anderen Gelegenheiten den Drang (und die Notwendigkeit), unsere Wildheit auszuleben und uns von nichts und niemandem daran hindern zu lassen. Das ist die natürliche Reaktion auf all die Unterdrückung, die wir über uns ergehen lassen mussten. Doch kann die Wildheit des einen den anderen in Schock versetzen, und wer seine wilde Seite leben möchte, fühlt sich durch das Einfrieren des Partners unterdrückt. Schmerzhaft ist es für beide. Haben die Partner kein Vertrauen und keine Empfindsamkeit für einander entwickelt, richtet die beschriebene Polarität viel Schaden an, führt zu Missverständnissen und schließlich zum Ende der Beziehung.

Ich habe in meinem Liebesleben viel Scham und innere Kämpfe durchgemacht. Wenn ich mich einer Frau näherte, war ich empfindsamer als sonst und meine Unsicherheit zeigte sich schneller. Um meine ›Vorzeitigkeit‹, die sich hieraus ergab, zu beheben, konsultierte ich Therapeuten und lernte komplizierte Joga-Stellungen. Ich atmete durch die Nase und stellte mich auf den Kopf – ohne Erfolg. Manchmal fühlte ich mich so gedemütigt und hilflos, dass ich mit dem Gedanken spielte, ganz auf Sex zu verzichten. Seit ich mit Amana zusammen bin, habe ich damit kaum noch Probleme. Sicher sind nicht alle Symptome verschwunden; weil es aber soviel Liebe und Zuwendung in unserer Beziehung gibt, kommt es auf die Technik gar nicht mehr an. In dieser von Vertrautheit geprägten Atmosphäre können wir einander alles erlauben.

Kontrolliert das emotionale Kind unsere Sexualität, ohne dass wir uns dessen bewusst sind, wird die Liebe zur Bühne infantiler Verhaltensweisen und Gefühle. Die Kinder im Innern der beiden Partner provozieren sich gegenseitig, und schon bald geht es nicht mehr um zwei Erwachsene, die miteinander Sex haben möchten, sondern um zwei verängstigte und beschämte Kinder, die voller Misstrauen aufeinander treffen. Davon abgesehen fühlen wir uns in solchen Situationen zu unsicher, um mit dem Gegenüber zu kommunizieren oder ihm etwas zu enthüllen. Verletztheit und Verrat sind in solchen Augenblicken alles, was wir empfinden. Früher bin ich zahllose Male durch dieses Szenario gegangen, wenn ich mit meiner Partnerin schlief. Tat sie etwas, das meine Verletztheit oder Scham berührte, fühlte ich mich missverstanden, und sie bekam das Gefühl, das ich sie nicht richtig zu schätzen wüsste.

Das alles kann sich ändern, wenn wir verstehen, wie die Ängste unseres emotionalen Kindes beim Sex ausgelöst werden. Zunächst einmal müssen wir uns darüber klar werden, dass Sexualität eine Arena ist, in der unsere Unsicherheiten, unsere Furcht vor Betrug und die Wut, unterdrückt zu werden, besonders leicht hervortreten. Meines Erachtens wäre es naiv zu glauben, eine tiefe sexuelle Beziehung eingehen zu können, ohne diesen Emotionen zu begegnen. Unsere Traumen zu heilen, ist ja gerade der Grund, warum wir Intimität anstreben. Wir müssen nur erkennen, wann eine Verletzung berührt wird, und den Mut aufbringen, uns mitzuteilen.

Ein mit mir befreundetes Paar klagte seit längeren darüber, dass ihr Liebesleben eine Katastrophe sei. Während sie ihren Partner als nicht gefühlvoll genug empfand, beschwerte er sich darüber, dass sie sein Feuer im Zaum halte. Beide hatten aber soviel Liebe für einander, dass sie beschlossen, auf die Hemmnisse einzugehen. Sie enthüllte im Lauf ihrer Selbsterfahrung, dass sexueller Missbrauch in der Vergangenheit der Grund für die Ängste war, die sie beim Sex mit ihrem Mann verspürte. Er entwickelte ein Verständnis dafür, wie seine Frau aufgrund ihrer Geschichte empfand; das ermöglichte ihm, sich ihr auf eine neue Weise zu nähern. Seinerseits war deutlich geworden, dass seine Wildheit als Kind unterdrückt worden war und in seiner heutigen Energie auch Ärger über das damals Erlebte mitschwang, den er wiederum auf unangemessene Art im Bett auslebte. Wie sich weiter herausstellte, neigte er dazu, sein Bedürfnis nach wildem Sex in andere Aktivitäten, beispielsweise Tanz und schamanische Rituale, zu kanalisieren. Inzwischen hat sich das Liebesleben der beiden transformiert. Beide waren verantwortungsbewusst genug, an ihren Themen zu arbeiten und zu erkennen, wie ihr emotionales Kind den Partner beeinflusst. Jetzt können sie einander mitteilen, was hochkommt, wenn sie Liebe machen – Angst und Tränen, zu sanftes Verschmelzen oder zu heftige Wildheit.

In unseren Workshops benutzen wir ein einfaches, aus drei Ebenen bestehendes Schema, das verdeutlicht, wie wir uns die Rolle des emotionalen Kindes beim Sex am besten bewusst machen. Ebene eins, die oberflächlichste Schicht, in der wir die meiste Zeit unseres Lebens verbingen, ist die Domäne der unbewussten Strategien, mit denen wir unsere Ängste und Unsicherheiten überdecken. Hier zeigen sich sämtliche Verhaltensmuster des emotionalen Kindes, die wir gegeneinander einsetzen. Kommunikation findet nicht statt, da es uns an Bewusstheit fehlt. Jedem geht es hauptsächlich darum, seine eigenen Bedürfnisse und Wünsche zu befriedigen, die Gefühle des anderen spielen keine Rolle.

Sex und das emotionale Kind

Oberflächliche Schicht: Strategien des emotionalen Kindes
Reaktion, Kontrolle, Erwartungen, Forderungen, Abwendung, Rache, Süchte

Mittlere Schicht: Verletzungen des emotionalen Kindes
Schock, Scham, Fehlfunktionen, Schuld, Angst vor Missbrauch, Angst vor Verlassenheit und Zurückweisung, Angst vor Vereinnahmung und Erniedrigung

Unterste Schicht: Entspannung des emotionalen Kindes
Verschmelzen, Vertrauen, Entspannung, freier Energiefluss

Auf Ebene zwei, der mittleren Schicht, nehmen wir Befürchtungen, Unsicherheiten und Schockzustände, die unser Partner beim Sex in uns hervorruft, mit wachsender innerer Präsenz wahr. Wir werden empfindsamer, was unsere Wunden betrifft – unsere Scham und unseren Schock, das Gefühl, verraten worden zu sein, unser Misstrauen und die Angst, verlassen oder zurückgewiesen zu werden. In diesem Stadium bemerken wir, wenn unser Liebespartner die Verletzungen berührt und erkennen, wie automatisch wir bisher darauf reagiert haben. Schließlich erreichen wir Ebene drei, die unterste Schicht in unserem Schema. Sie repräsentiert einen von Vertrauen und gegenseitigem Verständnis geprägten Zustand, dessen Atmosphäre uns echte Intimität erfahren lässt, ob wir nun verschmelzen oder unsere Wildheit ausleben möchten. Feinfühlig stimmen wir uns auf die Emotionen und Empfindungen des Partners ein, gehen aufeinander zu und unsere Energien vermischen sich. Die Fixierung auf sexuelle Leistung und Orgasmen verschwindet und nur das Miteinander zählt. Das emotionale Kind mit seinen Erwartungen und Frustrationen bleibt außen vor. Keine der drei beschrieben Ebenen ist besser als die andere; das Schema soll uns lediglich zeigen, *wo wir im Moment stehen.* Diese Erkenntnis allein kann uns einem höheren Bewusstsein auf natürliche Weise näher bringen. Ohne Absichten und Vorlieben im Sinn zu haben, ohne Druck und die übliche Selbstverurteilung, beobachten wir uns selbst.

Übungen

1. Beobachte dich, wenn du Liebe machst.
a) Nimm wahr, wann du dich ängstlich, unsicher, unzulänglich und frustriert fühlst.
b) Nimm wahr, was die Auslöser für diese Empfindungen sind.
c) Nimm wahr, was du in solchen Situationen tust, wie du normalerweise reagierst.
d) Nimm wahr, ob du anderen die Schuld für diese Gefühle gibst.

2. Was verbirgt sich hinter deinen normalen Reaktionen und hinter deiner Abwehr? Welche Ängste des verletzten Kindes in dir werden berührt? Beziehe alle fünf Wunden, um die es in diesem Buch geht, in deine Betrachtung mit ein. Schreibe auf, wie es dazu kommen kann, dass diese Traumen beim Sex aktiviert werden.

3. Wie ist es für dich, wenn du dich mit deinem Partner über diese Ängste austauschst? Frage dich: »Wie wäre es für mich, wenn ich ihm/ihr diese Ängste offenbaren würde?«

4. Nimm dir etwas Zeit zu erforschen (und aufzuschreiben), was deine größten Sehnsüchte und Wünsche in Bezug auf Sexualität sind.

Schlüssel

1. Unsere Sexualität ist ein Bereich, in dem ein Großteil des automatischen Verhaltens unseres emotionalen Kindes zum Tragen kommt. Im Liebesleben gibt es so viel Leid und Frustration, weil wir alle möglichen Erwartungen, Forderungen, Süchte und Fantasien mit dem Partner verbinden.

2. Beim Sex werden unsere Wunden besonders stark berührt, weil wir uns so nah kommen. Normalerweise überdecken wir unsere Traumen mit Ersatzhandlungen, Leistungsstreben und Resignation. Wenn wir Liebe machen, ist es besonders schwer, sich der aufsteigenden Ängste bewusst zu sein, geschweige denn, sie dem Partner mitzuteilen. Verbergen wir unsere Verletzungen, statt die Furcht und unsere Gefühle der Unzulänglichkeit zuzulassen, übergehen wir nur unsere Empfindsamkeit und verschlimmern den Schmerz.

3. Auf welche Weise unsere Verletzungen berührt werden, merken wir beim Sex besonders deutlich. Deshalb ist kaum ein Lebensaspekt so gut geeignet, unsere Sensibilität zu erforschen und die Vertrautheit mit dem Partner zu vertiefen, wie unser Liebesleben. Sexualität führt uns unsere Scham- und Schockzustände, Verlassenheits- und Vereinnahmungsängste und unser Misstrauen deutlich vor Augen.

4. Wenn wir verstehen, wie unser emotionales Kind auf Sexualität reagiert, gehen wir viel einfühlsamer miteinander um; der Wunsch nach sexueller Befriedigung lässt immer mehr Raum für die Freude und das Vergnügen des Zusammenseins mit dem Partner.

~

Kapitel 22

Hindernisse

Mein spiritueller Meister Osho wurde einmal gefragt, wie man es vermeiden könne, in jene Fallen zu tappen, die uns auf unserem Lebensweg immer wieder soviel Schmerz und Qualen bereiten. Er antwortete, dass es unmöglich sei, solche Situationen zu vermeiden. Und wenn man es versuche, würden einen die Fallen verfolgen. Hindernisse auf dem Weg seien stets eine Gelegenheit zu wachsen; um ihnen nicht mehr zu begegnen, müsse man erleuchtet sein. Nicht in diese Abgründe zu stürzen, sei das ganze Geheimnis der Erleuchtung. Um die Liebe wieder in Fluss zu bringen, fügte er hinzu, sei es aber schon sehr hilfreich, wenn wir unserem Verhalten und dem Benehmen anderer mit mehr Verständnis und Mitgefühl begegnen würden. Übersetzt in den Ansatz, den ich hier vermitteln möchte, bedeutet das, die Gefühle und Ausdrucksweisen des emotionalen Kindes kennenzulernen. Daraus ergibt sich eine Perspektive, die es uns zumindest ermöglicht, leichter aus den Fallen herauszukommen, wenn wir hineingeraten sind.

Unser Verhalten wird um einiges vorhersagbarer, sobald wir mit unserem Wiederholungszwang und seinen Ursachen vertraut sind. Wir tappen ständig in die gleichen Fallen, damit wir bestimmte Aspekte unserer frühkindlichen Traumen auflösen können, die uns zuvor nicht bewusst waren. Es gibt jedoch noch einen Blickwinkel, der in diesem Zusammenhang von Bedeutung ist. Während meiner Ausbildung zum Psychiater übten die Erkenntnisse der Entwicklungspsychologen Erik Erikson und Margaret Mahler eine besondere Faszination auf mich aus. Auch wenn sich die komplexe Begriffswelt der beiden Psychoanalytiker an dieser Stelle nicht erschöpfend darstellen lässt, möchte ich im Folgenden einige ihrer Konzepte, die für unsere Betrachtung wichtig sind, in kurzen Worten zusammenfassen.

Nach ERIKSON lässt sich das Leben des Menschen in acht Entwicklungsphasen einteilen. Ich beschränke mich hier auf die ersten drei, da alle nachfolgenden Lebensabschnitte darauf aufbauen. In der erste Phase, die mit *Vertrauen versus Misstrauen* umschrieben wird und bis zum Alter von achtzehn Monaten dauert, geht es um die frühe Bindung mit der Mutter. *Autonomie versus Selbstzweifel* ist das Thema der anschließenden Phase zwei; in diesen eineinhalb Jahren erobert das Kind seine Welt und löst sich allmählich von der Mutter. In Phase drei, die das Kind im Alter zwischen drei und sechs Jahren durchlebt, beginnt die Entwicklung einer eigenen Persönlichkeit: *Initiative versus Schuld.* Werden wir im Lauf dieser Kindheitsstadien liebevoll, einfühlsam und unterstützend umsorgt, prägt sich in uns die positive Seite der oben genannten Gegensätze heraus. Andernfalls entwickeln wir Misstrauen, Scham, Selbstzweifel und Schuldgefühle.

Bei der Beobachtung spielender Kinder entdeckte MAHLER Stufen der emotionalen Entwicklung, die den von ERIKSON beschriebenen Phasen ähnlich sind. Im Wesentlichen beschreibt sie, dass wir im Baby- und Kleinkindalter drei Stadien durchlaufen. Die *autistische Phase* umfasst die ersten vier Wochen nach der Geburt, in denen wir noch ganz in unserer eigenen Welt leben. Zwischen dem zweiten und vierten Lebensmonat sind wir in der *symbiotischen Phase* und innig mit der Mutter verbunden. Der *Loslösungs- und Individuationsprozess* des immer unabhängiger und einzigartiger werdenden Kindes fällt in die dritte Phase, welche vom fünften Monat bis zum dritten Lebensjahr dauert. MAHLERS Kategorisierung stellt eine Entwicklungsutopie dar. Schließlich käme es einem Wunder gleich, wenn Kinder eine von bedingungsloser Liebe geprägte Bindungsperiode, gefolgt von Zeiten starker Unterstützung und Anleitung zur Selbstfindung, erführen. Die Narben, die wir in diesen Stadien davon getragen haben, weil unsere Grundbedürfnisse nicht erfüllt wurden, zeigen sich im heutigen Leben.

Der Mangel an gesunder Mutterbindung (oder Vaterbindung, wenn dieser die Mutterrolle übernahm) in der symbiotischen Phase erzeugt in uns tiefgreifendes Misstrauen, was die Nähe zu anderen Menschen angeht. Gleichzeitig verspüren wir ein unstillbares Verlangen nach der bedingungslosen und liebevollen Zuneigung, die uns als Kind entgangen ist. Als Erwachsene begegnen wir diesen Gefühlen, indem wir uns weiter verzweifelt um die Erfüllung der unbefriedigten Bedürfnisse bemühen, indem wir Forderungen stellen und Kontrolle ausüben oder jede Situation vermeiden, bei der wir uns für jemanden öffnen müssten. War die frühkindliche Bindung negativ, bedeutet dies nicht etwa, dass wir uns überhaupt nicht banden: Wir hatten gar keine andere Wahl, als uns für unsere Eltern zu öffnen, mitsamt der negativen Energien und unterdrückenden Kräfte, die sie erzeugten. Um unsere Angst vor Liebe zu verstehen, müssen wir erkennen, womit wir uns verbunden haben.

Werden wir während des Individuationsprozesses nicht unterstützt und ermutigt, entwickeln wir tiefe Schamgefühle und Zweifel an unserer Fähigkeit, das Leben zu meistern. Wir haben kein richtiges Selbstgefühl. Später leben wir mit dem Verlangen, uns selbst zu finden und das nie erreichte Grundvertrauen aufzubauen. Liebe interpretieren wir dann als Hindernis bei der Selbstfindung und wollen uns für niemanden öffnen, ehe wir nicht uns selbst gefunden haben. Letzteres ist unsere erste Priorität; und wir sind ständig auf der Hut, dass uns jemand an der Erreichung des Zieles hindern könnte – so, wie es uns vor vielen Jahren schon einmal passiert ist.

Mahler und Erikson zu lesen, war für mich wie die Entdeckung einer Goldmine. Ihre Schriften bestätigten meine tiefsten Empfindungen und erklärten viele der Erfahrungen, die ich in meinen Beziehungen (nicht nur mit Liebespartnern) gemacht hatte. Ich begann zu verstehen, warum ich soviel Scham und Selbstzweifel mit mir herumtrug und warum ich so sehr danach strebte, ›mein eigenes Ding‹ zu machen. Ich begriff, warum ich das Gefühl hatte, dass mich Frauen kontrollieren und vereinnahmen wollen und warum ich nicht ertragen konnte, wenn mir jemand sagt, was ich tun soll. Weiss man etwas über die von MAHLER und ERIKSON beschriebenen Entwicklungsphasen, ist es auch kein Geheimnis mehr, weshalb wir zu Abhängigen und Anti-Abhängigen werden. Auf der abhängigen Seite einer Beziehung lebt das emotionale Kind seine Sehnsucht nach Symbiose aus. Unsere Angst vor dem Alleinsein spiegelt weitgehend den Mangel an positiven Bindungserfahrungen wieder. Wie können wir uns von etwas lösen, das wir nie hatten? Das vollständige Verstehen und Akzeptieren unseres symbiotischen Verlangens ist einer der wichtigsten Schritte zu unserer Heilung. Normalerweise überdecken wir dieses Bedürfnis so effektiv mit unseren Ersatzhandlungen, dass wir gar nicht merken, wie stark es ist. Aus eigener Erfahrung und aus der Arbeit mit zahllosen Klienten weiß ich, dass auch der eingefleischteste Anti-Abhängige enorm nach Symbiose hungert (selbst, wenn er das gut versteckt). In Beziehungen treffen fast immer zwei emotionale Kinder aufeinander, die sich beide nach bedingungsloser Liebe sehnen. Anti-Abhängigkeit bedeutet nichts anderes, als dass unser emotionales Kind sein Bedürfnis auslebt, bei der Entwicklung einer eigenständigen Persönlichkeit bedingungslos unterstützt und geliebt werden. Genauso, wie wir unser Verlangen nach Bindung annehmen, müssen wir auch das Streben nach Trennung und Selbstfindung würdigen. Dem Anti-Abhängigen bedeutet die Sehnsucht, sich selbst zu entdecken, mehr als sein Wunsch nach Bindung. Intuitiv weiß er, dass er nichts zu geben hat, solange er nicht zu sich gefunden hat. Gehen wir als Erwachsene symbiotische Verbindungen ein, bevor wir in der Lage sind, unser eigenes Leben zu meistern, wiederholen wir nur die negative Bindung unserer Kindheit. Wir verlieren uns für die ›Liebe‹. Da die meisten von uns die entscheidende Phase der Individuation als Kind nie vervollständigt haben, müssen wir es im späteren Leben nachholen.

ELLEN BADEN wendet das Konzept der Entwicklungsphasen bei ihrer Arbeit mit Beziehungspartnern an. Sie weist darauf hin, dass MAHLERS Modell erklärt, warum das anfängliche Hochgefühl der Verliebten üblicherweise im Lauf der Zeit zu etwas Trockenem und Stickigem abstumpft. Weil unser Bedürfnis nach Bindung so stark ist, bleiben wir leicht in einer negativen Symbiose mit dem anderen stecken. In kaum einer Beziehung sind die Flitterwochen mehr als eine – von erstaunlicher Unschuld gesegnete – symbiotische Fantasie. Ihr Zauber ist eine wunderbare Erfahrung, aber so kurzlebig wie ein Drogenrausch. Sobald bei einem oder beiden Partnern der Wunsch nach Trennung aufkommt, ist der Traum ausgeträumt. Paare, die sich an Vergangenem festzuhalten versuchen, verwickeln sich in endlose Kämpfe und Schuldzuweisungen, weil sie sich nicht mehr richtig geliebt fühlen. Oder sie versuchen beide, ihre Symbiose durch Wahn und Verleugnung zu erhalten.

Ole und Erika hatten jung geheiratet und waren schon fünfzehn Jahre zusammen, als ich sie kennenlernte. Sie hatte sich für ein Seminar angemeldet, weil ihr Mann sich nicht mehr so aufmerksam um sie bemühte wie früher. Er wollte sich mehr Zeit für Männer-Workshops nehmen, mit Freunden Ausflüge in die Natur unternehmen und öfter allein sein. Erika hatte schreckliche Angst, weil die Dinge nicht mehr so waren wie bisher. Jedesmal, wenn er wegfuhr, befürchtete sie, er käme nicht mehr zu ihr zurück. Ole ärgerte sich über die fehlende Unterstützung und ihre Verständnislosigkeit, was seinen Wunsch nach neuen Erfahrungen anging. Es kommt oft vor, dass Beziehungen mit einer Symbiose beginnen und sich irgendwann einer der beiden trennen möchte, der andere aber nicht. Streitereien entstehen, weil der zur Trennung Entschlossene aus Furcht vor Zurückweisung und Bestrafung die Genehmigung des Partners haben will. (Diese Erlaubnis hatte er sich als Kind schon gewünscht.) Dieser hingegen hat Angst, dass der andere nie wieder zurückkehrt und beurteilt seinen Wunsch nach Trennung oder Vereinzelung als Vermeidung von ›Intimität‹.

Der Zwiespalt zwischen Symbiose und Vereinzelung zeigt sich unter anderem in den negativen Verträgen, die wir miteinander eingehen. Hal und Sidra Stone, die zu den Experten auf dem Gebiet der Beziehungsarbeit gehören, bezeichnen dieses Phänomen als ›negative Bindungsmuster‹. Hierzu gehören die Rollen, von denen wir annehmen, dass sie uns Sicherheit und Berechenbarkeit geben: Ein Partner übernimmt zum Beispiel den Part des Kindes, der andere den der Eltern, einer ist der Student, der andere der Lehrer. Nach demselben Muster verteilen sich die Rollen zwischen mächtig und schwach, kontrollierend und unterwürfig, sorgend und bedürftig, verantwortlich und verantwortungslos. Zwischen Liebespartnern ist diese ›Aufgabenteilung‹ besonders verbreitet, kommt aber grundsätzlich in allen Bereichen vor, wo Menschen aufeinander treffen – in der Familie, mit Freunden und am Arbeitsplatz. Unbewusst vereinbaren wir miteinander einen Status quo, der es ermöglicht, an unserer Symbiose festzuhalten. Um so einen Vertrag schließen zu können, müssen wir gewisse Kompromisse akzeptieren, die das verängstigte emotionale Kind in uns – zumindest für eine Weile – gern in Kauf nimmt. Wir müssen bereit sein, weder offen noch verdeckt etwas zu tun oder zu unterlassen, das dieses Arrangement in Frage stellen könnte.

Die Rollenverteilungen kommen ziemlich spontan und ohne unser Wissen zustande. Häufig können wir die Muster jedoch bis zu der symbiotischen Bindung zurückverfolgen, die wir in den ersten Lebensjahren eingehen mussten. Spielen wir die Rolle des Kindes, wechseln wir zwischen Folgsamkeit (Symbiose) und Rebellion (Vereinzelung) hin und her. Zu Beginn der Beziehung mögen wir noch gehorsam und kollabiert sein, um sicherzustellen, dass der andere bekommt, was er braucht und uns nicht zurückweist. Oft dauert es nicht lange, bis wir davon die Nase voll haben. Dann sind wir nicht mehr so ›nett‹ und fangen an, uns aufzulehnen. Wir bleiben so lange rebellisch, bis Angst die Oberhand gewinnt und wir zu unserem harmonisierenden Verhalten zurückkehren. Egal, ob wir den Folgsamen oder Aufmüpfigen spielen – wir befinden uns in der Position eines regredierten Kindes und brauchen jemanden, der den Part von Vater oder Mutter übernimmt, damit wir unsere Rolle ausleben können. Übernehmen wir die Elternrolle, zeigen wir uns zunächst als Gebender, der den Beziehungspartner stets umsorgt. Doch hinter der Großherzigkeit lauert Kontrolle. Wenn wir nicht bekommen, was wir wollen, werden wir abweisend. Im Nachhinein fühlen wir uns schuldig und benehmen uns wieder so fürsorglich wie vorher. Und so geht es weiter…

Es dauert einige Zeit, bis wir überhaupt merken, dass wir uns auf einen Vertrag eingelassen haben. Konflikte entstehen erst, wenn sich einer der Beteiligten ungerecht behandelt fühlt. Durchschauen die Partner ihr Abkommen auch dann noch nicht, können sich jahrelange Streitereien entwickeln, die für beide Seiten immer schmerzlicher werden. Wenn man sich die unbewusst vereinbarte Rollenverteilung nicht rechtzeitig bewusst macht, zerstört sie auf Dauer die Beziehung, weil das persönliche Wachstum zum Stillstand kommt. Oft wird einem der beiden Partner seine Einengung früher oder später bewusst – er bricht aus der Zweisamkeit aus, indem er sich trennt oder gleich einen neuen Lover findet. Die Tatsache, dass wir solche Verträge schließen, ist nicht das Problem. Themen, die wir als Kind nicht abschließen konnten, müssen wir als Erwachsene durchleben. Erkennen wir aber, dass es eigentlich unser emotionales Kind ist, das sich in diesen Rollen ausagiert, bringen wir schon mehr Bewusstheit in unser automatisches Verhalten.

Die Beziehungen eines meiner Freunde laufen immer nach demselben Muster ab. Für seine Partnerinnen ist er noch nie etwas anderes als die umsorgende und großzügige Vaterfigur gewesen. Obwohl er ein großes, gebendes Herz hat, endeten seine Liebesgeschichten meist mit einer schmerzhaften Trennung; denn irgendwann verspüren seine Freundinnen den Drang, zu sich selbst finden und erwachsen zu werden. Schließlich sammeln sie genügend Mut, aus ihrer Kinderrolle zu schlüpfen und sich ihrer Angst, das Leben selbst in die Hand zu nehmen, zu stellen. Da es mein Freund jedoch vorzog, seiner eigenen Verlassenheitsangst auszuweichen, wiederholte er sein Muster mit jeder neuen Partnerin und schloss immer wieder dieselben Verträge. Vor einigen Jahren sah er endlich ein, wie unbewusst er sich all die Jahre benommen hatte. Schließlich begann er, sein emotionales Kind zu erforschen. Seine jetzige Beziehung spiegelt die neu gewonnenen Einsichten wieder und hat eine ganz neue Qualität.

Die beschriebenen Symbiosen sind subtil und tief verwurzelt. Viele unserer heutigen Beziehungen sind Ausdruck eines Vertrags, den wir unbewusst in der Kindheit geschlossen haben. Lasse ich meine Beziehungen Revue passieren, stelle ich fest, dass ich mit fast jedem eine bestimmte Vereinbarung eingegangen bin, mit dem ich mehr als nur eine flüchtige Bekanntschaft geschlossen habe. Beispielsweise spiele ich regelmäßig Tennis mit einem Freund, der das Spiel besser beherrscht als ich. Unser Abkommen besteht darin, dass er gewinnt und ich verliere. Genauer betrachtet ist diese Übereinkunft ein Abbild des Verhältnisses zu meinem älteren Bruder, dem ich trotz heftiger Konkurrenz ständig unterlag. Wenn ich in meiner Kindheit doch einmal ›der Bessere‹ war, kam es mir so vor, als hätte ich gegen ein grundlegendes Gesetz verstoßen und bemühte mich, wieder zum Normalzustand zurückzukehren. Ich bewunderte meinen Bruder, und sicherzustellen, dass er mich liebte, war mir weit wichtiger als zu gewinnen.

In meiner eigenen Beziehung wechsle ich mich beim Spielen der Kinder- und Elternrollen mit Amana ab. Passiert uns das unbewusst, merken wir es meist recht schnell und erkennen, was sich dahinter verbirgt. Wir haben uns selbst und die Dynamiken unseres Verhaltens gut genug erforscht, um zu durchschauen, wenn wir mit dem Rollenverhalten anfangen. Sind uns die Rollen bewusst, können sie sogar zu einer Quelle sehr nährender Emotionen werden. Es ist gut und natürlich, mit elterlichen Energien aufeinander zuzugehen oder für den anderen ein verletztliches Kind zu sein, solange dies nicht unbewusst geschieht. Jeder hat in Beziehungen das gesunde Bedürfnis, mit dem anderen zu verschmelzen und sich wieder von ihm zu entfernen – alles zu seiner Zeit und auf verschiedenste Weise. Möchte der Partner weggehen, kommen unsere Verlassenheitsängste hoch, geht er auf uns zu, spüren wir unsere Angst vor Nähe. Andere verhalten sich nie so, wie wir es uns von ihnen wünschen. Jedesmal, wenn sie sich nicht unseren Erwartungen entsprechend benehmen, wird unser symbiotischer Traum erschüttert. Immer, wenn wir die anderen als einengend oder fordernd empfinden, sehen wir unser Privileg, uns selbst zu entdecken, in Frage gestellt. Erst, wenn wir etwas Verständnis für diese Vorgänge entwickelt haben, können wir die Fallen auf dem Weg kunstvoll umgehen.

Übungen

1. Frage dich, wie du in deinen drei wichtigsten Beziehungen die Rolle des Erwachsenen oder des Kindes spielst. Auf welche Weise bewegst du dich in der Kinderrolle von Gehorsam in Richtung Rebellion? Wie gelangst du in der Elternrolle von Fürsorglichkeit und Kontrolle zu zurückweisenden Reaktionen? Fühle die Energie dieser Zustände. Nimm wahr, was du mit den verschiedenen Rollen ausdrückst. Erkennst du bestimmte Ängste, die sich hinter dem Rollenverhalten verbergen?

2. Nimm wahr, was in deinem Innern abläuft, wenn du dich von jemandem trennen willst.
a) Wie bringst du es fertig, Lebewohl zu sagen?
b) Welche Ängste kommen auf? Bringst du die Angst zum Ausdruck?
c) Erwartest du die Zustimmung des anderen?

3. Nimm wahr, was in deinem Innern abläuft, wenn sich jemand von dir trennt.
a) Welche Erwartungen hast du?
b) Was sind deine Befürchtungen? Bringst du sie zum Ausdruck?

Schlüssel

1. Haben wir ein grundlegendes Verständnis für die von ERIKSON und MAHLER beschriebenen Entwicklungsstadien und das Phänomen negativer Verträge entwickelt, können wir viele der üblichen Hindernisse voraussehen, denen wir in intimen Beziehungen begegnen. Das emotionale Kind neigt nämlich dazu, nicht abgeschlossene Phasen seiner frühen Entwicklung im späteren Leben wieder ins Spiel zu bringen.

2. In unseren jetzigen Beziehungen erwartet das emotionale Kind häufig, dass seine unerfüllte Sehnsucht nach bedingungsloser Liebe (symbiotischer Hunger) vom Partner erfüllt wird. Mit zunehmender Bewusstheit

verstehen wir, dass wir von unserem Gegenüber die Befriedigung dieses Bedürfnisses nicht erwarten können und auch nicht unbedingt mit Verständnis für unser Verlangen rechnen dürfen. Wir müssen bereit sein, unser Gefühl auszuhalten, ohne Erwartungen an den anderen zurichten.

3. Darüber hinaus geht das emotionale Kind in den heutigen Beziehungen davon aus, dass sein Bedürfnis nach bedingungsloser liebevoller Unterstützung und Anleitung bei der Selbstfindung (Individuation) vom Partner befriedigt wird. Sind wir bewusst genug, verstehen wir, dass wir vom anderen die Erfüllung dieses Anliegens ebenso wenig erwarten können. Wir müssen das Risiko eingehen, auf die Akzeptanz unseres Strebens nach Vereinzelung zu verzichten.

4. Haben wir diese Entwicklungsstufen verstanden, können wir auch lernen, dem Partner die in uns aufsteigenden Ängste ohne Schuldzuweisung oder Angriffe mitzuteilen und uns zu trennen, ohne ausfallend und reaktiv zu werden.

~

Kapitel 23

Bewusste Beziehungen

Luigi hatte sich dazu entschlossen, an unserem Training in Italien teilzunehmen, weil er zu dem Schluss gekommen war, dass die Frauen ihn alle kastrierten. Dass er als Italiener so empfindet, ist alles andere als überraschend; aber Luigi hatte wirklich genug. Er wollte lernen, mit der Situation besser zurecht zu kommen – doch fiel es ihm ziemlich schwer zu erkennen, dass die Frauen eigentlich nicht das Problem waren, sondern er selbst. Aus der Sicht des emotionalen Kindes kann jede Frau als kontrollierend und kastrierend erscheinen, jeder Mann als ein mieser Chauvinist. Im Grunde gibt es mit der betreffenden Person oder Beziehung vielleicht gar kein Problem, wir müssen lediglich verstehen, wer es eigentlich ist, der die Umstände beurteilt. Betrachten wir die Situation unbewusst mit den Augen des emotionalen Kindes, sind Schwierigkeiten unvermeidlich.

Lange Zeit war ich davon überzeugt, dass Beziehungstechniken mir und meinen Klienten helfen könnten, sich besser auf ihre Partner einzustimmen. Heute sehe ich, dass solche Methoden das Wesentliche verfehlen. Die Schlüsselfrage ist: *Wer* ist es denn, der sich auf den anderen bezieht? Das Kind in uns oder etwas tief im Innern, das genügend Weiträumigkeit besitzt, Missverständnisse und Enttäuschungen auszuhalten, ohne sich in Beschuldigungen, endlosen Diskussionen und Konflikten zu verlieren? Reagieren wir aus einem panischen Zustand, begrenzt durch unsere von eigenen Wünschen und Bedürfnissen eingeengte Sicht? Oder sind wir in der Lage, die Beziehung aus einem weiteren Blickwinkel zu betrachten, mit Gefühl und Aufmerksamkeit für den anderen? Grundsätzlich können weder Techniken, noch Abmachungen oder Versuche, uns zu ändern, zum Gelingen unser Beziehungen beitragen. Uns das emotionale Kind bewusster zu machen, ist alles, was wir tun können. Solange wir uns in dem kindlichen Gemütszustand befinden, wird keine Veränderungsmethode je etwas verändern können. Hinter vielversprechenden Worten lauern unsere ganzen Erwartungen, Reaktionen, Hoffnungen, Fantasien und Frustrationen.

Nur durch ein tiefergehendes Verständnis für die Emotionen und Verhaltensweisen des emotionalen Kindes lernen wir, die Mechanismen unseres Benehmens zu durchschauen. Häufig beobachte ich mich dabei, wie ich automatisch in den kindlichen Zustand gerate, und weiß zugleich, dass es zu einem Konfikt kommt, sollte ich die aufkommenden Gefühle ausleben. Weil ich spüre, wenn das emotionale Kind Besitz von mir ergreift, kann ich jetzt jedoch öfter wählen, ob ich reagiere oder innehalte. Und komme ich doch einmal auf die Straße der Reaktion, merke ich es ziemlich schnell. Hin und wieder bin ich launisch und reizbar. An solchen Tagen scheint nichts richtig zu laufen; ich fühle mich wie ein Versager, der nichts Wertvolles zu geben hat, und das Leben scheint völlig sinnlos zu sein. Alles und jeder um mich herum regt mich auf. Aber es ist und bleibt eine Laune, und selbst auf dem Höhepunkt der Niedergeschlagenheit weiß ich, dass sie vorbei gehen wird. Dies sind die Momente, in denen man auf andere mit Erwartungen und Forderungen reagiert, sich ungeliebt und enttäuscht fühlt, wenn man nicht bekommt, was man sich wünscht. Zu erwarten, dass andere für uns da sind, ist unrealistisch. Die Idee an sich zeugt von magischem Denken. Es ist schon ein Wunder, wenn die Leute für sich selbst da sind. Besser ist es, bei uns zu bleiben und zu beobachten. Unangenehm ist es dennoch, wenn Erwartungen nicht erfüllt werden; und natürlich will das emotionale Kind, dass es jemand von seiner Beklemmung befreit. Doch niemand kann das erreichen.

Mancher versucht, durch Vereinbarungen mehr Bewusstheit in sein Beziehungsleben zu bringen. Wieder müssen wir fragen, wer es tatsächlich ist, der die Abmachung schließt. Ist es das Kind, wird die Übereinkunft keinen Bestand haben. Beispielsweise verlangt eine der verbreitetsten Vereinbarungen zwischen Liebespartnern, keinen anderen Lover zu haben. Wenn dem eine Einsicht zu Grunde liegt, zu der beide Partner durch ihre Arbeit an sich selbst gelangt sind, müssen sie nicht extra einen Treueschwur ablegen. Oft dient so eine Abmachung eher dazu, dem anderen zu gefallen oder zu besänftigen, und ist von entsprechend kurzer Dauer. Früher oder später verstößt einer der beiden Partner – insgeheim und von Schuldgefühlen geplagt – gegen das Gebot. Das habe ich bei meiner Arbeit zahllose Male gesehen, und vor Jahren verhielt ich mich nicht anders. Es macht keinen Sinn, sich anders zu geben als man ist. Davon abgesehen, ändern wir uns nicht, nur weil wir eine Übereinkunft getroffen haben. Veränderung ist ein Resultat wachsender Bewusstheit. Wir können uns selbst oder den anderen nicht einfach offener, mitteilungsfreudiger, verlässlicher, verantwortungsbewusster und ehrlicher machen, weil wir es möchten oder uns diesbezüglich einigen.

Beziehungspartner treffen häufig eine Abmachung darüber, wieviel Zeit sie miteinander verbringen wollen. Die Notwendigkeit dafür ergibt sich, wenn einer von beiden frustriert ist, weil der andere nicht oft genug mit ihm zusammen ist. Als jemand, der sich zu viel mit anderen Dingen beschäftigte, bin ich in der Vergangenheit regelmäßig in diese Lage gekommen. Dann einigte ich mich aus lauter Angst darauf, mehr Zeit mit meiner Partnerin zu verbringen. Zu jener Zeit war es mir schlicht wichtiger, etwas allein zu unternehmen, als mich auf jemand anderen zu beziehen. Ich wusste noch nicht genug über Intimität, um völlig unstrukturiertes Zusammensein mit einer Frau genießen zu können; dazu war ich zu sehr mit dem ›Macher‹ in mir identifiziert. Mittlerweile hat sich das geändert, da meine Beziehung zu Amana so frei von Forderungen und Erwartungen ist. Außerdem habe ich inzwischen langsam (sehr langsam) gelernt, mich mehr zu entspannen.

Je empfindsamer wir für unsere eigenen Verletzungen werden, desto besser können wir auch die Wunden des Partners wahrnehmen. Die zunehmende Sensitivität für Schock, Scham und Verlassenheitsängste macht uns weicher. Es ist schwierig, jemanden in Schock zu versetzen, wenn man weiß, wie es sich anfühlt; wissen wir selbst mehr über solche Zustände, erkennen wir sie auch in den Augen, im Gesichtsausdruck und in der Körperhaltung unseres Gegenübers. Wenn wir die eigenen Trennungs- und Verlassenheitsängste kennengelernt haben, werden wir den Partner nicht mehr so schlagartig allein lassen. Die wachsende Empfindsamkeit wirkt sich aber genauso auf weniger dramatische Situationen aus: Wer erfahren hat, wie verletzend Unzuverlässigkeit und Verantwortungslosigkeit sein kann, wird sich anderen gegenüber wohl zuverlässiger und verantwortlicher verhalten. Wer sich darüber bewusst ist, wie störend sich die Lügen anderer auf sein Vertrauen auswirken, ist eher geneigt, die Wahrheit zu sagen. Nicht selten stellt sich heraus, dass jemand insgeheim über längere Zeit eine Affäre mit einem anderen Lover hatte. Diese Art von Unehrlichkeit ist nicht nur sehr schmerzhaft, sie kann nur zwischen Partnern entstehen, die sich nicht offen genug begegnen. Mit der gebotenen Offenheit wird auch die kleinste Unstimmigkeit und der geringste Mangel an Aufrichtigkeit bemerkt. Umso mehr Initimität wir zulassen, desto größer werden die Ängste. Wir können niemanden vor seinen Emotionen schützen, aber sie zu provozieren, ist auch nicht gerade liebevoll.

Mit dem gegenseitigen Respekt für unsere Grenzen verhält es sich nicht anders. Wir gelangen zu der einvernehmlichen Überzeugung, dass Liebe und Vertrauen sich vertiefen, wenn wir den andern so sein lassen, wie er ist. Dass mich das emotionale und spirituelle Wachstum meiner Liebespartnerin nichts angeht, war eine der schwersten Lektionen, die ich zu lernen hatte. Der Teil von mir, der Menschen bestimmen, verbessern und lenken will, trägt nicht viel zur Vertiefung der Vertrautheit bei. Möchten wir wahre Intimität erfahren, müssen wir eine Perspektive finden, die über unseren Drang zu kontrollieren hinaus reicht. Peter zum Beispiel nimmt bereits seit mehreren Jahren an unseren Workshops teil. In dem letzten Seminar zeigte er sich bestürzt darüber, dass er noch immer keine Beziehung hat, die seinen Vorstellungen entspricht. Peter hat jedoch noch nicht erkannt, wie impulsiv und gewaltsam er bisweilen reagiert, wenn er das Gefühl bekommt, von seiner Partnerin nicht richtig beachtet zu werden; er ist voller Ansprüche und hat nach wie vor den Eindruck, dass die Frauen ihn vereinnahmen wollen. In meinen Gruppen zitiere ich in diesem Zusammenhang manchmal einen Ausdruck aus TENNESSEE WILLIAMS Schauspiel *Die Katze auf dem heißen Blechdach*. Die Hauptfigur, ein Alkoholkranker, pflegte zu sagen, dass er nur mit dem Trinken aufhören könne, wenn er ›das Klicken‹ höre. Auch Peter wird erst eine harmonische Beziehung haben können, wenn er ›das Klicken‹ gehört hat – mehr inneren Abstand zu seinem fordernden Kind im Innern findet, dessen Verhalten die Frauen vertreibt.

Als ich anfing, Selbsterfahrungsgruppen für Paare zu leiten, legte ich besonderen Wert auf Austausch zwischen den Partnern. Heute bin ich davon überzeugt, dass dies nur sinnvoll ist, wenn man sich schon darüber klar geworden ist, *wer* sich hier mitteilt. Befindet sich einer der Beteiligten (oder beide) im kindlichen Gemütszustand, wird höchst wahrscheinlich nur wenig geklärt und geheilt. In einem reaktiven Zustand nehmen wir den anderen nicht klar wahr und verstehen nicht, was er uns sagen will. Unsere Augen sind wie verschleiert. Mit zunehmender Sensitivität erkennen wir aber, wann wir uns schützen und wann wir eher bereit sind, etwas anzunehmen. Wie erfahren, wie sich das Beziehungsleben gestaltet, wenn wir für unseren Partner verschlossen sind oder ihm mit Offenheit begegnen. Es gibt Zeiten, in denen wir ›Blut sehen‹ wollen, so wütend und verletzt sind, dass wir den anderen umbringen könnten. Empfindsamkeit ist dann das Letzte, was wir zu der Beziehung beitragen wollen. In anderen Momenten fühlen wir uns wiederum offen und verletzlich und möchten auf den Liebespartner zugehen. Bewerten wir den einen Zustand höher als den anderen, unterdrücken wir uns, werden unaufrichtig und am Ende nachtragend. Es kommt darauf an, den Zustand, in dem wir uns befinden, zu erkennen und zu würdigen.

Unser emotionales Kind will, dass seine Standpunkte von allen Mitmenschen geteilt werden – in jeder Hinsicht. Die infantile Erwartungshaltung betrifft nicht nur unsere Liebespartner, sondern jedermann. Ich verdanke dieser Tatsache meine engstirnige und rassistische Seite, den Teil meiner Persönlichkeit, der Gleichartigkeit voraussetzt, um sich behaglich zu fühlen. Keine nette Eigenschaft, aber es ist hilfreich zu wissen, worauf sie beruht. Es ist schockierend für unser emotionales Kind, wenn wir entdecken, dass sich jemand einfach nicht so benimmt oder denkt, wie wir es erwarten. Möglichst scharen wir Menschen um uns, die unserer Meinung sind, ob es um Politik, gesellschaftliche Fragen oder irgendetwas anderes geht; und wir verurteilen Andersdenkende. Im Rotary-Club mag das auch ganz gut funktionieren, im Beziehungsleben aber nicht. Gelegentlich neigen wir dazu, Menschen anzuziehen, die anders sind als wir. Auf diese Weise verlassen wir den Bereich des Vertrauten und fordern unsere Ängste heraus. Je näher wir jemandem kommen, umso schneller muss sich das Kind in uns mit den Enttäuschungen auseinandersetzen, die entstehen, wenn es die oftmals grundlegende Andersartigkeit des Gegenübers erkennt. Das erzeugt Ängstlichkeit, Wut und Verzweiflung.

Damit wir mehr Bewusstheit in unsere Beziehungen bringen, sollten wir darauf achten, welche Einsichten und Standpunkte wir mit unserem Partner teilen und welche nicht, was wir gemeinsam haben und was nicht. Diese Achtsamkeit ist für sämtliche Lebensbereiche von Bedeutung. Wie ähnlich oder wie verschieden sind unsere Auffassungen, wenn es um Intimität geht, um die Bereitschaft, uns dem anderen mitzuteilen oder darum, wie wir unsere gemeinsame Zeit verbringen. Haben wir die gleichen Einstellungen in punkto Sexualität, Ernährung, Sauberkeit, Spiritualität etc., oder unterscheiden wir uns, was diese Aspekte angeht? Umso größer die Nähe zwischen den Partnern ist, desto wichtiger werden die scheinbar unwichtigsten Seiten des Zusammenlebens. Wir müssen anfangen, den anderen so zu sehen wie er ist, und darauf vorbereitet sein, enttäuscht zu werden, wenn unser emotionales Kind einen Mangel an Gemeinsamkeit empfindet. Wenn wir den Schleier lüften, mit dem das emotionale Kind unsere Wahrnehmung trübt, wird manches klarer. Zum Beispiel, dass niemand unsere irrationalen kindlichen Bedürfnisse erfüllen kann, selbst wenn wir noch so verletzt, ängstlich und unsicher sind. Um echte Vertrautheit zu erfahren, müssen wir das magisches Denken aufgeben und uns mit den aufkommenden Ängsten konfrontieren. Unsere Freundschaften und Liebesbeziehungen stellen eine großartige Gelegenheit dar, diese Kunst zu erlernen. Wir können den Sorgen und dem Schmerz des Partners mit Sensibilität begegnen, ohne das Gefühl zu bekommen, ihn von seinen Nöten befreien zu müssen.

Beziehungen sind zugleich eine ausgezeichnete Möglichkeit zu üben, wie man Grenzen setzt. Haben wir erst einmal gelernt, uns selbst zu respektieren, begegnen uns andere meist mit derselben Rücksicht. Letztlich kommen wir auch zu dem Verständnis, dass wir keine Erlaubnis nötig haben, um uns den Raum zu nehmen, den wir brauchen; es kommt nur darauf an, unserer Angst vor Zurückweisung und Missbilligung ins Auge zu sehen. Liebe und Vertrauen erblühen, sobald wir erkennen, dass wir im Grunde allein sind. In der Atmosphäre, die hierdurch entsteht, ist alles möglich. Liebe erlaubt tiefe Empfindsamkeit; wenn uns jemand liebt, kann er auch die Ängste, die wir in Bezug auf Sex haben, verstehen und respektieren. Diese Feinfühligkeit nimmt mit wachsender Bewusstheit zu; wir müssen dazu keine Regeln und Techniken lernen. Wir müssen uns nur darum bemühen zu durchschauen, was im jeweiligen Moment überwiegt – der Geisteszustand des emotionalen Kindes oder ein Bewusstsein innerer Zentriertheit. Die Voraussetzungen für ein bewusstes Beziehungsleben lassen sich in fünf grundlegenden Punkten zusammenfassen:

Punkt 1 ist hundertprozentige Ehrlichkeit. Sind wir uns unserer unglaublichen Sensibilität und Verletzlichkeit bewusst, verstehen wir, dass wir ehrlich sein müssen, wenn wir uns für einander öffnen wollen. Halten wir etwas vor unserem Freund oder Liebespartner zurück, wird derjenige das spüren. Selbst wenn er nicht merkt, dass wir etwas verschweigen, wird es sein inneres Kind mitbekommen und sich zurückziehen, oft ohne zu wissen, warum. Als bezeichnendes Beispiel mag die Geschichte eines Seminarteilnehmers dienen: Er hatte hinter dem Rücken seiner Frau eine Affäre angefangen und war davon überzeugt, dass sie nichts davon wüsste und seine Beziehung in keiner Weise beeinträchtigt würde. Trotzdem fühle er, dass er und seine Frau einander nicht richtig nah kämen. Ich sagte ihm, dass seine Beziehung nicht tiefer gehen würde, wenn er nicht ehrlich wäre. Nach dem Seminar trafen Amana und ich zufällig seine Frau, die wir aus einer früheren Gruppe kannten. Dankbar erzählte sie uns, dass sich ihre Beziehung nach dem Seminar vollkommen verändert hätte. Ehrlichkeit ist gewissermaßen das Einzige, was wir einander schuldig sind und zugleich etwas, das wir selbst in der Hand haben. Wir können uns dafür *entscheiden,* ehrlich zu sein!

Punkt 2 ist die Bewusstmachung unserer Machtspiele und die Bereitschaft, sie aufzugeben. Unsere Kontrolle, Manipulation und Rache sind hochentwickelte Werkzeuge, mit denen wir unsere Mitmenschen veranlassen zu tun, was wir wollen, oder durch die wir sie leiden lassen, weil wir uns verletzt fühlen. Wir benutzen diese Strategien seit der Kindheit und haben alle unsere bevorzugten Methoden. Die Spiele sind gewohnheitsmäßig und automatisch, aber sie sabotieren unsere Intimität. Wir erwarten vom anderen, dass er zuerst mit den Machtspielen aufhört; nur dann fühlen wir uns sicher genug, selbst nachzugeben (noch eine Strategie). Stattdessen müssen *wir* Verantwortung für die Bewusstmachung und Unterbindung der Machtspiele übernehmen. Es ist *unsere* Aufgabe, die Spiele zu erkennen und zu spüren, wie sie die Liebe verhindern, nach der wir uns sehnen. Wir selbst müssen das Risiko eingehen, mit den Strategien aufzuhören. Vasumati, eine enge Freundin, mit der ich die in diesem Buch vorgestellte Methodik der Selbsterfahrung vor über fünfzehn Jahren gemeinsam entwickelt habe, wurde einmal gefragt, ob es für eine Beziehung wichtig sei, dass beide Partner an sich arbeiten. Nein, antwortete sie, nur einer von beiden müsse an sich arbeiten, aber »dieser eine musst du sein«.

Punkt 3 ist die Bereitschaft, seine Ängste und Unsicherheiten zu offenbaren. Es erfordert eine Menge Mut, etwas mit dem anderen zu teilen, das ihn in die Lage versetzt, uns verletzen zu können. Aber was wollen wir eigentlich beschützen? Intuitiv weiß unser Gegenüber ohnehin, wovor wir uns fürchten und was uns verunsichert. Verbergen wir eine Angst, ist dem anderen vielleicht nicht bewusst, wodurch sie ausgelöst wird; er kann unsere Befürchtung jedoch mit ziemlicher Sicherheit wahrnehmen. Teilnehmer unserer Workshops, die über ihre Ängste oder Unsicherheiten sprechen, sind meist ganz überrascht, dass die anderen Gruppenteilnehmer oft schon Bescheid wissen. Wenn wir etwas aussprechen, das wir verborgen hatten, verliert es seinen unterschwelligen Einfluss auf unser Verhalten und erlaubt uns, einander näher zu kommen.

Punkt 4 ist der Verzicht auf alle Versuche, den anderen ändern zu wollen. Dies zwingt uns, unsere Verlassenheitsangst zu fühlen, wenn der andere sich nicht so verhält, wie wir es von ihm erwarten. Sobald wir unseren Wunsch nach Veränderung des Beziehungspartners loslassen, lernen wir auch seine Unvollkommenheit zu akzeptieren. Man könnte sagen, dass wir anfangen, die Fehler des anderen zu lieben. Als wir dies bei einem unserer Seminare in Italien erwähnten, bemerkte einer der Teilnehmer: »Aha! Das bedeutet also, dass ich schließlich zum Retter werde. Ich sage einfach zu meiner Frau, dass ich sie liebe, weil sie so hässlich, dumm, faul, alt und langweilig ist.« Darauf entgegneten wir, dass er den Zusammenhang wohl noch nicht so ganz verstanden habe.

Punkt 5 ist der wichtigste von allen – Meditation. Wann immer meinem Meister eine Frage zum Thema Beziehungen gestellt wurde, antwortete er ausnahmslos, dass Meditation die Grundlage für Liebe sei und sich alle Beziehungsprobleme darauf zurückführen ließen, dass wir einfach nicht meditativ genug wären. Meist fügte er hinzu, dass er uns das schon seit zwanzig Jahren sage, wir aber offenbar nie richtig zuhörten. Meditation stände ganz weit unten auf der Liste unserer Prioritäten. Mit Meditation meint er innere Weiträumigkeit, die Fähigkeit, Unbehagen auszuhalten und in jedem Moment gegenwärtig zu sein, weil wir erkannt haben, dass wir im Grunde allein sind.

»Die Fähigkeit, allein zu sein, ist die Fähigkeit zu lieben. Es mag für dich paradox klingen, ist es aber nicht. Es ist eine existentielle Wahrheit; nur diejenigen, die fähig sind, allein zu sein, sind fähig zu lieben, zu teilen und zum Innersten des anderen vorzudringen – ohne Besitzstreben, ohne vom anderen abhängig zu werden, weil sie nicht süchtig nach dem anderen sind.« Osho

Übungen

1. Werde dir bewusst, wann dein Beziehungsverhalten auf Schutz oder auf Verletzlichkeit beruht, ohne darüber zu urteilen, was besser oder schlechter ist. Wie wirkt es sich aus, wenn du geschützt oder verletzlich bist? Wie beeinflussen diese Zustände:
a) die Empfindungen in deinem Körper? Konzentriert sich deine Energie im Solarplexus bzw. im Kopf (Schutz) oder im Herzen bzw. Bauch (Verletzlichkeit)?
b) den Klang deiner Stimme?
c) die Reaktionen der Menschen um dich herum?
d) den Kontakt zu deinem inneren Kind?

2. Mache dir bewusst, wie ehrlich du bist. Denke an die wichtigsten Menschen in deinem Leben und frage dich:
a) Was verberge ich vor diesem Menschen?
b) Wie beeinflussen meine Geheimnisse die Weise, wie ich mit ihnen umgehe?
c) Wie fühle ich mich, wenn ich zu diesem Menschen unehrlich bin?
d) Was könnte passieren, wenn ich ehrlich wäre? Was befürchte ich?

3. Mache dir bewusst, welche Überzeugungen und Einsichten du mit deinem Partner gemeinsam hast. Denke an deine wichtigsten Beziehungen und frage dich: Welche Überzeugungen und Einsichten teilen wir…
a) über Freundschaft und Beziehung?
b) über Spiritualität?

c) über Sexualität?
d) was den Austausch miteinander angeht?

4. Das *Mitteilen unserer Verletzlichkeit* ist eine Bewusstheit fördernde Übung, die wir allein oder gemeinsam mit unserem Partner sowie mit Freunden machen können. Jeder sollte gleich viel Zeit haben, über seine Gefühle zu sprechen. Verlierst du dich dabei in Beschuldigungen oder Theorien, ist das ein Hinweis darauf, dass du dich zu schützen versuchst und nicht offen und verletzlich bist. Denke an die wichtigsten Menschen in deinem Leben und frage dich:
a) Wie fühle ich mich tief im Innern, wenn ich mit diesem Menschen zusammen bin?
b) Was würde ich gegenüber diesem Menschen zum Ausdruck bringen wollen?
c) Halte ich irgendwelche unausgedrückten Verletzungen zurück?

Schlüssel

1. In bewussten Beziehungen ist der andere nicht das Problem. Schwierigkeiten ergeben sich aus unserem eigenen Bewusstseinszustand. Wir müssen uns lediglich fragen, auf welche Weise sich unser emotionales Kind bemerkbar macht (die fünf Verhaltensmuster) und was es dabei empfindet (die fünf Gefühle).

2. Ein tieferes Verständnis für das verletzte Kind in uns führt natürlicherweise zu größerer Bewusstheit, Empfindsamkeit und Zentriertheit in intimen Beziehungen. Mit wachsender Klarheit lernen wir zu unterscheiden, ob wir uns aus dem kindlichen Gemütszustand oder einem zentrierteren Bewusstsein heraus auf andere beziehen. Nach und nach verstehen wir immer besser, was Vertrauen aufbaut und zerstört, und dass wir uns selbst wehtun, wenn wir den anderen verletzen.

3. Bewusste Beziehungen basieren auf bestimmten Einsichten, zu denen wir gelangen, sobald das emotionale Kind unsere Sicht nicht mehr verschleiert. Dann verstehen wir, dass wir allein sind und von unserem Partner nicht erwarten können, uns von unseren Ängsten und Qualen zu befreien. Wir sehen ein, dass die Einhaltung unserer Grenzen von unserem Selbstrespekt abhängt, und dass Intimität und Freiheit einander nicht ausschließen. Voraussetzung ist, dass wir mutig genug sind, den Ängsten des inneren Kindes ins Auge zu sehen.

~

KAPITEL 24

QUALITÄTEN

Im Geisteszustand des emotionalen Kindes wissen wir unsere Schönheit und natürlichen Qualitäten nur selten zu schätzen; die Schamgefühle sind einfach zu stark. Diana zum Beispiel ist eine warmherzige Frau von einzigartiger Klarheit und Intelligenz. Mit ihrer liebevollen und spielerischen Art gewinnt sie sofort die Sympathien der anderen. Diana selbst hingegen glaubt nicht, dass sie irgendwelche besonderen Eigenschaften hat. Sie sieht sich als eine fette, langweilige und traurige Person. Die Identifikation mit ihrem schambesetzten Selbstbild ist so mächtig, dass sie nicht in der Lage ist, etwas anderes zu erkennen. Auf die eine oder andere Weise leiden die meisten von uns an ähnlichen Fehleinschätzungen. Leicht identifizieren wir uns mit unserer Scham und vergessen, wie wertvoll und außergewöhnlich wir eigentlich sind.

Wenn wir jedoch anfangen, uns der Einzigartigkeit und Schönheit bewusst zu werden, die unser Wesen ausmacht, beginnt sich auch die Identifikation mit unserer Scham aufzulösen. Diana nimmt an einem unserer Trainings teil und hat schon fast die Hälfte dieses intensiven Prozesses hinter sich. Monat für Monat wird ihr klarer, dass mehr an ihr ist, als ihr emotionales Kind sie glauben macht. Sie lernt, ihre Begabungen und Qualitäten sowie ihre ganz spezielle Art, sich selbst auszudrücken, immer mehr zu schätzen. Solange wir uns unserer unverwechselbaren persönlichen Eigenschaften nicht bewusst sind, fragen wir uns, wie wir etwas Wertvolles zum Leben beitragen und ein Gefühl der Zugehörigkeit entwickeln können. Unsere Qualitäten sind wie Samen, die nur zu gesunden Pflanzen heranwachsen, wenn wir sie regelmäßig wässern, hegen und pflegen. Lassen wir ihnen nicht die nötige Pflege angedeihen, schlummern sie als ungenutzte Potenziale weiter und warten, irgendwann einmal aufzublühen, oder sie sterben sogar. Uns wurde beigebracht, dass unser Wert von dem abhängt, was wir erreichen. Wir lernten, unseren Selbstwert daran zu messen, wie erfolgreich wir unsere Begabungen nutzen. Und häufig verwirren uns widersprüchliche Botschaften: Man sagt uns, dass wir geliebt werden, egal, was wir tun – doch in Wirklichkeit lässt man nur unsere Erfolge und Leistungen gelten. Folglich wachsen wir in dem Glauben auf, dass es darauf ankommt, was wir *machen,* und nicht darauf, wer wir *sind.* Nur das Tun zählt, für das Sein gibt es keinen Raum.

Ich war immer der Überzeugung, dass es für Eltern eine sehr schwierige Aufgabe ist, die Begabungen ihrer Kinder zu fördern. Wie hilft man einem Kind, genügend Stärke und Selbstvertrauen zu entwickeln, um die Hindernisse und Enttäuschungen bei der Entfaltung seiner Kreativität zu überwinden, und gleichzeitig zu verstehen, dass Entspannung und Selbstannahme Voraussetzungen für sein Aufblühen sind. Mein Vater musste die Behinderung durch seine jüdische Herkunft in einer Welt überwinden, die zu der Zeit, in der er aufwuchs, durch starken Antisemitismus geprägt war. Diesem Handikap und seiner extremen Kurzsichtigkeit verdankte er seinen machtvollen Antrieb. Andererseits entwickelte er die Überzeugung, dass man nur durch Vergleich und Wettbewerb bestehen könne. Durch die Bürde, ständig seinen Wert unter Beweis stellen zu müssen, ging seine Empfindsamkeit verloren. Oft scheinen wir keine andere Wahl zu haben, als unseren Weg mit einer von Kontrolle und Auseinandersetzung gekennzeichneten Ellenbogen-Mentalität zu machen. Unser Selbstausdruck wird dann zu einem quälenden und angespannten Kampf zwischen Eifer und Zusammenbruch. Tiefe Beunruhigung und Schmerz sind die Folge dieses Dilemmas. Dass sich die Blüte ganz spontan aus dem Überfluss unserer natürlichen Gaben und Qualitäten ergeben kann, wissen wir nicht. Haben wir tatsächlich Erfolg, führen wir dies auf unsere Durchsetzungskraft zurück. Wir können uns nur schwer vorstellen, wie unsere Entwicklung und unser Selbstausdruck in einer wohlwollenderen Atmosphäre aussähen.

Die negative Konditionierung unserer Qualitäten

1. Du bist nicht gut oder nicht gut genug.
2. Es gibt niemanden, der dich bei deiner Selbstfindung anleiten kann.
3. Dein Wert ergibt sich aus dem, was du tust.
5. Das Leben ist ein Dschungel, in dem du konkurrieren und kämpfen musst, um herauszuragen.

Die Konditionierung, welche die meisten von uns in Bezug auf ihre Qualitäten erhalten, steht in krassem Kontrast zu der würdevollen Art, wie spirituelle Meister ihre Schüler bei der Entfaltung ihrer Gaben anleiten – eine inspirierende Erfahrung, die ich selbst vor über zwanzig Jahren gemacht habe. Als ich zum ersten Mal nach Indien reiste, um meinem Meister zu begegnen, hatte ich fest vor, als Therapeut in seiner Gemeinschaft zu arbeiten. Ich war begeistert von der Idee, westliche Therapiekonzepte mit Meditation zu verbinden, und nichts erschien mir erstrebenswerter, als dies in einer so unterstützenden Umgebung zu verwirklichen. Die Leute kamen zu Hunderten aus aller Welt, um dort zu lernen und zu wachsen. Hinzu kam, dass mit Therapieformen gearbeitet wurde, die neueste transpersonale Methoden mit östlichen Techniken der Selbsterfahrung kombinierten, alles unter persönlicher Leitung eines erleuchteten Mystikers. Um mir diesen Traum zu erfüllen, hatte ich eine blühende Praxis in Kalifornien verlassen.

Als ich in der Kommune ankam, glaubte ich, schon sehr bald zur Elite der Gemeinschaft zu gehören. Stattdessen tat ich fünf Jahre lang alles andere als therapeutisch zu arbeiten. Ich betätigte mich als Geschirrwäscher, reinigte die Zimmer der Kommunemitglieder, machte mich in der Schreinerei, beim Häuserbau, als Busfahrer und in der allgemeinmedizinischen Versorgung nützlich. Ich tat alles andere als das, was ich eigentlich wollte. Obwohl ich durch alle möglichen Qualen ging, wollte ich die Gemeinschaft nicht verlassen. Während der ganzen Zeit musste ich zusehen, wie mein engster Freund genau die Aufgaben erfüllte, die ich angestrebt hatte. Damals beschlich mich die Angst, dass sich meine

›kreative Bestimmung‹ nie erfüllen würde. Jedes Jahr schrieb ich meinem Meister einen Brief, in dem ich ihn fragte, ob er meine, dass ich bereit sei. Jedesmal antworte er, dass die Arbeit, die ich gerade tat, die richtige für mich wäre.

Nachdem ich schon jede Hoffnung aufgegeben hatte, meinen Traum zu erfüllen, bekam ich schließlich die Nachricht, dass ich ab sofort als Therapeut arbeiten könne. Eigenartigerweise war ich mit dem, was ich tat, inzwischen ganz zufrieden. Heute bin ich für diese schmerzhafte Zeit unbeschreiblich dankbar. Ich verstehe sie als eine Art Trainingsperiode, dich mich lehrte, menschlicher zu sein. Wahrscheinlich verdanke ich den Erfolg meiner Arbeit mehr diesen fünf Jahren als meiner ganzen Ausbildungszeit. Ein Freund hat mich einmal gefragt, was während der Phase des Wartens mit meiner Leidenschaft für den Therapeutenberuf passiert ist. Ich antwortete, dass in den fünf Jahren die Entschlossenheit in mir herangereift ist, mich durch nichts von der Erfüllung meines Traumes abhalten zu lassen. Es war ein Feuer in mir entfacht worden, das mich durch all die Enttäuschungen, Fehlschläge, Zurückweisungen und Entmutigungen führen sollte, die mir auf meinem Weg begegnet sind.

Der Meister erkennt die Begabungen des Schülers, aber er stellt ihn auf die Probe, um seine Meditation, Ausdauer und Geduld, sein Vertrauen und Mitgefühl zu festigen. Mein Meister hat stets betont, dass wir mehr sind als unser Können und dass unser Wert nichts mit dem zu tun hat, wodurch wir uns auszeichnen. Unsere Begabung erblüht durch die natürliche Einstimmung auf das Leben und die Entfaltung eines eigenen Gefühls für unsere Stärken. Erfolg und Versagen sind irrelevant; es kommt lediglich darauf an, den Ausdruck unserer Gaben mit dem Fluss der Existenz in Einklang zu bringen. Nur die Vertiefung unserer Meditation ist von Belang – Bewusstheit und das Vermögen, im Hier und Jetzt zu leben. Im Grunde ist unser Können nur ein Laboratorium für Meditation, nichts weiter. Alle Fähigkeiten sind gleichwertig, wir unterscheiden uns nur in dem Grad unserer Hingabe und inneren Einstimmung. Was immer wir gerne tun und wofür wir ein natürliches Talent besitzen, ist richtig für uns; sei es Gartenpflege, Kampfkunst, Flötenspiel, Kochen, Heilen oder die Zubereitung von Tee.

Mangelt es uns an Einstimmung mit unseren eigenen Qualitäten, versuchen wir angestrengt, äußeren Anforderungen gerecht zu werden und unsere Leistungen an denen anderer zu messen. Dies ist ein schmerzhaftes und nie enden wollendes Unterfangen, das uns offensichtlich von unserer Mitte entfernt. Haben wir erst einmal die Qualitäten und Begabungen entdeckt, die schon immer in uns steckten, beginnen wir auch zu verstehen, dass ihr Wert nicht von Vergleichen und der Wertschätzung anderer abhängt.

	↗ Negative Konditionierung (schambesetztes Selbstbild, das zu Zusammenbruch oder Selbstüberforderung und Abstrampeln führt)
Qualitäten	
	↘ Positive Konditionierung (gesundes Selbstbild, auf Meditation, innerer Einstimmung und Würdigung unserer Einzigartigkeit basierend)

»Es ist einfach eine Tatsache, dass jeder einzigartig ist, und jeder eine bestimmte Individualität hat. Wir müssen nur die Meinungen darüber fallen lassen, wie Menschen sein sollten, und sie durch eine Philosophie ersetzen, die davon ausgeht, dass Menschen, wie immer sie sind, wunderschön sind. Die ganze Menscheit kann ein so liebevoller und freudiger Ort sein, wenn wir die Menschen akzeptieren können, wie sie sind.« Osho

Übungen

1. Setze dich bequem hin und schließe die Augen. Nimm dir etwas Zeit, um deine Aufmerksamkeit nach innen zu richten. Stelle dir vor, dass du vor jemandem sitzt, der dich sehr liebt und deine Begabung und Einzigartigkeit besser erkennt als du selbst. Was würde dieser Mensch über dich sagen? Schreibe es auf, wenn du möchtest.

2. Wie haben Konkurrenz und Vergleiche das Aufblühen deiner persönlichen Qualitäten beeinflusst? Wie bist du mit diesen Einflüssen umgegangen? Welche Strategien hast du benutzt, um deine Kreativität zu entfalten? Auf welche Weise spiegeln diese Strategien deine Überzeugungen in Bezug auf Konkurrenz und Vergleiche wider?

3. Stelle dir jetzt eine Welt ohne Konkurrenz und Vergleiche vor. Wie würden sich deine Begabungen und Qualitäten in so einer Umgebung entfalten?

Schlüssel

1. Aufgrund unserer Konditionierung sind wir davon überzeugt, dass unser Wert auf Leistungen basiert, und dass wir mit anderen konkurrieren müssen, um unsere persönlichen Qualitäten zu entfalten. Anstatt bei der Entfaltung unserer natürlichen Begabungen gefördert zu werden, wurden die meisten von uns unterdrückt und verurteilt.

2. Als Ergebnis dieser negativen Prägung nehmen wir die Welt als Wildnis wahr. Entweder brechen wir unter unserer Scham zusammen oder strengen uns an, um sie zu überwinden. Anspannung und Ängste kennzeichnen die Beziehung zu unseren persönlichen Qualitäten.

3. Ganz anders ist die Art, wie spirituelle Lehrer seit Jahrtausenden ihre Schüler bei der Selbstfindung und Entwicklung ihrer kreativen Potentia-

le anleiten – Bewusstwerdung ohne jeden Wettbewerb, ohne Vergleiche und Kampf. Dieser Weg ist dem westlichen Verstand völlig fremd; er beruht darauf, nach innen zu gehen und die Verbindung mit der Existenz zu vertiefen. Die Entfaltung der natürlichen Begabungen ist das Resultat dieses inneren Prozesses, durch den wir zu kämpfen aufhören und unsere Anmut entdecken.

~

Nachwort

Es begab sich, dass ein Student mit einer Frage zu dem Zenmeister Bankei kam.
»Meister«, sagte er, »Ich habe eine unkontrollierbare Wut. Wie kann ich lernen, damit umzugehen?«
»Zeige mir diese Wut«, erwiderte der Meister, »es klingt faszinierend.«
»Ich kann sie dir nicht zeigen, weil sie gerade nicht da ist.«
»Also gut, zeige sie mir, wenn du sie hast.«
»Aber ich kann sie dir nicht zeigen, wenn sie zufällig hochkommt«, protestierte der Student, »sie kommt ganz unerwartet, und ich würde sie sicher verlieren, bevor ich sie dir zeigen könnte.«
»In diesem Fall«, sagte Bankei, »kann sie nicht Teil deiner wahren Natur sein. Wenn sie es wäre, könntest du sie mir jederzeit zeigen. Als du geboren wurdest, hattest du sie nicht – also muss sie von außerhalb zu dir kommen.«

Osho Neo-Tarot

Dasselbe können wir nicht nur über Wut, sondern über sämtliche Aspekte unseres emotionalen Kindes sagen; sie sind nicht Teil unserer wahren Natur, aber dennoch leben wir so, als wären sie es. Angenommen, wir würden anfangen zu verstehen, dass es sich dabei nur um etwas handelt, das uns von außen gegeben wurde. Kindliche Verhaltensmuster gehören nicht zu unserem Wesen, folglich gibt es auch keinen Grund, unser Leben an ihnen auszurichten. Wie wäre das Leben, wenn uns das emotionale Kind nicht so sehr im Griff hätte? Was geschähe, wenn wir mehr Distanz zu unseren Erwartungen, Schuldzuweisungen und all den Strategien bekämen, mit denen wir andere manipulieren und kontrollieren? Wäre unser Liebesleben ohne die Dramen, die wir mit unseren Reaktionen auslösen, bloß langweilig und seicht? Ginge es auf Kosten von Motivation und Kreativität, wenn wir auf den Leistungsdruck und die Selbstverurteilung verzichteten, die wir uns ständig auferlegen? Würden wir ohne das wachsame Auge unseres inneren Richters am Ende zu Psychopathen degenerieren? Dies waren Fragen, die ich mir stellte, bevor ich an mir zu arbeiten begann – Zweifel, die, wie ich heute weiß, auf der von Ängsten und Misstrauen geprägten Konditionierung meines Verstandes basieren.

Ich begriff, dass mich das Verhalten und die Gefühle des emotionalen Kindes in der Vergangenheit gefangen halten. Ohne diesen vertrauten und sicher anmutenden Zustand, der meine Identität ausmacht, fühlte ich mich verloren. Hätte ich mich aber noch länger an dieser ›Sicherheit‹ festgehalten, wäre mein Leben zu einem Trauerspiel geworden. Die Loslösung von dem Kind in unserem Innern braucht viel Zeit, Geduld und Beharrlichkeit; aber es hilft zu verstehen, dass wir die Identifikation nicht nötig haben. Nicht Bedürftigkeit, sondern Bewusstheit ist das Fundament der Liebe. Mit Bewusstheit wachse ich über das bedürftige Kind in mir hinaus und erkenne, dass es nur Teil meines negativ konditionierten Verstandes ist. Diese Seite von uns brauchen wir deshalb nicht zu verleugnen, müssen aber einsehen, dass sie von Vergangenem herrührt und für die Gegenwart keine Bedeutung mehr hat. Nicht ohne Grund sagt Gautama Buddha: »Du bist dir selbst genug.«

Die Liebe, die mich mit Amana verbindet, beruht nicht darauf, dass wir uns brauchen. Wir teilen vielmehr unsere Wertschätzung und unseren Respekt für einander als zwei selbstständige Wesen. Wir erkennen an, dass wir beide ein emotionales Kind in uns haben, das sich manchmal durch Reaktionen, Erwartungen und auch Unempfindsamkeit bemerkbar macht. Liebe geht jedoch nicht von dem Kind in unserem Innern aus. Im Gegenteil: Wenn wir nicht bewusst genug sind, sabotiert es die Liebe. Verliert das emotionale Kind seinen Einfluss auf das Liebesleben, ist es nicht mehr so hitzig und leidenschaftlich, es wird eher kühl. Die

Ursache für Dramatik und Heißblütigkeit sind Verlassenheitsängste. Indem ich zu meiner Mitte finde, mich mit meinem Alleinsein immer mehr anfreunde, lässt die Leidenschaft nach. Die Liebe wird indes aber nicht weniger – sie vertieft sich.

Noch vor einigen Jahren konnte ich mir nicht vorstellen, ohne meinen inneren Antreiber kreativ zu sein und ›es zu schaffen‹. Ich befürchtete, vor meinen Unsicherheiten zu kapitulieren. Ein Lehrer, der mich bei meiner Entwicklung unterstützte und anleitete, sagte oft zu mir: »Krish, wie kann dir die Existenz jemals zeigen, dass alles zur rechten Zeit und auf die beste Weise geschieht, wenn du dich immer nur anstrengst und ein Macher sein willst?« Es ist eine meiner größten Herausforderungen gewesen, mich nicht ständig von Ehrgeiz und Ängsten leiten zu lassen. Aus Erfahrung weiß ich jetzt, dass sich die Dinge auch ohne mein ständiges Eingreifen bestens entwickeln. Dass der Ausdruck meiner Kreativität nicht mehr durch die Zwanghaftigkeit des emotionalen Kindes bestimmt wird, ist eine große Erleichterung. Meine Begabungen erleben eine wunderbare Blüte, auch wenn ich nicht dauernd nachzuhelfen versuche. Langsam verstehe ich, dass es nicht der stets urteilende Antreiber ist, dem die Lorbeeren gebühren.

Ohne dass der innere Richter jeden einzelnen Schritt bemäkelt, lebe ich ganz entspannt mein Leben, in Vertrauen auf meine Intelligenz, meine Empfindsamkeit und die Motivation zu wachsen und zu mir selbst zu finden. Der Antreiber, der Beurteiler, das bedürftige Kind – all diese Eigenarten sind Ausdrucksformen unserer Ängste. Auch wenn sie früher einmal eine Bedeutung gehabt haben mögen, ist ihr Nutzen schon lange überholt. Heute sind derartige Verhaltensautomatismen nichts weiter als Überbleibsel einer unbewussten Vergangenheit. Mit Bewusstheit, Mitgefühl und Vorsicht können wir sie hinter uns lassen und zu unserer wahren Natur zurückkehren, darauf vertrauend, dass es uns für ein natürlicheres und spontaneres Leben an nichts mangelt. Während ich mehr und mehr Abstand zu dem emotionalen Kind in mir gewinne, lerne ich, meiner Herzlichkeit, meinem Mitgefühl, meiner Zentriertheit und inneren Stille endlich den Stellenwert einzuräumen, den diese Qualitäten schon seit langem verdienen. Je mehr mir das gelingt, desto tiefer wird meine Entspannung. Die lange Reise, auf die ich mich begeben habe, mag in mancher Hinsicht gerade erst begonnen haben; doch sehe ich schon das Licht am Ende des Tunnels.

»Ich erzähle dir nichts über Himmel oder Hölle, Strafe oder Belohnung. Ich sage dir einfach: Lasse die Vergangenheit stets hinter dir, damit sie nicht zu einer Bürde für deinen Kopf wird. Und lebe nicht in der Zukunft, die es noch gar nicht gibt. Richte deine ganze Energie auf das Hier und Jetzt. Ergieße sie in diesen Augenblick, mit Totalität, mit soviel Intensität wie möglich... Es gibt nichts zu befürchten. Die Existenz ist deine Mutter. Du bist Teil von ihr. Du kannst nicht in ihr ertrinken, sie kann dich nicht zerstören. Je besser du das verstehst, desto genährter wirst du dich fühlen; je besser du das verstehst, desto gesegneter wirst du dich fühlen, desto mehr wirst du sein.« Osho

LITERATUR

A. H. Almaas
Diamond Heart Book 1: Elements of Real in Man
Diamond Books, Berkeley, CA,1987

A. H. Almaas
Diamond Heart Book 3: The Point of Existence – Transformations of Narcissism in Self-Realization
Diamond Books, Berkeley, CA, 1996

Selma H. Fraiberg
The Magic Years – Understanding and Handling The Problems of Early Childhood
Simon & Schuster, New York, NY, 1996

Greenberg and Mitchell
Object Relations in Psychoanalytic Theory
Harvard University Press, Cambridge, MA, 1983

Judith Lewis Herman
Trauma and Recovery · The Aftermath of Violence – from Domestic Abuse and Politcal Terror
Basic Books, Boulder, CO, 1992

John Bradshaw
Homecoming – Reclaiming and Championing Your Inner Child
Bantam Books, New York, NY, 1990

Judith Viorst
Necessary Losses – The Loves, Illusions, Dependencies and Impossible Expectations That All of Us Have to Give up in Order to Grow
Ballantine Books, New York, NY, 1987

Hendricks and Hendricks
Conscious Loving – The Journey of Co-Commitment
Bantam Books, New York, NY, 1990

Forrest Carter
The Education of Little Tree
University of New Mexico Press, Albuquerque, NM, 1976

Bader and Pearson
The Quest of the Mythical Mate – A Developmental Approach to Diagnosis and Treatment in Couples Therapy
Brunner Mazel, New York, NY, 1988

Bert Hellinger
Love's Hidden Symmetry – What Makes Love Work in Relationships
Zeig, Tucker & Co., Phoenix, AZ, 1998

Eiji Yoshikawa
Musashi – An Epic Novel of the Samurai Era
Kodansha International, Tokyo, Japan, 1980

Steven Wolinsky
Trances People Live – Healing Approaches in Quantum Psychology
Bramble Books, New York, NY, 1991

George Gurdjieff
Meetings With Remarkable Men
Dutton, New York, NY, 1969

Stone and Winkelman
Embracing Each Other – Relationship as Teacher, Healer and Guide
Nataraj Publications, Los Angeles, CA, 1993

Erik Erikson
Childhood and Society
Norton, New York, NY, 1993

Margaret Mahler
The Psychological Birth of the Human Infant
Basic Books, New York, NY, 1975

Karen Horney
Neurosis and Human Growth – The Struggle Toward Self-Relatization
Norton, New York, NY, 1991

Osho
Glimpses of A Golden Childhood
The Path of the Mystic
The New Dawn
The Razor's Edge
Seeds of Wisdom
The Rebel Publishing House, Pune, India

Osho Zen Tarot™
The Transcendental Game of Zen
St. Martin's Press, New York, NY, 1995

Workshops

Folgende Seminarveranstalter bieten Workshops mit Dr. Thomas Trobe und Gitte Demant Trobe an:

Waldhaus Zentrum
CH-3234 Lützelflüh, Schweiz
Tel. +41 (0) 344 61 07 05
Fax +41 (0) 344 61 65 50
www.waldhaus.ch

Osho Uta Institut für Spirituelle Therapie und Meditation
Venloer Str. 5-7, D-50672 Köln
Tel. +49 (0) 221 57 40 73-0
Fax +49 (0) 221 52 39 30
www.oshouta.de

Osho Miasto
Institute for Meditation and Spiritual Growth
Podere San Giorgio, 16, Casole D'Elsa,
I-53020 Frosini (SI), Italien
Tel. +39 (0) 577 96 01 24
Fax +39 (0) 577 96 02 13
www.oshomiasto.it

Weitere Workshops werden von diversen Veranstaltern in Australien, Brasilien, Dänemark, Indien, Indonesien, Italien, den Niederlanden und Schweden angeboten.

Aktuelle Informationen über alle geplanten Gruppen, Seminarbeschreibungen und Texte zum Thema Co-Abhängigkeit finden sich auf den Internetseiten von Dr. Thomas Trobe und Gitte Demant Trobe:

http://www.oshocodependency.com
E-mail: info@oshocodependency.com

Der Verlag Friedhelm Schrodt vertreibt folgende Bücher von Dr. Trobe:

Stepping out of Fear (die englische Originalausgabe des vorliegenden Buches), *Liebeskummer lohnt sich doch* und *Face to Face with Fear* (die englische Originalausgabe von Liebeskummer lohnt sich doch).

Liebeskummer lohnt sich doch

In seinem ersten Buch *Liebeskummer lohnt sich doch* beschreibt Dr. Thomas Trobe mit konkreten Anleitungen, wie wir aus der Co-Abhängigkeit unserer Beziehungen herausfinden und uns für ein erfüllendes, meditatives Leben öffnen. Der Autor begleitet uns auf dieser Reise der liebevollen Selbstentdeckung. Er schöpft dabei aus seiner Erfahrung als Psychiater und Seminarleiter, läßt uns an den Schlüsselerlebnissen seines eigenen Lebens teilhaben und vermittelt Einsichten, die er als langjähriger Schüler seines spirituellen Meisters gewonnen hat. Der Ansatz des Buches ist einfach: Durch Akzeptanz, Verständnis und Weiträumigkeit können wir die tiefsten Wunden unserer Seele aufdecken und heilen.

Liebeskummer lohnt sich doch ist für Menschen bestimmt, die den Mut haben, die grundlegenden Aspekte ihrer Psyche zu erforschen. Fragen wir uns jemals, was der Grund für unsere innere Unruhe ist? Warum beschweren wir uns, wenn wir nicht die Liebe bekommen, die wir wollen und die wir brauchen? Was geschieht in unserem Innern, wenn wir uns von einem geliebten Menschen trennen müssen?

Hinter unserer Abwehr, unseren Verleugnungen und unserem Suchtverhalten verbirgt sich ein panisches und verletztes Kind, dem viele von uns noch nie begegnet sind. Die Panik unseres Inneren Kindes ist die Ursache für Co-Abhängigkeit und die Unfähigkeit, intime Beziehungen einzugehen oder aufrechtzuerhalten. Erst wenn wir uns für unsere verwundete Empfindsamkeit öffnen und anfangen, sie zu heilen, bringen wir die Liebe und Erfüllung in unser Leben, nach der wir uns sehnen.

Thomas Trobe: **Liebeskummer lohnt sich doch**

Co-Abhängigkeit in Beziehungen und die Ängste des Inneren Kindes

5., überarb. Auflage 2003, Paperback, 293 S.

19,95 €

ISBN 3-928256-70-X